KB189528

나 는
어떻게
붓다가
되는가

Longchenpa's Sevenfold
Mind Training for a Sunlit Sky

완전한
행복으로 이끄는
티베트 불교
족첸 수행의 정수

앤 캐롤린 클라인 지음
유정은 옮김

일러두기

- 미주 번역의 경우 더 많은 정보를 얻고자 하는 독자들을 고려해 가급적 사람과 책 혹은 문서,
  개념들의 이름을 영어로 남겨 두었습니다.
- 참고문헌의 2차 자료에서 중요 자료는 한국어로 번역했습니다.

나 는
어떻게
붓다가
되는가

Longchenpa's Sevenfold
Mind Training for a Sunlit Sky

완전한
행복으로 이끄는
티베트 불교
족첸 수행의 정수

앤 캐롤린 클라인 지음
유정은 옮김

불광출판사

"평생의 친구가 들려주는 이야기처럼 친근하고, 새로운 지
식이 가득한 책. 클라인은 이론과 이야기들을 우아하고 흥
미진진하게 엮어냈다. 인도에서 티베트에 이르는 고대의
지혜들을 한데 모은 이 책은 우리가 분리된 존재라는 거짓
된 신화를 깨뜨리는 훌륭한 책이다."

_샤론 셀즈버그, 『Lovingkindness』와 『Real Happiness』의 저자

"『나는 어떻게 붓다가 되는가』는 인간의 깊은 명상 능력, 부
서짐과 완전함에 관한 성찰, 우리 삶의 광대함과 친밀함에
관한 평생의 통찰을 제공한다. 앤 클라인은 티베트 스승들
과 함께한 10년간의 삶의 추억, 텍스트, 아이디어, 수행 및
영감을 풍부한 태피스트리로 엮어냈다. 그녀는 완전함과
분리에 관한 자신의 깊이 있는 시적인 성찰과 더불어, 롱첸
파부터 직메 링파, 아좀 페일로 린포체에 이르는 족첸, 대
완성 전통의 티베트 목소리들을 소개한다. 이들은 인과와
무상을 통해 지혜와 깨달음으로 이어지는 길을 이야기한
다. 이 책은 전통의 언어로 어렵게 얻은 깨달음의 정수를
아름답게 풀어 내고 있다."

_데이비드 게르마노, 티베트 불교 연구교수 및 버지니아 대학교 명상과학센터 행정 이사

"수행에 대해 생각해본 적이 있는 사람이거나, 붓다와 보살의 길에 한 번이라도 마음이 닿은 사람이라면 이 책에서 혜택을 받을 것이다. 이 책을 단순명료하게 읽어보라. 그러면 평범한 경험이 완전함으로 가는 문이 될 것이다. 그 후에 아좀 린포체와 앤 클라인의 구술 해설을 읽어보면서 족첸에 대한 우아한 통찰을 발견해보라. 이 책은 인도, 티베트, 그리고 서양 전통의 최고봉들을 마치 열린 하늘을 맑은 보석 목걸이로 만든 것처럼 하나로 엮어냈다."

_**로리 패튼**, 미들버리 컬리지 종교학 교수 겸 학장, 『Bringing the Gods to Mind』의
저자이자 『The Bhagavad Gita』의 번역가

2022년 8월, 저는 매사추세츠 바레에 있는 명상 센터, BCBS에서 열린 라마 앤 님의 '족첸 수행에 기초가 되는 일곱 가지 훈련(Seven Trainings Grounding Dzogchen Practice) 리트릿'에 참가했었습니다. 리트릿 둘째 날, 라마 앤 님은 참가자들에게 이 책에 삽입된 직메 링파의 이야기 명상을 들려주셨고 저는 라마 앤 님의 목소리를 따라가며 이 삶에서 우리의 마음을 훈련하는 것이 얼마나 중요한지 생생한 절박감을 느꼈습니다. 불교의 삼법인, 즉 '무상, 고, 무아'가 이론적이고 철학적인 지식으로서가 아니라 엄중한 현실로 와 닿았기 때문입니다.

리트릿이 끝나고 라마 앤 님은 리트릿의 주제였던 롱첸파의 일곱 가지 마음 훈련에 관한 이 책이 곧 출판될 것이라고 하셨고 저는 그 말을 듣자마자 한국어로 번역하고 싶다고 조심스럽게 말씀드렸습니다. 이 책을 번역하기에 제 깜냥이 매우 부족하다는 것을 나중에 원고를 보며 깨닫게 되었지만, 당시 그 자리에서만큼은 이 귀중하고 심오한 가르침을 한국에도 꼭 소개하고 싶다는 열망이 더 컸던 것 같습니다.

족첸은 "위대한 완성" 또는 "대원만"을 의미하는 티베트어입니다.

이는 우리의 본질적 마음의 자연스러운 상태를 직접 경험하고 인식하는 명상 실천입니다. 족첸의 수행법은 마음챙김 명상이 2000년대 초 불교를 넘어 폭발적으로 대중화된 것처럼 이제 티베트 불교를 넘어 전 세계로 퍼져나가고 있습니다. 이는 현대인들에게 익숙한 '애씀'과 '노력', '성취'의 관성을 벗어나 이 책의 영어 제목(Being Human and a Buddha Too)처럼 '우리에게 내재되어 있는 본성'으로 깨어나기 위한 패러다임의 전환이라 생각합니다.

부디 저의 부족함이 이 책의 귀중한 가르침을 전하는 데 누가 되지 않기를 바라며, 위대한 족첸 스승 롱첸파와 직메 링파, 그리고 아좀 페일로 린포체의 가르침이 한국에서 이 길을 걷기 시작하신 수행자분들에게 새로운 가능성의 문을 열어 줄 수 있기를 진심으로 바라봅니다.

2024년 9월 마보홈에서

불교는 다양한 길과 과정을 통해 자신의 모습을 드러낸다. 족첸(Dzogchen), 대완성의 수행은 이 모든 길과 과정이 온전함이라는 자연스러운 상태를 향한다고 말한다. 이 여정에서 말로 표현할 수 없는 비밀이 밝혀진다. 이 여정은 강이 바다를 찾아가는 이야기인 동시에 우리와 같이 아픔과 희망을 품은 인간이 완전히 낯설게 느껴지지만 인간 존재와 떼어 놓을 수 없을 만큼 친숙한 그 무엇과 씨름하는 이야기이기도 하다. 강이 흐르는 길은 길고 굽이치지만, 바다는 강의 목적지일 뿐만 아니라 그 근원이기도 하다. 여기엔 비밀이 있다. 강은 이미 바다이며, 우리는 모두 고통에도 불구하고 이미 완전할 수 있다는 것이다. 우리가 그것을 믿을 수만 있다면.

완전함을 느끼는 것은 우리가 아는 모든 것, 느끼는 것, 그리고 우리 자신과 친밀함의 상태이다. 우리의 슬픔과 친밀해지고, 우리의 기쁨과 친밀해지며, 우리의 충만함 안에서 자유로워지고, 타인에게 열린 마음을 가지게 된다. 하늘을 밝히는 태양처럼, 우리의 Loving Knowing(역자주: '사랑과 분리될 수 없는 앎')은 모든 곳에 나타난다.

이것이 티베트의 가장 깊고 비밀스러운 가르침의 전제이다. 이에 대해 당연히 회의적일 수 있다. 그럼에도 불구하고 우리는 스스로를 찾고자 노력하며 가슴 깊숙이 더 많은 것이 가능하다고 느낀다. 인생이라는 길에서 홀로 여행하는 그림자 안에 갇혀 있을 필요가 없다는 것을 아는 것이다. 우리가 인생에서 진정으로 원하는 것은 무엇인가? 깨달음은 무엇을 포함하며, 그것이 바로 지금 우리 상황의 진실과 어떻게 연결되는가? 이 과정에서 우리의 인간-스러움은 더 강화될까? 아니면 약화될까? 롱첸파의 일곱 가지 훈련에 관한 우리의 탐구, 즉 족첸이 전제하는 완전함으로 가기 위한 일곱 단계는 오랫동안 수행자들과 철학자들에게 심오한 추측의 원천이 된 이러한 질문들에 대한 응답이다.

족첸 수행은 우리 본성의 포괄적인 면을 인식하게 해준다. 이 수행은 우리가 흔히 경험하는 분리감을 해소한다. 다른 사람들, 문화, 색깔, 맛, 그리고 우리 감각이 받아들이는 모든 것은 우리와 분리된 것처럼 보인다. 족첸에 따르면, 이 모든 분리된 것처럼 보이는 것은 혼란스러운 상상의 부산물에 불과하다. 그 해결책은 바로 우리 눈앞에 있다. 이를 염두

해두고 우리는 롱첸 랍잠(=롱첸파, 1308~1364)의 찬란한 지혜와 그의 영적 후계자 직메 링파(1730~1798)의 글을 통해 열린 비밀을 접하게 된다. 우리는 그들이 전하는 일곱 가지 훈련에 대한 가르침과 이 훈련들이 열어 주는 가능성을 확장시키는 족첸의 철학적 혹은 시적인 문구들을 성찰한다. 롱첸파, 즉 롱첸 랍잠으로도 알려진 그는 독자-수행자를 무상과 공에 대한 경(經)의 가르침에서 모든 경험을 관통하고 끊임없는 생동감을 인식하는 족첸의 깨달음으로 이끈다. 이를 더 분명히 하기 위해, 현재 티베트에서 가장 위대한 족첸 스승 중 한 명이자 직메 링파의 화신으로 폭넓게 인정받는 아좀 페일로 린포체가 제공한 롱첸파의 일곱 가지 마음 훈련에 대한 구두 주석도 포함할 것이다.

이 방식으로 우리는 인도와 티베트에서 울려 퍼진 고대의 목소리를 따라, 불교에서 문서기록과 수행이 시작된 초기에서부터 세계의 통합과 조화가 그 어느 때보다 절실해진 오늘날까지 이어져 오는 큰 물줄기를 타고 갈 것이다.

누구나, 어디에 있든, 언제든지,
가장 순수한 의미에서
진정한 깨달음을 향한 모든 이의
헌신에 바칩니다.

서론
큰 그림: 전체로의 귀환

과학과 신비주의는 모두가 연결되어 있다고 말한다. 우리는 모두 빅뱅의 자식들이고 우주에서 왔다. 우리가 보고 만지는 모든 것은 우주에서 온 것이다. 우리의 피에는 초신성의 폭발적인 에너지에서 비롯된 철분이 흐른다. 우리는 거대한 전체에서 분리된 작은 존재가 아니다. 우리는 전체에 의해 영향을 받고 전체에 기여한다. 내 숨결, 내 철분은 한때 다른 사람의 몸 안에 있었고, 다시 그럴 것이다. 당신도 마찬가지다. 이렇게 전체적인 관점에서 우리 중 낯선 사람이 존재할 수 있을까?

전체성과 연결성은 우리 존재의 핵심이다. 그러나 우리는 그렇게 살지 않는다. 우리가 다루기 힘들어 하는 분리감은 우리 고통의 중심에 있다. 이를 어떻게 복구하는지 배우는 것이 인간으로서 우리가 배워야 할 주된 교훈이다. 우리는 다른 사람들, 사회로부터 분리되어 있다고 느끼지만 혼자라고 느끼고 싶어하지는 않는다. 우리는 우리 자신의 가장 큰 잠재력으로부터 분리되어 있다고 느끼지만 성공하고 싶어한다. 우리는 우리의 감정으로부터 분리되어 있다고 느끼기에 더 살아 있는 느낌을 갈망한다. 우리는 홀로 떨어져 나온 느낌을 피하고 싶지만 전체에 속해져 있다는 느낌도 받지 못한다. 분리감은 고통이다. 여기서 말하는 분리감은 차이나 불일치를 의미하는 것이 아니다. 전체성이 모두 똑같아져야 한다는 것을 의미하는 것도 아니다. 결코 모두가 같아질 수는 없다. 그것은 우리 앞에 펼쳐진 드라마에 너무 빠져들어 모든 것을 지탱하는 더 깊은 바탕을 잊어버리지 않는 것에 관한 것이다. 우리가 서 있는 대지는 우리 모두를 지탱한다. 진정한 정체성은 전체성 안에 포함된 존재들의 다양성을 명확하게 인식하는 것이다.

우리가 '가능하다'라고 생각한다고 하더라도 사실 우리는 우리 마음과 주변 환경이 만들어내는 '그건 어려울 거야' 같은 부정적인 영향과 계속 대화를 나누고 있다. 이 부정적 생각들이 우리가 진짜로 할 수 있는 일들을 잘 보이지 않게 만든다. 이것은 결코 작은 일이 아니다!

> 깨어남을 가로막는 것은
> 이미 있는 것,
> 바로 거기에 있는 것을 알아차리지 못하는 것뿐,
> 그것은 아무런 애쓰거나 긴장 없이 바로 거기에
> 있다.[1]

인간 잠재력에 대한 불교의 관점은 우리 시대의 다른 학문들이 말하는 인간의 가능성에 관한 논의들과 비교할 수 없을 정도로 긍정적이면서도 현실적이다. 이 주장을 탐색하려면 진짜로 우리가 가질 수 있는 완벽한 상태가 무엇인지, 그리고 그게 왜 필요한지를 알려주는 오래된 가르침을 살펴보는 것만큼 좋은 방법은 없을 것이다. 이러한 위대한 전체성은 티베트에서는 족첸(Dzogchen)으로 알려져 있다. "족(Dzog)"은 완전하다, 완벽하다, 전체적이며 모든 것을 포함한다는 의미이고, "첸(chen)"은 위대하다는 의미로 모든 것, 정말로 모든 것이 이 그림의 일부임을 강조한다. 이 포괄적인 현실은 그 전체성을 위배하지 않는 다양성으로 가득 차 있다. 족첸 전통에서 온 고대 시에서 현실을 말하는 목소리는 이렇게 나타난다.

> 나에게서 벗어나지 않는 것은 없다, 단 하나도.

나의 안에 머무르지 않는 것도 없다, 단 하나도.
모든 것, 정말로 모든 것이 나에게서 흘러나온다.
그러므로 나는 오직 하나뿐! 나를 아는 것이
모든 것을 아는 것이다.
위대한 희열.[2]

이런 시적인 찬양은 우리에게 익숙한 것들을 낯설게 만들어, 관성에 대한 우리의 집착을 줄여준다. 우리 자신을 바라보는 뿌옇게 덮인 시야도 조금은 맑아진다. 깨달음은 말할 것도 없고 붓다가 되는 것이 신비롭거나 거리가 먼 이야기처럼 느껴질 수도 있지만, 족첸 수행에서는 정반대이다. 우리의 감각은 본래부터 모든 것을 포용하는 광활한 열린 공간이다.

만약 제대로 돌아가는 상태라면 영적, 정치적, 사회적, 종교적, 심리적 체계들은 전체성을 향한 등대 역할을 해야 한다. (그러나 현실에서는 이러한 체계들이 분리를 치유하는 치료자들로서의 역할이 아니라 분리를 조장하는 역할을 하고 있다.) 악당과 피해자, 정치인들과 그들을 섬기는 이들, 또한 국가들, 민족들, 인종들, 그리고 그들의 권력을 사용하여 증오하고 해를 끼치는 종교 대표자들의 끔찍한 행위는 모두 전체성을 배제하는 구조에 빠져 있기 때문에 생긴 일들이다.

반면 개인적인 차원에서는 완전함을 느낄 수 있도록 하는 좀 더 직관적이고 간단한 방법들이 있다. (숲을 걷기, 하늘을 바라보기, 사랑하는 사람들과 조용히 앉아 있기…) 모든 경우에, 넓은 공간에서 자신을 안전하게 느끼는 것은 치유적이고 신성하다. 친구들 사이에서 편안하고 안전하다고 느낄 때, 누구를 해치고 싶은 마음이 들지는 않을 것이다. 크게 보면, 이것은 근본적 변화를 가져온다. 베트남 전쟁 도중, 널리 알려진 대로 틱낫한은 악당들과 피해자들, 굶주린 이들과 쫓기는 이들에 대한 연민을 주장했다. 그는 또한 "내가 만약 위험한 상황 속에서 평화롭지 못하다면, 평상시에 평화롭다고 느끼는 의미가 없을 것이다"[3]라고 말했다. 이것은 쉽지 않다. 그러나 가능하다. 잔인한 인종차별의 역사 속에서, 그 위협의 직접적인 대상이 되면서까지 20세기 시민권 운동을 선도한 마틴 루터 킹은 "나는 무장하지 않은 진실과 무조건적인 사랑이 현실에서 마지막 말을 할 것이라고 믿는다"[4]라고 말했다. 간디 역시 "눈에는 눈, 이에는 이"라는 원칙이 전 세계를 눈먼 상태로 만들 것이라고 지적했다. 우리는 가진 모든 것으로 부정의에 맞서야 한다. 그러나 우리는 결코, 실제로도 궁극적으로도 서로에게서 완전히 분리될 수 없다.

재앙의 시대에 살면서 이 모든 것을 받아들이라는 말처럼 들린다면 저항의 마음이 들 수 있다. 아마존 밀림의 상당 부분이 석유회사에 팔리고, 미국에서는 학교에서 감옥으로 이어지는 끔찍한 시스템이 존재하며, 이는 모두 우리의 소중한 세계를 위협하는 경제적, 인종적 불평등의 결과이다. 자신과의 연결뿐만 아니라 사회적 합의를 잃을 때 우리는 지금 직면하고 있는 다차원적인 혼란을 겪는다. 우리의 연결성을 인식하는 것은 우리 자신의 인간적인 경험을 명확하게 이해하는 것에서 시작된다. 자세히 들여다보면, 불교에서 말하는 깨달음과 우리의 경험이 서로 분리될 수 없다는 것을 알게 될 것이다.

여기서 논의되는 아이디어와 실천은 우리의 삶을 더욱 완전하게 만들어 준다. 문화, 개인, 성별, 인종 등 모든 차이점은 우리의 삶을 더욱 풍부하게 만들어 주는 요소이다. 이러한 다양성은 우리를 분리시키는 것이 아니라, 오히려 하나로 묶어 주는 역할을 한다. 우리의 삶은 무한한 가능성을 가지고 있으며, 그 가능성을 실현하는 것이 바로 전체성이다. 다양성을 인정하고 존중하는 것은 전체성으로 가는 길의 일부이다. 전체성은 황홀하게도 지루하지 않다. 오히려 보르헤스가 말했듯이, "황홀경은 그 상징들을 반복하지 않는다."[5]

사물들 간의 연결을 인식하는 것은 상황을 바꾸는 중요한 요소이다. 기후 변화, 인간 이주, 경제적 불평등 등 복잡한 상호 의존성을 인식하는 것은 매우 중요하다. 상호 의존성을 인식하면 모든 사람에게 최대의 기회를 제공하기 위해 진심으로 헌신할 수 있다. 친절과 연결감, 우리 모두가 함께라는 인식은 우선순위를 바꾼다. 이는 전 세계의 영적 전통에서 중심이 되는 황금률의 자연스러운 확장이다. 일곱 가지 훈련은 모든 생명체에 대한 무한한 자비를 포용하기 위한 것이다.

바다는 무한한 파도와 잔물결이 있는 곳이며 그 모든 것의 본질은 물이다. 우리의 개인적인 전체성은 우리가 원하거나 원하지 않는 무한한 경험의 파도로 이루어진 집이다. 하지만 이 모든 것은 경험의 범위 내에서 일어난다. 그리고 모든 경험은 앎의 본질을 가지고 있다. 즉, 어떤 종류의 알아차림이 모든 경험의 부분에 깔려 있다.

가장 미묘한 수준에서 이 앎은 족첸에서 말하는 "불변하는 마음의 본성"이다. 이를 인식하는 것이 대완성 수행의 핵심이다. 이러한 인식은 친절과 기쁨으로 이끌며, 언제든지 나타날 수 있고 그 순간 우리의 경험을 향상시킬 수 있는 자연스러운 인간의 특성이다.

일상적인 상태와 깨어난 상태 사이에는 장벽이 없다. 족첸의 관점에서 인간과 붓다는 그저 존재의 일반적인 기반에서 일어나는 서로 다른 방식일 뿐이다. 일곱 가지 훈련을 통해 우리는 일상생활에서처럼 인간의 상태와 더 깨어난 상태를 왔다 갔다 한다. 시작부터 인간의 상태는 깨어남의 암시를 담고 있지만, 동시에 그것을 방해하기도 한다.

우리는 이러한 가능성을 항상 엿보고는 한다. 대학 시절 이탈리아에서 보낸 학기는 내게 가슴 벅찬 자유의 맛을 선사했다. 친구들과 함께 산 베르나디노 고개를 수마일 걷다가 히치하이킹을 시도한 적이 있었다. 차가 태워 주기를 기다리며 계속 걷고있자니 결국 큰 트럭 하나가 우리를 위해 멈춰섰다.

트럭은 몇 시간이고 굉음을 내며 산속을 달렸다. 별빛이 빛나는 밝은 하늘에 산의 실루엣이 선명하게 보였다. 해가 진 뒤에 운전사는 톨베 근처의 작은 마을에 차를 세웠고 그의 친절한 가족이 우리를 재워 주었다. 며칠이 지나 이탈리아의 남쪽 끝을 향하기 위해 다시 길을 떠났을 때 마음은 행복으로 가득했지만 배는 자주 고팠다. 길에서 만난 험상궂게 생긴 운전사가 우리에게 따뜻한 시칠리아 피자 한 조각씩을 나눠 주었다. 세상은 정말 친절한 곳 같았고 모험과 가능성이 하나로 이어진 것 같았다.

브린디시에서 우리는 밤배를 타고 파트라스로 향했고 새벽녘 동틀 무렵, 바다 위로 햇살이 반짝일 때 기분 좋게 배에서 내렸다. 나는 편안하면서도 흥분되었다. 아무것도 필요하지 않았고 모든 것이 가능해 보였다. 친구와 말없이 부둣가를 천천히 거닐었다. 눈이 닿는 곳까지 펼쳐진 푸른 전망 속으로 나의 모든 감각이 녹아드는 듯했다. 낮게 누운 황금빛 태양, 하늘과 바다는 어디에서나 반짝였고, 나는 이 광대한 풍경의 내밀한 한 부분이 된 것만 같은 느낌에, 그 모든 것들을 향한 단순한 사랑으로 가득 찼다. 내 안의 무언가가 말했다. 이것이 바로 진짜 모습이라고. 이 느낌을 결코 잊지 말라고. 그것은 일종의 다짐과도 같았다. 나는 누구에게도 그것에 대해 말한 적이 없었고, 잊지 않았지만, 이 전례 없는 완전함의 고양과 관련하여 앞으로 무엇을 해야 할지에 대해서는 전혀 알 수 없었다. 이 영광스러운 감정에 대한 경외심과 호기심은 손에 잡힐 듯한 강렬한 힘이 되어 나를 사로잡았다.

많은 종교적 전통에는 다양성이 생기기 전, 분리가 나타나기 전, 빛이 있기 전에 존재했던 완전함에 대한 이야기가 있다. 혹은 더 개인적으로 생각해보면, 어떠한 생각도 싹트기 전, 혹은 유아기의 혼합된 감각이 국소적인 "나"로 응축되기 전을 말한다. 결국 중단 없는 광대함과 다양성의 시작 사이의 경계는 창조의 순간이다. 이 과정에 대해 알고자 하는 충동이 과학의 핵심이자 영적, 심리적, 현상학적 탐구의 중심에 있다. 너무나도 유명한 창세기의 이 문구를 떠올려 보자.

태초에 하나님이 천지를 창조하시니라.
땅이 혼돈하고 공허하며 어둠이 깊음 위에 있고
하나님의 영은 물 위에 움직이시니라.
하나님이 가라사대 빛이 있으라 하시매 빛이 있었고
그 빛이 하나님의 보시기에 좋았더라.
하나님이 빛과 어두움을 나누사
빛을 낮이라 칭하시고 어두움을 밤이라 칭하시니라.[6]

인류 역사상 가장 오래된 종교 문헌인 인도의 리그베다 역시 시간 이전의 신비를 다루고 있다.

> 그때는 무(無)도 존재하지 않았고, 존재도 없었다.
> 그때는 공기도 없었고, 그 너머의 하늘도 없었다.
> 그 하나는 숨쉬지 않고 스스로 지탱하며 존재했다.
> 그때는 그 하나만 있었고, 다른 것은 없었다.
> 처음에는 어둠이 어둠에 감싸여 있었고,
> 이 모든 것은 오직 밝혀지지 않은 물뿐이었다.[7]

뒤에 나온 인도 전통에서는 아트만, 브라흐만, 공, 그리고 붓다의 본성이나 실재가 모든 사람 안에 영원히 존재한다고 다양하게 이야기한다. 그리고 도마복음에서는 창세기의 우주적 비전이 태초의 빛과 매우 개인적인 관계가 된다.

> 예수께서 이르시되, "그들이 네게 '어디서 왔느냐?' 묻거든 '우리는 빛에서 왔노라. 빛이 처음으로 생겨난 곳에서 왔노라' 하라. … 그들이 네게 '누구냐?' 묻거든 '우리는 빛의 자녀들이라…' 하라."[8]

창세기, 리그베다, 그리고 도마복음에서 창조의 첫 번째 일격(一擊)은 바로 빛 그 자체이다. 창조는 빛과 어둠, 창조주와 피조물 사이에 경계를 만들고, 경전은 곧바로 독자가 그 경계 양쪽, 즉 빛과 어둠과 연결되어 있다는 것을 암시함으로써 그 경계를 넘는다.

리그베다에서 우리는 하나의 자녀들이다. 성 토마스에게 창조란 우리가 빛의 자녀라는 것을 의미한다. 티베트의 위대한 완성 전통의 선구자이자 구루 린포체로 널리 알려진 티베트의 스승 파드마삼바바도 우주적인 것과 개인적인 것을 융합했다. 전설적인 인도 왕 인드라부티는 거대한 연꽃 속에 혼자 앉아 있는 여덟 살짜리 아이처럼 보이는 그를 발견했다. 당연히 호기심이 생긴 왕은 물었다. 너는 누구이며 부모는 어디에 있느냐? 아이가 대답한다.

> 나의 아버지는 저절로 깨어있는 지혜이고 나의 어머니는
> 모든 것을 두루 감싸는 자애로운 공간이다. 나의 계급은
> 나뉠 수 없는 공간과 알아차림이다. 나는 아직 태어나지
> 않은 현실을 고향으로 삼는다.[9]

햇살 가득한 하늘의 전체성, 위대한 완성의 근본적으로 우주적이고 친밀한 통일성은 위의 모든 것과 공명한다. 초기부터 족첸의 수행자들은 자신들의 진정한 고향으로 여겼던 광활하고 친밀한 지평선을 가지고 놀며 탐구했다.

수세기 동안 이 요기들(yogis, 역자주: 요가 혹은 명상 수행자들), 시인들, 그리고 위대한 사상가들은 타고난 완전성을 불러일으키는 수행, 시, 철학 등의 장엄한 유산을 창조했다. 족첸의 핵심 문헌(Heart Essence)은 붓다와 범부로 나뉘기 이전에 실존적으로 존재하는 근본적인 기반을 설명한다. 이것은 아직 생사윤회나 열반으로 나뉘지 않은 보편적 토대(spyi'i gzhi)로

알려져 있다. 롱첸파는 그것을 이렇게 묘사한다.

앞서 내가 있기 전에는
붓다도 중생도 있지 않았다. …
앞서 내가 있기 전에는
붓다라는 이름조차 있지 않았다. …
붓다는 나로부터 태어난다.
나는 태어나지 않은 순수한 앎의 궁극적 의미이다.[10]

족첸 문헌에는 이와 같은 문구들이 많이 있다. 이야기는 그 속성상 시작과 끝이 있다. 그러나 수행과 수행 자체에 관한 가르침의 기반은 사실 인간과 붓다의 이분법을 처음부터 만들어내는 모든 한계와 동시에, 또 은밀하게 공존하는 상태임을 보여준다.

붓다와 인간을 구분하는 것은 정확히 아무것도 아닌 한 가닥의 실뿐이다. 이러한 완전함이라는 타고난 권리로부터의 분리는 고통, 불안, 불만족을 초래한다. 단순히 추상적인 형이상학적 개념이 아닌 것이다. 인간 역사의 비극은 우리가 "우리가 아닌" 사람들과의 근거 없는 분리감에 기인한다. 인간이든 동물이든 우리가 아닌 사람들은 식민지화, 학살, 노예화, 그리고 모든 종류의 권리로부터 일방적인 배제의 대상으로 보인다. 친구와 적, 우월한 자와 부족한 자 사이의 이러한 선은 우리가 모두 비롯된 더 큰 창조성을 잊어버릴수록 선명해진다. 그리고 이 창조성은 적어도 족첸에서는 과거의 사건이 아니라 우리 존재의 드넓은 공간에서 계속되는 현존이다.

나는 십대 때 닥치는 대로 책을 읽다가 우연히 붓다와 인간 사이의 경계가 그렇게 실제적이지 않다는 문장을 읽었다. 그 주장은 터무니없지만 흥미롭게 다가왔다.

열린 비밀

고등학교 시절, 당시 구할 수 있었던 선(禪)에 관한 몇 권의 책은 나를 매료시켰다. 그러나 나를 포함한 모든 사람이 이미 깨어 있거나 이미 붓다라는 구절을 읽었을 때, 나는 책을 내려놓았다. 어떻게 그런 말을 할 수 있을까? 그저 불가능해 보였다. 거울을 들여다보았지만 거기엔 붓다가 없었다. 그런데도 호기심은 점점 커졌다. 하지만 정보를 얻기란 쉽지 않았다.

대학에서 내가 수강할 수 있는 아시아 관련 과목은 베다 경전 한 학기뿐이었다. 대학을 졸업하고 위스콘신 대학교 매디슨에서 불교학 석사 학위를 취득한 후, 나는 티베트에서 나고 자란 스승들과 함께 티베트어 경전을 공부하고 그에 따라 수행을 했다. 때로는 인도나 네팔에서, 때로는 버지니아 대학교 대학원 과정의 일환으로 공부하기도 했다. 그곳에서 나는 우리가 모두 이미 붓다라는 무모한 생각만큼이나 믿기 힘든, 시간이 지나면 우리도 붓다가 될 수 있다는 근본적 원칙들, 그중에서도 무상함, 특히 내 마음의 변화 가능성과 무엇이든 자세히 들여다보면 처음에 보이는 것과는 다르다는 원칙을 배웠다. 나는 우리 중 누구도 생각만큼 고정되어 있지 않다는 것을 천천히 받아들이고 있었다. 인생이란 게임은 변화의 게임이다. 그리고 변화는 변화 그 자체, 즉 가능성을 의미한다! 인간이 붓다가 될 수 있다는 말에 대한 날카로운 감정이 조금 누그러졌다. 무상, 인과, 공, 그리고 자비에 관한 연구와 수행(이 책에 담긴 일곱 가지 훈련에 근본적으로 담겨 있는 것들)은 내가 처음에 "내면의 붓다"라는 생각에 대해 가졌던 불신을 서서히 호기심으로 바꾸어 놓았다. 그 후 10년 동안 족첸을 접하게 되면서 그 날카로운 감정은 더욱 부드러워졌다.

1996년 나는 몇 명의 친구와 함께 직메 링파의 롱첸(위대한 광활함) 닝틱(마음의 정수), 즉 광대한 마음 정수[Vast Expanse Heart Essence(Longchen Nyingthig)] 족첸 계통과 연관된 장소들을 방문하기 위해 티베트 순례를 떠나기로 결심했다. 내 인생에서 가장 큰 우연은 젊은 시절 직메 링파의 환생으로 인정받은 롱첸파의 혈통에 속한 전설적인 티베트 라마를 만난 것이었다. 그가 아좀 페일로 린포체였다. 캄(역자주: 티베트 동부 지역) 출신인 그가 중앙 티베트에 온 것은 이번이 두 번째였다.

그가 머무르고 있던 작은 비구니 수도원을 지날 때였다. 그의 가르침을 듣기 위해 산속 동굴에서 내려와 기다리고 있었던 스님들 사이에서 우연히 그의 가르침을 듣게 되었다. 그는 내가 오랫동안 고민해 온 질문을 던졌고, 그 질문이 주는 무게가 즉시 내 마음에 쿵하고 내려 앉았다. "당신은 이번 생에 깨어날 수 있다고 믿나요?"

이 가능성을 믿는다는 것이 어떤 느낌일까? 나는 다시 한번 궁금해졌다. 분명 그 생각이 매력적이라고 느껴져서 더 이상 반박하지 않았지만…. 정말로 믿고 있었나? 그때쯤에는 교리적으로는 믿고 있었지만, 이것을 지금 나의 일부로 보고, 언젠가가 아닌 곧 일어날 일로 여기는 것은 완전히 다른 문제였다.

아마도 당신도 자신의 경험에 비추어 이를 유추해 볼 수 있을 것이다. 지금 당장 당신이 가장 가지고 싶은 마음의 특성은 무엇인가? 예를 들어 편안함, 자신감, 명료함, 친절함과 같은 특성인가? 잠시 멈춰서 정말로 그런 특성들을 충분히 가지고 있는 상태를 상상해 보라. 그런 상태로 집을 거닐거나 친구나 낯선 사람들을 만날 때 어떤 느낌일까? 다른 사람들도 그런 특성을 충분히 가질 수 있다는 것을 상상할 수 있는가? 이런 특성들을 상상하는 것이 당신에게 어떤 영향을 미치는가? 그렇다면 그 특성들은 이미 실제로 당신의 경험 속에 있고, 비록 강력하게 개발되지 않았더라도 이미 당신의 일부분이 아닐까?

천천히, 그리고 마침내 나는 이게 단순한 이론이나 추측의 문제가 아니라는 걸 직접 느끼기 시작했다. 이건 그냥 마음먹기로 할 수 있는 것도 아니었다. 내가 불교에 대해 '안다고 생각하는 것'과 내가 '실제로 느끼는 것'을 연결해야 했다. 물론, 깨달음이 뭔지는 여전히 몰랐지만, 정보를 모으는 것 이상의 전혀 다른 수행 방법이 있다는 걸 알아가고 있었다.

개념적 추상과 살아 있는 경험을 구분하는 법을 배우는 것은 그 과정에서 중요한 단계였다. 그 이해를 내 머리에서 뼛속까지 가져오는 것은 계속해서 나의 배움과 수행의 핵심이었으며 초기 책들의 주제였다. 생각의 안전한 귀의처를 떠나 더 복잡한 경험의 영역으로 나아가려는 의지도 도전의 일부였다. 나는 알아가는 과정과 궁금해하는 과정이 함께

발맞추어 나가는 창조적인 공간을 좋아한다는 것을 알게 되었다.

우리가 실제로 겪는 경험을 자세히 들여다보면, 이것이 우리를 어디로 이끌 수 있을지에 관한 단서가 끝없이 나타난다. 미묘하게 관찰된 인간 경험에 관한 개척적인 연구를 한 클레어 페티망겐은 최근에 이렇게 썼다.

> "대부분의 시간 동안 우리는 우리 자신으로부터, 우리 안에서 진동하며 생생히 살아 있는 것으로부터 멀어져 있다. 이런 연결이 끊어진 상태는 우리 삶의 모든 영역에서 큰 문제를 일으킨다. 우리 경험과 다시 연결하는 것은 우리의 명확한 사고와 존엄성을 되찾고, 우리 사회의 모델을 바꿀 용기를 갖게 하는 필수 조건이다."[11]

모든 불교 전통에서는 오늘날 잘 알려진 마음챙김 수행으로 시작해 모든 경험을 새롭게 느끼기를 장려한다. 동시에 불교와 과학 모두 우리가 살고 있는 틀을 인지적으로 이해하도록 격려한다. 살아 있는 경험과 인지적 이해는 서로 다르면서도 서로를 풍부하게 하는 지식의 방식이다.

롱첸파는 모든 마음과 몸 안에 지혜가 존재한다고 말한다. 이 지혜는 다른 무엇에 관한 앎이 아니라 순수한 앎, 즉 스스로를 보는 것이다. 그것은 바깥이나 안을 바라보지 않는다. 그것은 멈출 수 없고, 부패할 수 없는 자신의 본성에 깨어나는 것이다. 마치 신선한 물이 산을 타고 자연스럽게, 본능적으로 흘러내리면서 스스로를 적시거나 인식하는 것처럼. 우리가 경험하는 모든 것은 우리 앎의 영역 안에 있다. 그 너머의 "바깥"

은 없다.

이것은 다른 누구의 말을 듣고 믿어야 할 것이 아니다. 당신의 앎을 그것이 아는 것으로부터 분리할 수 있는가? 당신의 감각을 그것들이 느끼는 것(소리, 시야, 그리고 나머지 모든 것)으로부터 분리할 수 있는가? 지금 결정할 필요는 없다, 그 답은 우리가 여기서 함께하는 탐색의 일부이기 때문이다.

롱첸파에게 있어 순수한 앎은 모든 경험의 바탕이자 본질이다. 우리가 미처 알아채지 못했을 뿐이다. 돌이켜보면, 파트라스 항구에서의 영광스러운 순간이 내게도 그런 것을 보여주었다. 한순간, 형언할 수 없이 새로운 무언가가 한낮의 태양처럼 분명하게 다가왔다. 여기에는 앎과 내가 아는 것 사이에 어떠한 분리도 없었다. 앎과 알려진 것은 똑같이 푸른 하늘과 물에 속해 있었고, 온 지평선이 광대하면서도 친밀하게 느껴졌다. 믿기 어렵지만 결국 무시할 수 없는 진짜 비밀은, 이 빛나는 것이 모든 앎의 방식이라는 것이다. 하지만 어떻게 이런 일이 일어날까? 대체 어떻게 된 일일까?

완전함의 후광

글을 배우던 때를 기억하는가? 낱글자부터 배웠는가, 아니면 한 음절짜리 단어부터 시작했는가? 마지막 'e'가 발음되지 않는다는 걸 알고 놀랐던 기억이 나는가? 글자를 보는 게 아니라 읽는다는 것의 마법!

어느 날, 그 당시 다섯 살이었던 내 나이와 별반 차이가 없어 보이는 한 친구가 책을 펼쳐 큰소리로 읽는 것을 목격했다. 그 순간, 나는 그를 향한 무한한 감탄과 함께 무언가를 이루고자 하는 욕망을 느꼈다. 어떻게 그런 일이 가능한 것일까? 나도 그렇게 할 수 있을까?

곧이어 나는 집에서, 첫 기차 여행을 떠나는 소녀에 관한 이야기가 담긴 책으로 연습을 시작했다. 첫날은 책의 첫 문장조차 넘어서지 못했다. 그러나 그다음 날부터, 어떤 설명도, 추가적인 지시도 없이, 날마다 조금씩 더 읽어 나갈 수 있었다. 이로써 나는 학습이라는 것이 단계별로 자연스럽게 펼쳐질 수 있다는 것을 직접적으로 깨달았다. 물론 알파벳을

익히는 것이 필수적이긴 했지만, 그것만으로는 어제 읽지 못했던 내용을 오늘 읽을 수 있게 된 이유를 설명할 수 없었다. 특별한 방법을 시도한 것도, 누군가에게 도움을 청한 것도 아니었다. 나는 그저 매일 그 자리에 나타났고, 내 능력은 자연스레 성장했다. 숫자 세기를 배울 때도 마찬가지 경험을 했다. 매일 아침, 우리 집 3층 거실 창가에 서서 아래의 거리를 바라보았다. 하루하루, 전날보다 조금 더 높은 숫자까지 세어갔다. 누구와 상의한 것도, 사이사이에 연습한 것도 없었다. 앎은 내 안에 있었다. 분명히 그것은 그저 배양이 필요했다.

그때 내게 정말로 일어난 일은 긴장을 푸는 법을 배운 것이었다. 첫 문장을 읽고 나서, 너무 흥분해서 계속 읽을 수가 없었다. 읽는 능력이 문제가 아니었다. 평생 읽지 못하는 사람이라는 자신의 생각을 습관적으로 꽉 붙잡고 있었던 태도에 막혀버린 것이었다. 새로운 정체성으로 나아가는 것, 심지어 갈망하고 있었던 것이더라도 그것은 도전이었다. 그 도전은 나를 너무나 긴장하게 해서 계속 읽을 수가 없었다. 그러나 다음 날이 되자, 나는 한 문장을 읽을 수 있는 사람으로서의 나 자신에 익숙해졌고, 그래서 두 번째 문장을 읽을 수 있었다. 하지만 한 페이지 전체를 읽을 수 있을까? 아직 아니었다. 그래서 매일 아침 그날의 장벽에 도달할 때까지 읽었다. 읽을 수 없는 사람으로서의 자의식이 떠오르는 순간 나는 다시 얼어붙었다. 나는 읽을 수 있는 사람과 읽을 수 없는 사람이라는 형성되고 있는 정체성 사이에서 계속 오락가락했다. 읽기 시작하기 전에는 그런 구분이 없었다. 이제는 더 이상 글자들이 문제가 아니었다. 나는 단지 '읽을 수 있는 사람'이라는 이상적인 자신이 될 준비가 되어 있지 않았던 것이다. '읽을 수 있는 사람'이라는 정체성에 긴장을 풀고 나서, 계속 나아가기가 훨씬 쉬워졌다. 이 패턴은 오늘날에도 여전히 나타나고 있다. 이 책을 써 나가며 나는 계속해서 나아가다 막힌다. 그러면 다음 단계를 가능하게 만들 수 있을 정도로 충분히 이완한다. 이완하게 되면 우리는 더 온전해지고 앎에 접근하기 쉬워진다. 읽을 수 있는 사람이라는 새로운 정체성으로 나아가는 것도 더 쉬워진다. 이는 일상적인 인간 경험에서 더 깨어난 상태로 왔다 갔다 할 때도 마찬가지이다.

크든 작든, 나는 스트레스가 어떻게 내 기쁨과 창의성을 방해하는지 거듭 깨닫는다. 몸에도 해롭다. 아무리 흔하다 해도 스트레스는 우리의 자연스러운 상태가 아니다. 우리를 움츠러들게 하고, 공격적으로 만들고, 확장성을 잃게 한다. 그것은 우리를 더 깊은 앎의 원천으로부터, 특히 자신과의 친밀함과 타인과의 친밀함으로부터 갈라놓는다. 하지만 스트레스와의 동일시를 벗어 던지면, 깊은 숨을 들이쉬는 것이 이완을 가져오는 것처럼 깨어있음의 흐름이 우리를 통해 흐르게 된다.

여기서 논의되는 수행들은 우리의 희망, 두려움, 그리고 부정적 사고뿐만 아니라 이러한 것들로부터 점점 더 자유로워질 수 있는 우리의 잠재력과도 관련이 있다. 자신감, 신뢰, 그리고 헌신은 필수적이다. 현대 문화는 회의주의에 치우친 것 같지만 종종 의심스러운 가치를 지닌 확실성에 보상을 주는 경우가 많다. (화려한 자신감을 가진 영화배우, 이념적으로 격앙된 정치인, 이익 추구에 혈안이 된 CEO 등이 그 예이다.) 그러나 수행에 필요한 자신감은 이러한 유형의 자신감이 아니며 남들의 축하나 인정에 의존하지 않는다. 그것은 우리 자신 안에서 진정한 무언가를 접할 수 있는 능력에 대한 확신이며, 읽기 능력과 같이 기본적인 능력이라고 믿는 것이다. 그리고 다른 사람들에게도 이러한 능력이 있음을 인식하는 것이다.

나는 수십 년이 지나서야 비로소 깨달음에 대한 내 회의의 원인을 이해하게 되었다. 그것은 불교 전통에서 말하는 깨달음의 진정한 의미를 알지 못했고, 더욱이 깨달음에 이르는 구체적인 과정이 실제로 존재한다는 사실조차 알지 못했기 때문이었다. 마지막으로, 가장 중요한 것은 깨달음이 전적으로 인간의 자연스러운 경험의 범위를 벗어나 있다고 가정하고 있었다는 것이다. 사실은 정확히 그 반대인데도 말이다. 족첸은 깨달음이 기본적이고 본질적인 것이라 강조한다. 우리가 만든 틀에서 빠져나오는 것이 도전이다.

족첸은 고대 닝마 불교와 본 전통*에서 티베트의 위대한 전통 중 가장 신성하고 가장 즉각적인 것임과 동시에 숨겨져 왔던 것이다. 롱첸파의 대완성을 위한 일곱 가지 훈련은 우리가 전체성을 느끼지 못하도록 구속했던 것을 풀어 줌으로써 족첸에서 우리의 진정한 본성, 우리의 광대한 확장이라고 설명하는 것을 경험할 수 있도록 한다.[12] 이 수행은 몸과 에너지 체계, 마음 전체에 관여한다. 롱첸파는 이 수행을 통해 인간의 몸과 마음 전체에 지혜가 스며들고, 이를 통해 보통의 인간이 살아 있는 지혜의 몸으로 변화할 수 있다고 보았다.

● 역자주: Bon traditions, 티베트 불교와 유사한 티베트 토착 종교. 후에 불교와 상호영향을 끼침.

롱첸파의 일곱 가지 마음 훈련에 대한 직메 링파의 성찰

직메 링파가 롱첸파의 일곱 가지 훈련에 대해 폭넓게 고찰한 내용, 그만의 독특한 이야기 명상법, 핵심 수행법, 그리고 그가 제시하는 추가적인 명상 수행들은 이러한 가르침이 닝마파의 아홉 가지 경로의 모든 단계에 어떻게 관여하는지 보여준다.[13] 제2부의 첫 세 장에서는 롱첸파의 일곱 가지 가르침을 확장한 직메 링파의 텍스트를 소개하고, 특히 그의 가르침 이야기와 핵심 수행, 상상력의 중요성과 자비로운 마음의 중요성을 함께 다룬다. 이는 롱첸파가 정수화한 기맥 수행의 미묘한 몸과 마음의 통합 수행으로 절정에 이른다.

　이를 통해 우리는 모든 수행을 관통하는 강물과 같은 족첸의 지혜 이야기로 수행자들을 이끄는 롱첸파의 핵심 전환점들을 잘 이해할 수 있는 위치에 서게 된다. 여기서 언급하는 지혜 이야기는 적어도 롱첸파 시대까지 거슬러 올라가 스승에서 제자에게 전해져 왔다. 붓다 시대부터 모든 불교 전통에서 스승과 제자로 이어지는 인간적 전승은 항상 중요한 요소였다.

롱첸파 자신이 선택한 철학적, 시적 저작에서 끌어낸 족첸으로의 전환점은 2부의 마지막 두 장을 구성하는 원칙을 형성한다. 그 과정에서 장 사이사이에 직메 링파의 다섯 가지 핵심 수행을 순차적으로 다룬다. 이 수행들은 그의 일곱 가지 훈련에 관한 자신의 논의에서 찾을 수 있다. 이것들은 지혜의 길을 한 문장의 명상 문구로 정제하여 스스로의 변화를 평생 안내한다. 시간이 지남에 따라 이러한 수행은 새로운 이해와 신선한 감정을 불러일으키며, 세상과 우리 자신에 대한 습관적인 거리감과 분리감을 부드럽게 풀어줄 것이다.

이 모든 것의 중요한 기초로서, 이제 1부에서는 롱첸파 자신의 이 일곱 가지 훈련에 관한 매우 간결한 텍스트[14]로 시작한다. 나는 이에 일곱 가지 훈련의 배경에 관한 섹션을 추가했다. 2부에서는 롱첸파의 일곱 가지 마음 훈련에 관한 직메 링파의 이야기 명상과 아좀 페일로 린포체의 가르침에 대한 나의 성찰을 담았고, 3부는 일곱가지 마음 훈련에 대해 아좀 페일로 린포체가 직접 구두로 가르친 내용이다.

몸, 말, 마음으로 나는 수많은 라마, 이담,

다키니에 가장 깊은 경의를 표한다.

나는 여기서 당신의 마음을 수행하고

정화하기 위한 일곱 가지 실용적인

수행을 통해 단계적으로 드러나는

마음의 의미에 어떻게 접근하는지를

명확히 한다.[15]

Part 1

롱첸파의 일곱 가지 마음 훈련:
Sevenfold Mind Training by Longchenpa

일곱 가지 마음 훈련

"귀중한 구리 서신(The Precious Copper Letters)"[16]은 운이 좋은 초심자들이 점차 자신의 순수한 인식의 직접적인 의미에 들어갈 수 있게 하는 일곱 가지 마음 훈련을 설명한다.[17] 일곱 가지 방법 중 첫 번째는 무상함에 관한 성찰이다.

첫 번째 훈련: 무상함에 관한 성찰

외부의 무상함은 사계절의 변화뿐만 아니라, 낮과 밤의 1분 1초를 포함한다. 내부의 무상함은 네 가지 요소[18](역자주: 불교의 4대 요소인 흙, 물, 바람, 불)와 연관된 당신이라는 집합체의 변화 가능성을 포함한다.

이것들은 즉시 분해되고 실제 본질이 없는 물거품 덩어리 만큼이나 무상하다. 가장 친밀한 또는 비밀스러운 무상함은 어머니, 아버지, 친척의 죽음이며, 시간이 지나면 이것은 당신 자신의 상황이 될 것이다, 그렇지 않은가? 누구도 오늘이나 내일 죽지 않는다는 보장은 없다.

가슴 깊은 곳에서부터 이렇게 생각해보라. '오늘 밤 죽을 수도 있고, 내일 죽을 수도 있다.' 이 생각에 한순간도 흔들리지 말고 집중하라. 눈에 보이는 어떤 살아 있는 존재도 죽음을 초월하지 못했다. 누구의 죽음이 언제 닥칠지 모르는 불확실성에 대해 명상하라. 이런 식으로 모든 조건 지어진 현상이 무상(無常)의 성질을 가지고 있으며, 그 자체가 무상의 사례임을 알게 될 것이다. 이것에 집중력을 유지할 수 있는 능력이 이 훈련을 성취하는 척도이다. 이 명상을 통해 윤회에서 마음을 돌리는 요건을 충족시킬 수 있다.

두 번째 훈련: 찰나적인 행복과 지속되는 행복

고통으로 가득 찬 낮고 불운한 곳에서 태어나는 것은 올바르지 못한 행위를 했기 때문이다. 높은 곳에서 태어나고 즐거움을 누릴 수 있는 것은 선한 행위를 했기 때문이다. 그러나 참으로 안타깝게도 윤회의 바퀴는 물레방아처럼 움직이기에, 높은 곳에 올라갔다 곧 아래로 떨어지기 마련이다. 해탈, 즉 깨달음은 윤회에서 벗어나기 위한 이상적인 방법이다. 이것이 없다면, 마음은 안정을 잃고 계속 속게 된다.

해탈의 길을 따른다면, 좋은 환생으로 얻는 일시적인 행복과 좋은 성품이 당신의 마음속에서 자리잡게 될 것이다. 마치 붓다의 후계자인, 영웅심을 가진 보살들처럼, 당신도 붓다가 얻은 것과 같은 최고의 깨달음에서 오는 지속적인 행복을 얻게 될 것이다.

하지만 해탈의 길을 향하지 않으면, 부정한 행위로 불행한 곳에 이르게 되며, 선한 행위로 높은 위치에 올랐다 해도 결국 다시 불행한 곳으로 돌아가게 된다.

　그러므로 모든 활동이 고통의 원인이라는 것을 인식하는 게 바로 이 수행을 성취하는 척도가 된다. 이로 인해 윤회하는 존재에 대한 지친 마음이 당신 안에서 자연스럽게 생겨난다.

세 번째 마음 훈련: 죽음에 이르는 여러 조건에 관한 성찰

윤회를 통해 태어나면, 믿을 수 있거나 신뢰할 수 있는 것이 전혀 없다. 도움이 되려고 해도 결과적으로는 해를 끼친다. 단지 먹고 마시는 것만으로도 병이나 죽음의 원인이 될 수 있다. 기본적으로 필요한 것들을 얻었다 하더라도, 그것이 바로 적이나 도둑을 불러들일 수도 있다. 도움을 얻기를 바라며 친구나 친척에게 연락하면, 그들이 오히려 당신을 해하는 적이 되어버린다. 그들이 당신을 해하지 않더라도, 당신에 대해 부정적으로 말하거나 아무 이유 없이 헐뜯는다! 무엇을 하든 사람들은 불만족스러워하고, 이 상황은 끝없이 계속된다. 이 얼마나 안타까운 일인가!

　살아 있는 존재들의 태도에 대해 마음을 다해 성찰하면, 이미 언급한 바와 같이 도움을 주려고 애써도 만족하는 존재도 있고 그렇지 않은 존재도 있다는 것을 알게 된다. 어떻게 봐도 모든 것이 늘 좋기만 한 게 아니다. 무엇을 하든 그 자체로 만족스럽지 않다. 병이나 죽음을 불러오는 수많은 일들은 명백히 도움이나 이득을 가져다주지 않는다. 라마(역자주: 스승)와 삼보(역자주: 붓다, 다르마, 상가)에 귀의하는 것 외에는 정말로 신뢰할 수 있는 것이 없다. 그들에게 마음을 다해 바치는 것만이 진정한 행복을 가져다준다. 이를 기억하며 '내게 필요한 것은 오직 선한 마음가짐뿐'이라고 성찰하라. 이미 겪은 좋고 나쁜 조건과 지금 하는 일, 그리고 앞으로 할 일들을 돌이켜 보라. 그리고 세상을 살아가면서 겪는 지친 느낌을 느껴보라. 삶을 대하는 당신의 태도를 바꾸어라. 이 수행을 성취하는 기준은 육도°에 있는 중생들에게 자비심을 일으키고, 자신의 모든 공덕을 삼보와 스승에게 바치는 게 얼마나 중요한지를 성찰하는 것이다.

네 번째 마음 훈련: 모든 활동의 무의미함

우리가 이 세상에서 하는 일이란 게 무엇인가. 사랑하는 사람들을 지키고, 원수들을 막고, 수많은 사업상의 자질구레한 일들을 처리하고, 이익과 명예를 탐내고, 욕망과 증오에 사로잡히고, 남들의 친절한 충고를 받아들이고, 오만해지고, 유쾌한 대화를 찾고, 벗들과 더불어 즐거움을 나누고, 호화로운 집을 마련하는 따위가 아닌가. 하지만 아무리 대단한 일을 했다고 한들 죽은 뒤에는 아무 소용이 없고, 따라오지도 않는다.

어제 한 일도 그 전에 한 일도 모두가 한낱 기억에 지나지 않는다. 어젯밤의 꿈처럼 다시는 돌아오지 않을. 오늘 눈앞에 보이는 것도 오늘밤의 꿈과 같다. 그 너머에 있는 모든 내일의 활동도 내일 밤의 꿈과 같을 뿐이다.

우리가 과거에 추구했던 다양한 것들(무의미한 욕망, 증오, 다툼, 좋아함, 싫어함, 행복을 좇고 고통을 피하려는 것들)은 시간 낭비였다. 참으로 안타까운 일이다! 세상의 모습들은 (속이고 현혹하는) 환상이다. 이 수행을 가늠 짓는 척도는, 오늘부터 시작하여 깨달음에 이르지 못하는 태도를 완전히 버리

● 역자주: 지옥계·아귀계·축생계·아수라계·인간계·천상계로 불교에서 말하는 윤회 영역.

겠다는 강력한 필요성을 느끼며 스승의 실용적인 수행을 따르는 것이다.

다섯 번째 마음 훈련: 붓다의 좋은 성품에 의지하기

이제 이렇게 생각해 보자.

"붓다는 윤회의 모든 결함을 초월하셨다. 붓다의 형상은 붓다의 징표와 표시로 빛나고, 붓다의 말씀은 법륜을 돌리셨으며, 붓다의 위대한 마음은 근원적인 앎의 상태에서 흔들리지 않는다. 붓다는 전 세계와 신들의 유일하고 훌륭한 지도자이시며, 우리의 귀의처이자 궁극적인 의지처이시다. 그러므로 나는 반드시 붓다가 되어야 한다! 붓다가 되지 않으면 아무런 이익이 없다."

"수행을 닦지 않고서는 붓다가 될 수 없다. 그러므로 어떤 경우에도 나는 명상해야 한다. 나는 과거에 해탈을 얻은 놀라운 성취자들의 그 놀라운 성취를 한마음으로 따라야 한다. 그들은 많은 어려움을 겪고 고립된 곳에서 홀로 수행하며 해탈을 얻었다. 나도 그들처럼 이생의 활동을 접고 외딴 곳에서 홀로 수행해야 한다."

그렇다. 이 훈련을 얻는 척도는 당신의 마음속에 "명상 없이는 붓다를 찾을 수 없다. 그러므로 나는 명상해야 한다"라는 생각을 일으키는 것이다. 명상에 있어서 불굴의 의지[19]는 필수적이다.

여섯 번째 마음 훈련: 라마(스승)의 실질적인 수행에 관한 성찰

스승은 윤회의 깊은 바다에서 벗어날 수 있도록 이끌어 주는 안내자이며, 그 가르침은 자유를 얻게 해주는 위대한 배와 같다. 그러므로 가르침 받은 대로 정확히 수행하는 것이 중요하다. 수행이 부족하면 고통이라는 질병에 끊임없이 시달리게 될 것이다. 지극히 자애로운 스승은 명의 중의 명의이다.

되새겨 보라. "실제 가르침, 영약을 굳건히 받아들이는 것이 나에게 매우 중요하다." 그리고 그 이유를 여러 가지로 생각해 보라.[20] 이 수행을 통해 성취하려면 스스로에게 "이 삶의 활동이 무슨 소용이 있는가?"라고 묻고, 스승의 실제적인 가르침에 따라 수행하는 데 전념을 다할 것이라고 결심해야 한다. 다른 활동에 마음을 두지 않고 실제 가르침에 따라 마음을 모아 정진하는 것이 중요하다.

일곱 번째 마음 훈련: 3단계 비개념적 숙고

이 세 가지 비개념적 명상 훈련에는 각각 고유한 수행이 있다.

1. 더없는 행복과 공의 무념 상태 훈련. 배꼽에 있는 문자 '아'에서 불길이 타오른다고 집중하면 몸의 중앙 통로 맨 위에 거꾸로 된 티베트 문자 함(ham)에서 넥타르(역자주: '신의 음료' 감로와 유사)가 내려오며 몸의 사방향(四方向) 차크라와 작은 통로까지 구석구석 스며든다. 이렇게 할 때 더없는 행복과 텅 비어있음을 숙고하라. 아래에서 에너지를 끌어올리고 위에서는 아래로 누른다고 상상하며 마음을 당신의 심장 한가운데에 있는 흰색의 '아' 글자에 집중하라.[21] 더 없는 행복은 공의 지혜를 일으키는 능숙한 수단이다.

2. 명료함과 텅 비어있음의 비개념적 상태 훈련. 세 번 탁한 숨을 내쉰 후 모든 현상이 빛으로 녹아 들어 푸른 하늘과 합쳐졌다고 느껴라.

숨을 들이쉬면 이 반짝이는 빛이 몸에 들어와 가득 채운다. 기를 결합하고 유지함으로써 명료함과 텅 비어있음이 일어난다. 이 수행을 통해 깨달음이 올 것이다. 또한 추울 때는 기운이 뜨겁다고 명상하고, 더울 때는 만지면 시원하다고 생각하라. 이것이 핵심이다.

여름엔 불 바람[火風], 가을엔 바람 바람[風風], 겨울엔 물 바람[水風], 봄엔 흙 바람[地風] 등 바람에 관한 다양한 명상 스타일에 대한 추가 설명이 있으며, 색과 촉감을 해독제로 사용한다. 이것들은 이미 주어진 핵심 포인트에 대한 단순한 부연 설명일 뿐이다.[22]

3. 현실에 대한 비개념적 훈련. 눈은 그대로 둔 채 몸과 마음을 깊은 곳에서부터 이완시키고, 개념을 확장하거나 거두어들이지 않고 명상한다. 이 명상을 통해 마음을 어디에나 집중할 수 있게 되고, 그다음에는 개념이 없는 하늘과 같은 상태에서 마음을 점점 더 오래 머물 수 있게 된다.

이 훈련을 통해 보리심이 필연적으로 점점 더 증가하는 것이 이 수행의 척도이다.

에필로그

———

이렇듯 심오한 근본 수행[23]의 핵심 의미를 통해

일곱 가지 마음 훈련에 관한 이 가르침의 요지에 담긴

온전함이 눈 덮인 산처럼 하얗게 일어나니,

모든 존재가 예외 없이 지극한 평화의 자리를 찾기를 기원합니다.

전생의 수행에서 이어져 온 것을 통해

이번 생에 나는 최상승의 심요에 통달하였습니다.

그리하여 자비로운 지혜로

그 심오한 의미를 분명히 밝혔습니다.

복된 존재들이여, 이 심오한 심요로 가는 훌륭한 문을

당신들의 왕관으로 삼으십시오.

이 탁월한 길은

여기에 적힌 나의 글을 통해 빠르게 성취할 수 있는

해탈의 수레입니다.

일곱 가지 근본 마음 훈련에 관한 가르침은

최상승의 요기인 롱첸 랍잠이 화이트 스컬 스노우 마운틴의 비탈에서

완성하였습니다.

나는 이 가르침을 만트라의 영광스러운 여왕 [에카자티],

라훌라와 맹서한 [바즈라사드후]에게 맡깁니다.

그것을 담을 그릇이 아닌 자들에게는

비밀로 하십시오.

복된 자들에게만 전해주십시오.

침묵으로 봉인합니다.

맹세합니다.

온전합니다. 온전합니다. 온전합니다.

일곱 가지 훈련의 배경

티베트의 연대기에서 롱첸파의 전생 중 하나는 티베트 왕조의 기원과 밀접하게 관련이 있다. 그는 티베트의 두 번째 위대한 불교 왕인 트리송 데첸(755~797 CE)의 딸인 페마살 공주였다. 그녀는 아직 어린 나이에 사망했고, 비탄에 잠긴 아버지의 요청으로 다름 아닌 파드마삼바바에 의해 잠시나마 다시 살아났다. 파드마삼바바는 그녀에게 미래에 환생하여 티베트에 새로운 마음 정수(Heart Essence) 족첸 가르침의 주기를 펼칠 것이라고 축복했다. 600년 후, 그녀는 롱첸 랍잠(역자주: 롱첸파의 또 다른 이름)으로 태어났다고 전해진다.[24]

그 600년 동안, 9세기에 티베트를 여행한 위대한 인도 스승 비말라미트라의 마음 정수 가르침이 널리 퍼졌다. 그의 주요 스승으로는 냐나수트라와 스리 싱하가 있다. 세 사람 모두 중국으로 갔는데, 비말라미트라와 스리 싱하는 베이징 북동쪽에 있는 다섯 개의 봉우리가 있는 신성한 산으로 유명한 중국의 우타이산에서 시간을 보냈다. 비말라미트라는 오늘날까지도 그곳에 있다고 전해진다. 아좀 페일로 린포체는 그곳에서 신비한 체험 속에서 그를 만난 적이 있다고 썼다.[25]

선불교가 중국 당나라에서 등장하던 8~9세기 시기에 티베트에서는 광범위한 족첸 전통이 시작되었다. 초기 형태의 족첸과 선불교 사이의 교류에 관한 증거는 상당히 이른 시기부터 존재하며, 특히 인도의 고전적이고 점진적인 깨달음의 길과 『육조단경』과 같은 초기 선불교 문헌에서 말하고 있는 신속하고 심지어 즉각적인 길에 관한 토론이 이루어져 왔다.[26] 그 이전에도, 나중에 다시 언급되겠지만, 초기 대승경전에는 후에 족첸의 중심이 되는 요소들이 포함되어 있었다.

공주가 사망하고 그녀가 예언대로 롱첸 랍잠으로 환생하기까지 6세기 동안 티베트 문화는 인도에서 흘러 들어온 불교에 완전히 스며들었다. 인도의 불교 문헌들이 인도의 학자들과 티베트 번역가들의 400년에 걸친 협력을 통해 티베트어로 번역되었으며, 이는 11세기에 아티샤가 티베트를 방문하면서 절정에 달했다. 이러한 엄청난 번역 작업 외에도 티베트인들은 곧 자신들만의 주석서를 작성하고 붓다의 가르침에 관한 경험적 입문을 제공하는 수많은 수행기록을 작성하기 시작했다. 20세기 후반 티베트 작품들이 영어로 번역되기 시작하고 여전히 활발히 번역되고 있는 지금까지 불교 문헌에 관한 이처럼 지속적이고 광범위한 문화적 이전은 없었다.[27]

14세기에 롱첸파는 8세기부터 시작된 주요 족첸 전통을 방대하게 수집했다. 이 컬렉션은 『네 가지 마음 정수(the Fourfold Heart Essence)』로 알려져 있으며, 여기서 그는 비말라미트라의 마음 정수와 구루 린포체의 다키니 마음 정수뿐만 아니라 이에 관한 해설을 제시한다. 일곱 가지 훈련은 가장 유명한 하위 섹션 중 하나로 알려진 "귀중한 구리 서신(Precious Copper Letters)"에 포함되어 있다.

초기 인도에서 티베트로 유입된 불교 문헌은 수트라, 탄트라, 초기 족첸 탄트라 등이 포함되어 있다. 티베트의 첫 번째 불교도인 닝마("오래된 이들")는 발전하는 수행 방법들과 철학적 숙고를 종합하여 아홉 가지 길 또는 방식으로 빠르게 조직화했다. 수트라, 외부 탄트라, 내부 탄트라를 기반으로 한 이 길은 수행자가 오염될 수 없는 전체성을 깨닫기까지 미묘한 장애물들을 다루기 때문에 일반적으로 족첸에 이르러서 정점을 찍는 계층 구조로 제시된다. 그러나 족첸에 관한 많은 문서들을 읽고 스스로 수행을 한다면 그것이 단계적인 사다리보다 모든 부분이 전체를 담고 있는 홀로그램에 가깝다는 것을 알게 될 것이다.

나의 관점을 보태면, 족첸은 단순히 사다리의 맨 꼭대기가 아니라 사다리의 모든 부분에 퍼져 있다. 모든 계단이 사다리의 일부이고 사다리가 계단들로 이뤄진 것처럼 말이다. 이와 같이 아홉 가지 길은 모두 어느 정도 일곱 가지 훈련에 스며들어 있다. 아래에서 아좀 린포체의 말을 인용한다. "기초적인 수행부터 실제 기반에 이르기까지 모든 것이 그 자체로 위대한 완전성, 진정한 완성입니다." 대완성은 모든 아홉 길을 포함한다는 것을 분명히 하며, 각각의 구별되는 특징을 가르친다. 그 모든 것이 어느 정도 일곱 가지 훈련을 확대한 것들이다. 그래서 아홉 번째 길인 족첸, 즉 대완성은 다른 여덟 길의 정점일뿐만 아니라 모든 것을 포함하고 있고, 그런 의미에서 모든 것을 비춘다고 할 수 있다.[28]

경전 수행에서는 무상, 사성제, 연기, 공 등의 핵심 원리를 숙고하는 것을 강조한다. 이러한 주제는 아홉 가지 길의 초기 세 가지 요소인 세 가지 길과 관련이 있다. 세 가지 길의 첫 번째와 두 번째에 해당하는 내부 탄트라와 외부 탄트라 모두에서 미묘한 몸의 민감성이 풍부한 상상력과 결합되면서 스스로를 완전히 깨어난 존재로 보는 법을 배운다. 족첸에서는 모든 생각과 상상력이 현실의 실체 없는 실체성으로 녹아 들어간다. 그 꼭대기, 다시 말해 아홉 번째 길에 도달했을 때 우리는 다른 모든 길, 즉 산 전체가 우리를 지지하기 위해 존재한다는 것을 명확히 볼 수 있다.

다시 말하지만, 그 대완성은 모든 것을 포함하는 현실이다. 아무것도 배제되지 않기 때문에, 그것은 무한한 전체성이다. 이는 현실이 어딘가 다른 곳에 있는 게 아니라, 어떤 순간에나 우리의 평범한 몸, 말, 마음과 분리될 수 없다는 것을 의미한다. 롱첸파가 끌어낸 핵심 문헌 대부분은 현실이 스스로를 묘사하는 구절을 포함한다. 예를 들어, '모든 것을 창조하는 위엄'에서 이러한 시적인 구절들이 발견된다.

나, 모든 것을 창조한 이는 세 가지 깨어난 붓다의 차원을
아우른다.
모든 것들은 어떻게 나타나든 본성과 본질, 그리고 사랑
을 담은 반응 안에서 자유롭다.
나는 이러한 차원을 나의 진정성으로서 드러내 보이노
라.[29]

변화와 단순함

수행자들은 때때로 단순히 앉아 있고 존재하는 것만으로 충분하다고 느낀다. 그런데 왜 우리는 불경을 독송해야 하며, 명상을 하며 왜 그렇게 다양한 세계와 존재들을 상상해야 하는가?• 그리고 왜 티베트인들은 그렇게 많은 다양한 수행법을 가지고 있는가? 이 질문 뒤에 있는 '존재만으로 충분하다고 여기는' 직관은 타당하다. 현실은 실제로 매우 단순하기 때문이다. 그러나 그 끊임없는 역동성은 무한히 다양한 표현을 낳는다. 한 사람을 잘 알기 위해서는 그가 어린이들에게, 동료들에게, 영화를 보면서, 저녁 식사 중에 어떻게 다양하게 변하는지를 보아야 한다. 끊임없이 창조적인 현실도 이와 같지 않을까?

• 역자주: 티베트 수행에서는 자신을 붓다나 관세음보살, 구루 린포체 등 영적 스승이나 존재로 시각화하는 수행을 하고는 한다.

사실 우리 자신도 변화무쌍하다. 때로는 초조해하고, 때로는 짜증내며, 때로는 의심한다. 우리가 반응하는 방법은 무한하다. 우리의 다양한 성향은 다양한 스타일의 수행을 통해 가장 잘 다루어진다. 티베트 전통은 많은 것을 제공한다. 초조함을 느낀다면? 몸, 호흡, 그리고 마음을 안정시키는 법을 배워라. 증오감을 느낀다면? 사랑을 기르거나 관세음보살(역자주: 자비의 화신)과 관계를 맺어라. 두려움을 느낀다면? 호랑이를 타고 다니는 도르제 드롤로(역자주: 구루 린포체 파드마삼바바의 아홉 번째 화신)를 떠올리며 불굴의 힘을 기르라. 그리고 마지막으로, 이 모든 존재들과 당신 자신의 진정한 본성이 같다는 것을 인식하라. 하나의 본성, 무한한 다양성. 태어난 적이 없으며 멈추지 않음. 이것을 보는 것이 족첸의 핵심이다.

모든 수행과 경험이 위대한 완전함에 의해 비추어지고 있다고 인식하는 것은 결코 좁아지지 않는 지평선을 찾는 것과 같다. 이것은 우리 일반적인 인간의 마음으로는 이해할 수 없지만, 말이 안 되는 것은 아니다. 그리고 그것은 경험될 수 있다. 롱첸파는 그의 일곱 가지 훈련이 다른 불교의 가르침들에서 찾아 볼 수 있는 통찰을 담고 있음에도 불구하고 특별히 족첸으로 가는 길임을 분명히 한다. 그는 이 수행의 주요 제목들을 가랍 도제가 썼다고 알려진 고대 탄트라 문헌인 『유일한 자식 경전(Sole Child Scripture)』에서 끌어낸다. 그가 명명한 일곱 주제는 롱첸파의 일곱 수행 배치도에 관한 청사진이 된다. 아래에 각 훈련 옆에 괄호로 표시된 것은 직메 링파가 자신의 동일한 일곱 수행에 대한 논설에서 강조하는 주제이다.

1. 무상(존재적 고독)
2. 행복의 우연성과 그 짧은 지속성(업의 원인과 결과)
3. 죽음의 다양한 원인(여섯 영역의 고통)
4. 우리의 세속적 활동의 무의미함(스승과 관계의 중요성)
5. 붓다의 좋은 자질에 의지(명상의 필요성)
6. 스승의 실질적 지도(열 가지 선하지 못한 행위의 버림)
7. 현실로 이끄는 세 가지 명상 체험: 지복과 공, 명료함과 공, 그리고 현실 자체에 대한 비개념적 명상(지혜와 호흡)

롱첸파는 그의 『귀중한 법계 보물(Precious Dharmadhātu Treasury)』에 대한 주석을 마무리하며 이렇게 적었다. "과거에 내가 저술한 논서들에 여러 이름으로 서명했다"고 언급하며, 이 다양한 이름들이 해당 텍스트의 주제를 암시하는 단서라고 설명한다. 그는 이를 마무리하며 말했다. "상상할 수 없는 광활한 공간으로서 머무는 방식을 드러내는 작품에서 나는 롱첸 랍잠이라는 이름으로 서명했다."[30] 이러한 존재 방식을 드러내는 것은 족첸의 견해를 발견하는 것이다. 이것이 그가 일곱 가지 훈련에 서명한 방식이다.

또한 훈련에 대한 후기에서 그는 이렇게 적었다. "나는 이 [텍스트]를 영광스러운 만트라의 여주인[에카자티]과 라훌라, 그리고 맹세[금강 사두 도제 렉파]에 맡겼다. 이를 받아들일 그릇이 되지 않는 이들에게는 비밀로 하라! 복 있는 자들에게 수여하라! 침묵으로 봉인되었다. 카 탐." 에카자티는 족첸의 수호신이며, 닝마파의 테르마 전통(역자주: 닝마파 전통에서 중요한 '숨겨진 보물' 가르침을 의미)에 속하는 라훌라 역시 족첸의 일부이다. 롱첸파가 이들에게 이 텍스트를 보호해달라고 요청함으로써, 우리가 이 텍스트의 족첸 계보를 이해해야 함을 더욱 명확히 하고 있다. 그리고 다른 곳에서 그는 직접적으로 말한다. "일곱 가지 마음 훈련의 기초 수행에 대한 이 핵심 지침들은 근본적 본성으로 이끄는 단계 역할을 한다." 이는 족첸의 또 다른 핵심 주제이다.

또한 롱첸파 자신이 그의 방대한 저작 목록을 나열하면서 다섯 가지를 이름 붙여, 그것들이 "심오한 의미의 마음 정수(Profound Heart Essence)[31]를 요약한다"고 말한다. 이 목록의 선두에는 그의 일곱 가지 마음 훈련이 있으며, 그는 이 다섯 가지가 비말라미트라의 심오한 마음 정수와 관련된 "신성한 실천 수행"의 주기를 구성한다고 언급한다.

이러한 점들을 언급하는 이유는 겉보기에 롱첸파의 텍스트가 수행의 초기 단계에서 다루는 많은 주제들, 즉 무상, 세속적 행복의 덧없는 본성, 더 지속적인 행복에 집중하고자 하는 소망, 자비를 개발하고 성실하게 수행하려는 노력에 초점을 맞춘 것처럼 보이기 때문이다. 롱첸파는 우리가 처음부터 이러한 수행의 전체 지평을 알기를 원한다. 그는 이 훈련들이 실제로 어떻게 족첸으로 통하는 관문으로 기능하는지 우리가 밝혀내도록 그대로 두었다. 특히 직메 링파의 논의를 통해 이러한 수행에 참여함으로써 우리가 족첸 수행을 위해 사전훈련만 하는 것이 아니라 이미 족첸 수행을 참여하고 있다는 것을 이해하게 된다.

이 작업이 족첸 텍스트로서의 지위를 확인하는 것은 유용하며 도발적이기도 하다. 족첸은 일반적인 마음의 가면을 직접 벗기는 것으로 유명하다. 우리 인간들은 붓다가 되기 위해 수행하는가? 아니면 붓다로 가장한 인간인가? 모든 인간 경험의 근거가 현실이라는 점을 고려할 때,

"단순히 인간"이라는 것이 과연 존재하는가? 사실, 나는 더 깊이 조사할수록 "나는 깨어날 수 있는가"라는 질문이 뒤집히기 시작한다. 강력한 순간에 나는 "어떻게 깨어나지 않을 수 있겠는가!"라고 생각하게 된다. 비슷한 맥락에서 루미*는 "신이 당신을 사랑한다"는 것이 유일하게 가능한 문장이라고 지적한다. 왜냐하면 이것이 알려지면 당신은 신에게 녹아들어 다른 대명사가 남지 않기 때문이다.[32]

그럼에도 불구하고, 나의 일상적인 마음은 주된 헌신 대상인 '나'를 기발하게 보호하며, 내가 나의 독립성을 규정하는 묘사를 풀어내는 것에 거부감을 느낀다. 나는 쉽게 잊는다. 다름과 분리됨은 전혀 같은 것이 아니라는 것을. 온전함은 모든 차이를 포용하기에 그 사실 자체로 매력적이다. 나는 분리된 존재라고 느낄 때 외로움을 느끼고, 그로 인해 발생한 소외감에서 비롯된 폭력에 의해 위협을 느끼는 만큼 온전함을 갈망한다. 가장 근본적인 인간적 수준에서, 온전함을 회복할 수 있는 것들이 많다.[33]

경험은 호기심과 화합이 우리의 분명한 분열보다 더 진실하다는 것을 확인시켜 준다. 인류가 지구에서 생명을 시작한 이래로 우리는 서로에게서 배우고, 상품과 아이디어를 교환해 왔다. 이 공동 발생적이고 유동적인 본성이 흑백의 우리 혹은 그들의 가정(假定)보다 더 진실하고 유익하다는 인식이 우리 사회적 각성의 많은 부분에 있어 핵심이었다. 우리는 다르다, 그리고 '다름'은 재미있을 뿐만 아니라 풍요로운 것이다. '다름'을 불평등과 혼동하는 것은 큰 오류이다! '다름'이나 분리감의 감

• 　역자주: 13세기 페르시아 신비주의자이자 시인. 영적 탐구를 중시하는 수피 사상의 중요 인물.

각을 극복하는 것은 인내와 끈기를 요구한다. 분리감을 극복하는 모든 단계 자체가 우리 자신과 우리의 궁극적인 최고의 자아, 심지어 붓다 사이의 격차가 크게 과장되었다는 증거이다. 롱첸파의 처음 여섯 가지 훈련은 무상, 인과, 자비, 헌신에 관한 명료함을 기르는 것을 통해 일상적인 마음을 재구성한다. 목적은 우리의 인식 가장자리에 있는 잘못된 가정을 되돌리는 것이다. 모두 다른 것과 어떤 형태로든 연관되어 있다. 이원성은 우리의 일상적인 인간적 마음과 손에 손을 잡고 있다.

일상적인 마음과 지혜의 마음

롱첸파에게 "일상적인 마음"은 감각 객체를 실재화하는 모든 의식을 가리킨다. 그러나 롱첸파는 "일상적인 마음의 근원은 원시 지혜에 있다"[34]고 강조한다. 이것은 족첸의 중심 사상이며 엄청난 선언이다. 이는 인간과 붓다, 즉 우리의 일상적인 오류와 깨달음의 잠재력이 (내가 처음 붓다의 본성을 듣고 그 터무니없는 제안에 반발했을 때 상상했던 것처럼) 큰 틈으로 분리되어 있지 않다는 것을 의미한다. 반대로, 롱첸파는 깨달음의 마음이 우리 내부에서 가장 활발한 부분들의 근원이라고 말한다. 이를 통해 그는 초기 인도 불교에서 강조된 마음의 내재적인 광명과 모든 살아 있는 존재의 거대한 잠재력에 대해 동의한다.[35]

내 마음이 분리하려는 경향, 거리를 두려는 경향이 강해질수록 이상화와 비방이 만연해진다. 나의 경험의 공간은 축소되고, 감정적 혹은 정신적-신체적 확장성의 잠재력이 제한된다. 평화와 정의는 전체성에 관한 사회적 감각이 필요하며, 연결과 배려에 대한 전체성의 경향과 조화를 이루는 지혜를 요구한다.

일상적인 마음은 강력한 습관이다. 우리는 평생 모든 것에 일반적인 마음을 의존해왔다. 그 한계를 인정하고, 대안을 시도할 준비를 하는 것은 중요한 갈림길이다. 이를 직면하는 것은 수행자에게 상당한 드라마가 될 수 있다.

광활한 시야를 방해하는 마음의 습관을 다루는 일곱 가지 훈련은 모든 수행의 등급을 통합한다. 우리 존재의 모든 부분(지성, 상상력, 발성, 몸, 그리고 우리의 감각들)이 참여한다. 정적과 상상, 소리와 침묵은 서로를 강화한다. 마침내 모든 것은 모든 앎의 심장인 그 근원으로 해체되고, 그 역동성은 끊임없이 새로운 형태를 만들어낸다.

직메 링파는 그의 일곱 가지 훈련에 관한 해설인 '계단'에서 "경전과 탄트라의 전통을 구성하는 무수한 접근 방식들은 [한 번의 앉기에서] 보여줄 수 있다"고 적었다.[36] 이 길-강은 많은 풍경을 지나 흐르며, 여기서 직메 링파는 수행의 단계와 우리 영적 풍경의 다양한 부분들이 깊이 연결되어 있음을 지적한다. 이들 사이에는 자연스러운 흐름이 있으며, 일곱 가지 훈련과 관련된 핵심 수행은 이를 드러낼 것이다.

우리가 이 흐름을 더 많이 경험할수록 우리가 그것을 어떻게 방해하는지에 대해서도 더 분명해진다. 이 명확성은 전체성으로 향하게 된다. 직메 링파는 다른 여덟 가지 수단을 족첸의 독특한 통찰력과 연결함으로써, 수행자들에게 롱첸파의 일곱 가지 훈련이 경전, 탄트라, 그리고 족첸을 어떻게 결합하는지 보여준다. 이 세 가지 관점에 다양한 기술들이 통합된다. 모든 요소들이 의미 있게 연결되어 있으며, 다양성이 전체성을 풍부하게 한다.

우리의 본성에 접근하기 시작할 때, 당신은 주저할 수 있다. 마치 옛날, 내가 읽기를 처음 시도했을 때 읽을 수 있었음에도 불구하고 더 읽어나가기를 주저했던 것처럼 말이다. 읽을 수 없다고 생각한 나 자신의 개념, 일상적인 마음은 여전히 내게 익숙하고 유일한 정체성이었다. 그 정체성이 위협을 느꼈을 때, 나도 위협을 느꼈다. 일상적인 마음은 사라지거나 자신의 한계나 현재 상태를 넘어서서 더 깊은 이해나 깨달음의 상태로 나아가는 것을 거부한다. 일상적인 마음은 모든 것을 주도하고 자신의 착각을 보호하려 한다. 일상적 마음은 현실을 절박하게 이해하고자 하지만 결코 이해할 수 없다. 그리고 현실에 확실히 녹아들고 싶어하지도 않는다. 그래서 우리는 막히고 만다. 우리는 의심에 사로잡혀 있다. 우리는 도전이 너무 어렵다고 판단하고 등을 돌릴 수도 있다. 혹은 우리는 호기심을 느끼며 지혜의 바다에 발가락을 담그는 방법을 궁금해할 수도 있다.

수행은 단지 우리의 오류를 바로잡는 것만이 아니며, 우리의 자연적인 지혜의 특성을 드러내는 것만도 아니다. 우리는 두 가지 모두가 필요하다. 불교의 업(카르마) 이야기는 우리의 일상적인 모습을 반영하고 이를 빛나게 해준다. 불교의 지혜 이야기는 우리의 진정한 얼굴, 선(禪)에서 말하는 '우리의 어머니가 태어나기 전 우리의 얼굴'과 관련이 깊다. 직메 링파는 우리에게 상기시킨다.

대승불교에는 두 가지 측면이 있다.
완성(바라밀) 접근법과 비길 데 없는

금강승(바즈라야나)이다.[37]

업(카르마)은 우리의 부서진 상태에 관한 이야기이며, 지혜는 우리의 완전함에 대해 말한다. 업의 이야기에서, 깨달은 마음은 우리가 노력해야 하는 것이며, 긴 길의 끝에 도달하는 최고점이다. 족첸의 지혜 이야기에서, 깨달은 마음은 목표이자 기반으로, 길이자 그 길의 성취이다. 업의 이야기는 우리에게 지혜를 향해 나아가는 방법을 가르치고, 지혜의 이야기는 지혜가 이미 여기에 있음을 보는 방법을 가르친다. 둘 다 필수적이다.

롱첸파의 인식의 전환(이미 존재하는 지혜를 향한 그의 방향 전환)은 부서짐에서 완전함으로 나아가는 길잡이이며, 지혜가 항상 바로 여기에 있음을 발견하는 데 도움을 준다. 지혜가 바로 '여기 있다'라는 것이 사실이 아닌 것처럼 들릴 수 있겠지만, 사실 우리는 그것을 느끼고 희열을 느낄 수도 있다. 지혜는 살아 있는 것이다. 우리처럼 말이다.

다음 장에서 우리는 롱첸파가 업에서 지혜의 이야기로 넘어가는 과정을 추적하고, 그의 일곱 가지 훈련과 관련하여 그의 전환점을 확대한다. 특히 그의 유명한 일곱 보물 중 『귀중한 법계 보물(Precious Dharmadhātu Treasury)』과 『철학 체계의 귀중한 보물(Precious Treasury of Philosophical Systems)』에서 많은 내용을 끌어낸다. 그는 우리가 경외와 경이로운 마음으로 지혜에 접근하면 잘 할 수 있다고 제안했다. "얼마나 놀라운가"라고 그는 자주 말하며 그러한 상태들을 보여줬다.

우리는 롱첸파가 일상적인 업의 관점을 지혜와 일치시키는 움직임을 강조한다. 결국, 사랑과 자비가 길의 목표가 되지 않고 모든 것의 본질로 인식되게 한다.[38] 깨어난 마음은 모든 것의 실제적인 기반으로, 우리

자신의 부패할 수 없는 본성으로 드러났다.[39]

모든 것은 지혜이거나 그 왜곡이다. 족첸이 설명하는 지혜는 본질적으로 친절한 반응성으로 가득 차 있다. 우리는 우리가 이미 광대한 우주의 일부인 것처럼, 우리 역시 지혜의 일부이자 반응하는 친절의 일부임을 보기 시작한다. 길 자체가 친절한 전체성이다.

다음 장부터는 직메 링파가 쓴 해설을 바탕으로 이 훈련들을 살펴보고 롱첸파의 다른 문헌들에서도 관련 내용을 찾아본다. 이 과정을 통해 우리는 롱첸파를 비롯하여 수행자들이 업에서 지혜로 관점을 바꾸는 핵심적인 전환점들을 계속해서 깊이 이해하게 될 것이다.

먼지는 거울을 바꾸지 못하고,
구름은 태양을 바꾸지 못한다.
우리의 번뇌는
변하지 않는 본성을 바꾸지 못한다.

Part 2

마음 훈련의 폭과 깊이:

직메 링파와 롱첸파가 알려준 지혜, 핵심 수행, 그리고 족첸의 관점

1. 완전함의 지평과 첫 번째 마음 훈련

롱첸파는 자신의 글을 구루, 데바, 그리고 다키니에게 경의를 표하며 시작하면서, 후에 직메 링파와 아좀 페일로 린포체가 그랬던 것처럼, 일곱 가지 훈련의 관점이 탄트라뿐만 아니라 족첸도 포함하고 있음을 나타낸다. 이 일곱 가지 훈련의 개요를 만든 가랍 도제는 이를 '보리심을 위한 일곱 가지 훈련'이라고 불렀으며, 아좀 페일로 린포체의 일곱 가지 훈련에 대한 가르침에서도 역시 보리심이 중심이 된다.

직메 링파는 자신의 책 『해탈로 가는 계단(Stairway to Liberation)』에서 롱첸파의 일곱 가지 훈련의 '본질적인 의미에 대한 가르침' 또는 '가르침의 요점들'이라고 부른다. 이 책에서 그는 수행을 위한 구체적인 조언을 제공한다. 직메 링파의 일곱 가지 훈련에 관한 접근 방식에는 네 가지 중요한 특징이 있다.

첫째, 그는 일곱 가지 훈련을 널리 공유된 불교 원칙뿐만 아니라 독특한 탄트라적 관점에 기반을 두고 있다. 그는 인과와 지혜의 이야기를 엮어내며 족첸의 요소도 포함한다. 둘째, 그는 이야기 실천을 통해 훈련을 확대한다. 이는 마음 훈련 매뉴얼에서 거의 찾아볼 수 없는 방법이지만, 많은 수트라(초기 경전)에서 설명된 붓다의 가르침 방식과 일치한다. 셋째, 그는 이러한 이야기 실천을 구루 요가와 탄트라적 요소의 주요 요소와 결합한다. 넷째, 그는 가장 단순한 방식으로 마음을 본성으로 안내하는 핵심 실천을 포함한다. 그는 "말의 꽃에 의지하여 말 없는 비개념적 의미에 도달한다"[40]고 말한다.

직메 링파는 족첸의 광대한 마음 정수 사이클(the Heart Essence Vast Expanse cycle of Dzogchen)을 계시한 것으로 유명하며, 이 사이클은 티베트에서 가장 널리 퍼진 마음 정수 사이클이 되었고 현재는 전 세계 족첸 공동체에서 널리 실천되고 있다. 그의 환생으로 인정받는 아좀 페일로 린포체와 마찬가지로, 직메 링파는 트리송 데첸과 비말라미트라의 환생으로 여겨졌으며, 14세기에 발견된 보물에서 구루 린포체의 예언을 받았다.[41]

직메 링파는 두 번째 3년 기도 훈련 동안 중앙 티베트의 사먀 침푸에 있는 꽃 동굴에서 롱첸 랍잠(롱첸파)의 강력한 환상을 경험했다.[42] 일부 기록에서는 그를 롱첸 랍잠의 환생이라고 부르기도 한다.[43] 어쨌든, 직메 링파는 롱첸파의 영적인 아들로서 세 가지 계시를 통해 완전한 축복과 전수, 그리고 가르칠 수 있는 허가를 받았다고 자신의 비밀 자서전에서 설명하고 있다.[44]

직메 링파는 『해탈로 가는 계단』을 궁극의 선(三摩地, Samantabhadra), 사만타바드라(보현보살)에게 경의를 표하며 시작한다. 사만타바드라는 모든 장애를 넘어서며 원초적으로 깨어 있는 존재이다. 직메 링파가 알려준 훈련을 통해 수행자의 본성도 모든 선하고, 장애가 없으며 깨어 있음을 드러낼 수 있다. 이 본성은 항상 존재해왔기 때문에 새롭게 생겨난 것이 아니며, 따라서 "태어나지 않은(unborn)"이라는 단순한 별칭을 갖는다. 이는 족첸에서 언어로 표현할 수 없는 경험의 많은 측면을 간략하게 나타낸다.

직메 링파는 족첸의 첫 인간 스승인 가랍 도제에게도 경의를 표한다. 가랍 도제는 그의 『유일한 자식 경전(the Sole Child Scripture)』[45] 해설에서 "모든 조건 지어진 것은 무상함을 떠올려라"라고 우리에게 상기시킨다.[46]

천천히 모든 것에서 지금까지 간과해온 무상의 증거를 인식하기 시작하면, 우리와 우리 주변의 것들이 영원하다고 상상하는 중독에서 벗어나게 된다. 롱첸파의 첫 번째 훈련 수행을 따라, 우리는 점차 계절이 변화하고 있음을 인식하고, 자신과 사랑하는 사람들의 유한성을 통감하며, 마지막으로 아좀 린포체가 제안한 대로 자신의 격동적인 감정의 덧없음을 성찰하게 된다. 두 번째 훈련에서는 행복의 덧없음을 주목하고, 세 번째 훈련에서는 이 세상의 깊은 고통을 느끼며 자비를 발전시킨다.

첫 번째 마음 훈련

첫 번째 이야기 명상 *

먼저, 당신이 두렵고 낯선 땅에 도착했다고 상상해 보세요. 그곳은 인간의 흔적이 전혀 없는 광활한 평원으로, 오직 바람 소리와 풀 스치는 소리만이 들립니다. 당신은 완전히 고립되어 어찌할 바를 모릅니다. 갑자기 두 존재가 나타납니다. 백인 남성과 흑인 여성입니다. 그들이 말합니다.

"환상의 여섯 감각의 도시에 다양한 색상의 소원을 이루어주는 귀중한 보석이 있습니다. 이 보석을 얻으려면 배를 타고 큰 바다를 건너야 합니다. 우리 셋이 함께 그것을 얻으러 갈까요?"

이것이 당신의 흥미를 불러일으키기에 당신은 그들을 따라갑니다. 계속 여행을 하다 보면 결국 당신은 거대한 바다 한가운데 있게 됩니다. 눈길이 닿는 곳까지 모두 푸른

---

* 역자주: 직메 링파의 첫 번째, 두 번째, 세 번째 이야기 명상은 한국 독자들의 이해를 돕고자 위스콘신 대학교 매디슨 캠퍼스 '건강한 마음 센터(Center for Healthy Minds)' 연구원이자 티베트 불교학자이자 연구자인 코틀랜드 달(Cortland Dahl)이 직메 링파의 텍스트 원문을 번역한 책, 『대원만으로 가는 단계들: 족첸 대가들의 마음 훈련 전통(Steps to the Great Perfection: The Mind-Training Tradition of the Dzogchen Masters)』에서 저자의 허락을 받고 여기에 특별히 인용합니다.

빛입니다. 그 크기는 가늠할 수 없고 파도는 하늘로 치솟습니다. 이 바다의 물속에는 당신이 한 번도 본 적 없는 광경들로 가득합니다. 바다 괴물, 고래, 인어, 물을 달리는 말, 그리고 온갖 몸과 머리가 끔찍하게 달린 무서운 괴물들이 있습니다. 파도에 휩쓸리며 당신은 극도로 두려워져 도망치려 하지만, 보석을 얻고자 하는 강렬한 욕망이 당신을 이 두 사람이 항해하는 배에 오르게 합니다.

이제 당신은 이 거대한 바다의 중앙에 겨우 도달했고, 해안은 저 멀리 떨어져 있습니다. 그때 맹렬하고 압도적인 폭풍이 몰아칩니다. 공포에 질리고 지친 두 명의 지친 노 젓는 사람들이 미친 듯이 노를 젓다가 갑자기 그들의 노가 부딪혀 부서집니다. 때로는 파도가 하늘까지 치솟아 배가 하늘 꼭대기로 날아오르는 것 같고, 또 어떤 때는 파도가 위에서 높이 솟아 있는 동안 당신이 골짜기에 떠 있는 것 같아 마치 바다의 깊은 곳으로 가라앉은 것처럼 느껴집니다.

이 시점에서 도망치거나 탈출할 곳도 없고, 도움을 요청할 사람도 없으며, 안전을 위해 붙잡을 것도 없습니다. 죽음에 대한 두려움이 당신을 엄습하고, 다음 숨을 쉬기 전에라도 갑자기 죽음이 찾아올 수 있다는 것을 깨닫습니다. 당신은 자신의 죽음에 대해 한 번도 생각해 본 적이 없기 때문에, 불법을 수행함으로써 얻는 자신감이 부족합니다. 오늘부터 당신은 자녀들, 재산, 친척들, 동포들, 이

웃들과 헤어지게 될 것입니다. 그들은 당신에게 전혀 도움이 되지 않을 것입니다! "얼마나 무서운가! 얼마나 끔찍한가! 아, 안 돼, 안 돼!"라고 당신은 괴로워하며 외칩니다.

당신의 모든 외침과 비탄 속에서, 당신의 자비로운 구루가 오디야나의 위대한 스승, 페마 퇴트렝 찰의 모습으로 하늘에 나타납니다. 그는 부드럽게 춤을 추듯 흔들리며 외칩니다.

"당신은 윤회가 소원을 이루어주는 보석과 같다고 믿었지만, 그것은 본질적으로 고통스러운 것입니다. 이것이 당신이 죽음에 대해 한 번도 생각해 보지 않았을 때 일어나는 일입니다. 사물을 실제적이고 견고한 것으로 집착하는 당신의 현재 인식은 개별적 자아가 있다고 믿는 무지함에서 비롯됩니다. 당신이 만난 유혹적인 남자와 여자는 당신의 타고난 무지와 습관적 무지입니다. 이 거대한 대양은 윤회의 무한한 바다입니다. 배는 당신의 오염된 환상적 몸의 집합체로, 물방울처럼 연약합니다. 서로 부딪혀 부서지는 두 개의 노는 밤낮으로 흘러가는 인생으로, 한 번 소진되면 연장할 수 없습니다. 오 운이 좋은 이여, 단순히 죽는 것으로는 충분하지 않을 것입니다. 만약 죽음이 자이나교도들과 허무주의자들이 믿는 것처럼 그저 돌을 우물에 던지는 것과 같다면, 모든 것이 잘 되고 좋을 것입니다. 하지만 당신이 쌓은 긍정적이고 부정적인 행위

중 가장 작은 것조차도 똑바로 내려뜨린 무게추처럼 틀림 없이 당신에게 영향을 미칠 것입니다. 당신은 어떻게 할 것인가요?"

이 말을 듣고 당신의 두려움과 고통은 더욱 심해지고, 마음을 집중하여 구루에게 기도합니다. 당신이 어찌할 바를 모를 때, 흐릿한 그물 같은 흰빛이 구루의 심장에서 곧바로 나와 당신의 심장을 관통합니다. 배가 뒤집히고 당신의 마음이 몸을 떠납니다. 그리고 연꽃 빛의 삼신 궁전에서 당신은 오디야나의 위대한 스승, 구루 린포체와 완벽하게 합쳐져 깨달음을 얻습니다. 이를 통해 당신은 이러한 원인들로 인해 고통받는 모든 중생들을 이끌 수 있는 행운을 얻게 됩니다. 이 모든 것을 상상한 후, 긴장을 풀고 삼세(역자주: 과거-현재-미래)의 생각들을 지지 없이 그대로 두세요. 그런 다음 당신의 마음이 활발하든 고요하든 간에 단순히 마음챙김의 알아차림 상태를 유지하세요.

일곱 가지 훈련 중 처음 세 가지는 "윤회의 세계에 오신 것을 환영합니다"라고 불러도 무방할 것이다. 우리가 존재하는 이 세계는 인도에서 사하 세계(saha world, 역자주: 사바세계)로 불리며, 이는 많은 것을 견뎌야 하는 곳이라는 뜻이다.

　머리가 여러 개인 괴물들이 들끓는 바다에서 폭풍을 만났는데 허술한 노 젓는 배로 거대한 파도를 견디고 있다고 상상해 보자. 이것만큼이나 우리의 취약한 상태를 상징할 수 있는 것이 무엇이 있을까?[47] 우리는 곧 그 배에 오를 것이다. 왜냐하면 첫 번째 훈련에서 직메 링파가 우리에게 두려움과 후회의 감정이 강해지는 동안 그런 바다를 항해하는 자신을 상상해 보라고 초대하기 때문이다. 이것이 그의 이야기 명상 중 첫 번째로, 광범위한 마음 훈련 수행 방법 중에서도 독특한 방법이다.[48] 그는 왜 이런 종류의 수행으로 이끄는지 설명한다. 오랜 수행자들은 경전을 반추하며 무상함을 이해할 수 있지만, 초심자들은 이야기로 더 잘 이해할 수 있다고 말이다.[49] 우리 중 누가 초심자가 아니겠는가? 40년간 존경받는 스승이자 족첸 대가인 케촌 상포 린포체는 제자들인 우리들과 이야기할 때 종종 자신을 "우리들 초심자"라고 이야기하며 그 자신도 초심자에 포함시키고는 했다.

이 첫 번째 이야기 명상의 시작에서, 우리는 아무것도 알지 못하는 두려운 장소에 홀로 있다는 사실만 알고 있다. 정말로 암울한 상태, 실존적 고독의 상태이다. 우리는 비참하게 앉아서 무엇을 할지 모른 채 앉아 있다. 그때, 백인 남성과 흑인 여성이 다가와 함께 환영의 여섯 감각의 도시에 있는 귀중한 보석을 찾으러 가자고 제안한다. (그 이름 자체가 경고일 수 있지만, 우리는 혼란 속에서 그것조차 알아채지 못한다.)

이 새로운 동료들과 함께 작은 배를 타고 출발하며, 우리는 겹겹이 위험을 마주한다. 이 여정은 하늘로 치솟는 파도, 여러 머리를 가진 바다 괴물들, 그리고 몰아치는 바람이 가득한 악몽과도 같다. 결국 당신의 배는 바다 한가운데에서 부서지기 직전이다. 서서히 당신은 이것을 깨닫는다. 이 윤회의 바다가 우리가 찾는 행복한 안전을 결코 가져다주지 않는다는 것을. 이 드라마에 몰입하면서, 무상과 죽음은 더 이상 이론이 아니다. 갑자기 그것들이 어떤 느낌인지 정확히 알게 된다. 당신은 자신의 공포심으로 가득하다. 경악한 당신은 처음으로 자신의 죽음의 잔혹한 필연성과 마주하게 된다. 다시는 가족, 친구, 또는 고향을 볼 수 없을 것이다.

당신은 울부짖는다. 당신의 탄식이 허공을 채운다. 그때 당신의 스승이 탁월한 탄트라와 족첸의 대가인 구루 린포체의 모습으로 나타난다. 그는 당신 앞에서 부드러운 춤을 추며 당신의 이야기에 담긴 상징을 설명해준다. "당신은 윤회를 귀중한 보석으로 보고 있었지만, 그것은 고통뿐이다"라고 그는 말한다. "이것이 당신이 자신의 유한성을 결코 고려하지 않았을 때 일어나는 일이다. 당신을 바다 건너로 유혹한 남자와 여자는 바로 당신의 타고난 무지와 습관적 무지이다. 이제 어떻게 할 것인가?" 그는 묻는다. 그리고 나서,

당신의 공포가 극에 달하고,
당신은 마음을 집중하여 기도한다.
완전히 혼란에 빠져
다음에 무엇을 해야 할지 전혀 알지 못할 때,
구루의 마음에서 곧바로
하얀 빛의 그물이 나와 당신의 심장을 꿰뚫는다.
당신의 배는 뒤집히고, 당신의 마음은 몸을 떠난다.
당신은 구루와 분리될 수 없이 합쳐져
붓다의 경지에 이르게 된다.[50]

이 마지막 문구는 정제된 구루 요가로, 요약된 탄트라 수행이다. 이 짧은

이야기 전체는 생존을 향한 인간 본능을 불러일으키면서도, 생존을 위해 애쓸 필요가 없는 존재 상태로 전환된다. 이 모든 것을 상상한 후, 직메링파는 다섯 가지 핵심 수행 중 첫 번째를 제시하며, 더 깊고 흔들리지 않는 상태로 직접적으로 전환한다.

> 과거, 현재, 미래의 생각을 그대로 두고,
> 지지하지 말라.
> 완전히 열리고 편안해지라.
> 그리고 마음이 활동 중이든 휴식 중이든,
> 단순히 마음챙김하며 알아차림을 유지하라.[51]

이 핵심 수행은 세 부분으로 구성되어 있다. 첫 번째 단계는 과거, 현재, 미래로 흘러가는 생각을 지지하는 모든 것을 놓아버리는 것이다. 생각을 지지하는 것을 놓아버린다는 것은 무엇을 의미할까? 이는 다양하다. 당신이 생각을 지지하는 움직임은 종종 매우 미묘할 수 있으며, 당신의 인식의 가장자리에 있을 수 있다. 아마도 당신은 당신이 그 생각을 지지하고 있기 때문에 생각이 발생한다고 생각해 본 적이 없을 것이다! 그렇기 때문에 더욱 호기심을 가져야 한다. 단순히 주의를 열어두면 생각 또는 더 가능성이 높은 일련의 생각들이 곧 떠오를 것이다. 이 과정을 시작하기 위해 무엇을 했는가? 또는 하지 않았는가? 이 과정을 유지하기 위해 무엇을 했는가? 가능한 한 판단이나 이론을 얽히지 않고 자신의 경험을 직접 들여다보라.

본질적으로, 이러한 핵심 수행은 경험에서 비롯되며 또한 당신을 경험으로 이끈다.[52] 이는 이러한 실천이 특히 가치 있는 이유이다. 불교 훈련은 전통적으로 듣기, 반추하기, 명상을 포함한다. 듣기는 읽기와 공부를 포함하며 이해를 가져온다. 반추하기는 이해를 더욱 깊게 하여 그것을 개인적인 체감으로 만든다. 이는 자신의 일상적인 과정에서 통찰을 발견하거나 회복하는 방법이다.

다시 말해서, 생각은 떠오른다. 그것을 지지하는 무언가가 있는가? 어떻게 알 수 있는가? 그 느낌을 느낀 후, 어떻게 그것을 놓아버리는가? 그리고 그렇게 했을 때 무슨 일이 일어나는가? 이 질문들을 답을 찾기 위해서가 아니라, 가벼운 호기심으로, 단지 그것이 어떤 것인지 보기 위해 살펴보라. 당신이 발견하는 것은 매우 미묘할 수 있으며, 전혀 눈에 띄지 않을 수 있다. 무엇을 발견하든지 그것은 당신의 직관적인 이해를 확장하기에 충분하다. 이는 극적인 변화가 아니라, 새로운 영역에 들어서는 것이다.

당신이 생각에 사로잡힐 때 부드럽게 멈춰 세우고, 실제로 무엇을 했는지 또는 무엇을 하지 않았는지 물어봐 달라고 부탁할 친구가 있다면 도움이 될 것이다. 우리의 일상 경험은 대개 인식의 가장자리에 머무는 많고 작은 내면의 움직임으로 구성되어 있다.

생각을 지지하는 어떤 "지지대"가 정해져 있는 것은 아니다. 따라야 할 모델도 없다. 오직 당신의 주의가 열려 있어, 무엇을 볼 수 있는지 만이 중요하다. 나의 경우, 두 가지를 발견했다. 첫째, 생각의 시작 부분에서 미묘한 긴장감으로 불이 들어오는 것 같아 보인다. 이는 약간의 미세하게 떨리는 에너지 조각들로 패턴화되어 나타난다. 나는 이것을 가슴이나 목 부위에서 운동감각적으로 느낄 수 있는데, 이는 미묘한 감각이라

놓치기 쉽다. 위치는 변할 수 있지만, 거의 항상 피부 표면이든 더 깊숙한 곳이든 몸의 특정한 부분과 연관되어 있다. 이를 식별하는 데 몇 분이 걸릴 수 있다.

중요한 것은, 그것을 한 번 식별하고 나면, 갈림길에 서게 된다는 것이다. 핵심 수행이 제안하듯이 그것을 그냥 두면, 생각의 흐름이 사라질 수 있다. 아니면 내가 정말로 그것을 식별했는지 의심하며, 더 명확한 느낌이 생길 때까지 관찰을 계속할 수도 있다. 보통 얼마 지나지 않아 어떤 형태의 지지대나 생각의 촉매를 놓아버렸다는 느낌에 만족하게 된다. 그 "무언가"는 종종 설명하기 어렵지만 쉽게 감지할 수 있다. 그런 다음, 그저 앉아서 움직임과 고요함을 관찰하고, 이로 인해 제공되는 더 넓은 지평을 바라본다.

또 다른 방식으로 우리가 생각을 지지하고 있다는 것을 알아차리는 방법은 중심에 있는 '보는 자' 혹은 '생각하는 자'를 알아차리는 것이다. 그것은 나를 중심으로 생각 과정이 일어난다는 것이다. 이 지지대처럼, 그것은 내 가슴의 일부처럼 보일 수 있으며, 그곳에서 무언가를 촉진시킨다. 나는 탄산처럼 톡톡 튀는 생각의 행렬보다는 생각들이 송출되고 받아들여지는 자기화된 중심의 경험에 더 집중하고는 한다.

다음 단계는 이것을 더 면밀히 감지하는 것이다. 동시에 (모순적으로 들리겠지만) 주의의 범위가 조금 이완되고 열리면서 자기화된 나의 감각이 희미해진다. 무언가가 변화하고, 그곳에 있는지도 몰랐던 수축감이 가벼워지며, 나는 더 넓은 지평을 받아들일 준비가 된다. 다시 말하지만, 이것은 단지 하나의 예시일 뿐이다. 여기서 중요한 것은 여러분 자신의 경험이다. 그것이 아무리 다르더라도 말이다.

한 번 생각을 어떻게 지지하고 놓아버리는지를 맛본 후, 이 핵심 수행의 다음 단계가 다가온다. 직메 링파의 언어는 정확하고 감각적이다.[53] 그는 우리가 "완전히 열려" 있기를 제안한다. 이는 문자 그대로 "목줄 없이"라는 의미로, 억제되지 않고, 억압되지 않으며, 구속되지 않는 것을 의미한다. 즉, 자유롭게 어떤 생각이나 반응에 이끌리지 않는 상태를 말한다. 그는 또한 "편안하게" 있을 것을 제안한다. 이것은 중요한 족첸의 가르침이다. 나의 스승들은 족첸 가르침을 하는 동안 종종 부드럽게 이 말을 반복하곤 했다. "흘로, 흘로(hlo, hlo)"라고 가볍게, 거의 자장가처럼 반복했다. 이 "흘로, 흘로"라는 소리는 부드러운 목소리로 나의 전 존재를 진정시키는 편안한 소리이다. 이것이 핵심이다.

롱첸파는 우리가 이완할 수 없다면 항상 평범한 생각 속에 머물게 될 것이라고 말한다.[54] 이완한다는 것은 아무 일도 일어나지 않는다는 뜻이 아니다. 실제로 감각, 이미지 또는 기억이 더욱 명확해질 수 있다. 나의 바다는 고요하지만, 그 아래에는 다채로운 물고기들이 헤엄치고 있다. 어떤 물고기는 다른 물고기보다 느리지만, 그런 물고기들을 멈출 수는 없다! 마음의 역동성은 항상 존재한다. 놀랍게도 나는 움직임과 고요함을 동시에 경험할 수 있음을 배운다. 지혜는 고전적으로 태어나지 않았고 멈추지 않는 것으로 묘사된다. 이들은 모순되지 않는다! 내가 '나, 나의 것' 혹은 제한된 생각의 흐름을 놓아버렸을 때 더 큰 세계를 느낄 수 있는 것이다.

그러므로 가능한 한 나는 어떤 종류의 경험도 싸우거나 만들어내려 하지 않는다. 생각에 얽매이지 않는 한, 나는 내 인식을 통해 엿보는 어떤 것도 이름을 붙이거나 판단하지 않는다. 그것들이 오거나 오지 않을 자유를 허용한다. 활동적이든 고요하든, 인식은 계속된다. 나는 실제로 움직임이 있고 고요함이 있음을 발견한다. 그리고 이러한 상태에 자유롭고 편안한 방식으로 존재하는 것은 놀랍도록 간단하다. 과거, 현재, 미래에 대한 생각을 습관적으로 지지하는 방식을 버리고, 고정된 부분이 아닌 진행 중인 과정에 집중함으로써(명사보다는 동사로 설명되는 종류의 것), 내 경험 속의 모든 것이 포함된다.[55] 왜냐하면 마음의 모든 제스처는 움직이거나 고요하기 때문이다. 나 아닌 모든 것을 주변으로 밀어내는 '나'라는 제한된 감각은 더 이상 주도하지 않는다. 이것을 느끼면, 이번 생에서의 깨달음이 불가능하고 멀게 느껴지도록 하는 상상의 경계선이 희미해진다.

이 핵심 수행은 롱첸파가 설명한 법계(dharmadhātu)의 묘사로 방향을 전환한다.[56] 법계는 모든 것이 나타나는 공간으로, 궁극적이며 모든 것을 포함하는 우리의 경험의 장이다. 이는 모든 움직임과 고요함의 근원이다. 무상을 인식함으로써 윤회의 빛이 바래고, 우리는 그것을 놓아버리고 자유로워질 수 있다. 이러한 결심을 얻는 것은 전체 수행 길에서 매우 중요하며, 인도의 모든 불교 전통에서 공통적이다. 족첸의 관점에서, 무상을 인식하는 것은 우리 마음의 실제 본성을 보는 문을 열어주는 역할을 한다.

보통의 마음은 대상을 올가미에 가두어 우리의 인식을 하나의 가능성에 제한하고, 일련의 순간들을 하나의 시간 단위처럼 보이게 하여 우리의 개방성과 유연성을 희생시킨다. 올가미가 조여질수록 보통의 마음은 특정한 방식으로만 존재하는 것에 점점 익숙해지게 된다.

경험의 특정 부분에 얽매이지 않고 단순히 그 경험 자체에 존재하는 주의력은 우리가 전체성을 느낄 수 있도록 한다. 전체성은 우리가 경험의 장 속에서 더 단순하게 존재하는 것을 의미하며, 이는 보통의 마음과 그 반응성으로부터 벗어날 수 있는 자유를 준다. 개방된 바다를 헤엄치면서, 당신은 바로 옆의 환경과 가까이에서 소용돌이치는 흐름을 본능적으로 인식하면서도, 여전히 넓은 바다와 하늘의 지평 속에 존재하게 된다. 이것은 즐거움을 준다. 이는 우리의 실존적 고독감을 어느 정도 치유해준다.

마음 훈련에서 반복은 중요한 부분이다. 우리는 훈련의 전체 순서를 여러 번 반복한다. 롱첸파의 제안에 따라 각 훈련을 3일, 11일, 또는 21일 동안 수행하는 훈련을 할 수도 있다. 이렇게 하면 핵심 수행에 관한 경험뿐만 아니라 이야기 명상 및 일곱 가지 훈련에 대한 다른 요소들의 경험이 확장되고 풍부해진다.

첫 번째 핵심 수행을 상세히 살펴본 후, 허술한 배에 타고 있는 상태로 돌아가 보자. 우리의 유한성을 직면하는 법을 더 잘 이해할 수 있다. 영원히 살 수 없는 '나'가 문자 그대로 허술한 배 위에서 바다에 떠 있다고 생각하면, 우리는 마침내 우리의 유한성에 직면하게 된다. 마침내 우리 삶의 가장 진실된 드라마로 우리의 전체 존재가 깨어나게 되는 것이다. 절망 속에서 우리는 다시는 볼 수 없는 고향과 사랑하는 사람들을 떠올린다. 우리의 자기충족에 대한 환상, 즉 우리의 존재가 확실하다는 확신은 산산조각 난다. 이러한 환상은 우리의 삶에 연료가 되어 왔다.

더 이상 자신의 두려움을 두려워하지 않게 되면, 우리는 외친다. 우리의 외침은 인식의 표출이다. 우리는 오랫동안 간과해온 광대함에 호소한다. 이 외침은 전환점이 되어 새로운 지평을 열어주며, 우리의 전체적인 자아 경험을 재배열한다. 진정한 드라마는 파도가 아니라 바로 이것이다.[57] 우리는 과거의 헛된 것들에 절규하며, 새로운 무언가를 받아들일 준비가 되어 있다.

무상을 접하는 것은 명확하게 인식과 감각의 모든 기관에 영향을 미친다. 앞서 설명한 단순한 실천들은 인지적, 감정적, 신체적 활력을 불러일으킨다. 죽음은 유한한 삶의 궁극적 결실이다. 어니스트 베커는 죽음을 부정하는 것이 성공적인 삶에 필수적이라고 생각했다.[58] 불교 수행자들에게는 언젠가는 죽어야 한다는 사실을 받아들이는 것이 해방적일 수 있다. 죽음에 대한 부정과 절망의 두 극단 사이에서 중도를 찾는 것은 실존 치료사인 어빈 얄롬에 의해 잘 설명된다. 그의 현대적인 관점을 통해 우리는 필연적인 죽음을 직시할 수 있게 된다.

얄롬은 죽음을 부정하는 두 가지 방식, 즉 궁극적 구원자를 바라거나 내가 특별하다고 생각하는 것에 대해 이야기한다. 외부적 방식은 궁극적 구원자의 형태로 나타난다. 마치 우리를 구하는 슈퍼맨과 같은 존재이다. 내부적 방식은 내가 특별하다는 생각, 즉 "나는 너무 특별해서 죽지 않는다!"고 생각하는 것이다. (하지만 이런 생각을 한 사람이 나만 있는 것은 아니다!) 이 두 방식 모두 내가 절벽으로 향하는 존재의 현실을 조종석에 앉아 피할 수 있는 것처럼 보여준다.

그러나 직메 링파의 이야기에서 우리는 자신의 공포를 똑바로 바라봄으로써 그로부터 자유로워진다. 얄롬의 실존주의 치료에서 우리는 죽음의 필연을 직면하고 그 현실을 받아들이게 된다. 광범위한 연구에서 그는 죽음을 직면하는 것이 무관심을 야기하고 불만족스러운 피상적 생활 패턴에서 벗어나게 할 수 있는 방법이라고 결론지었다.[59]

우리의 이야기에서 우리가 일단 절벽으로 떨어져 배에서 튕겨져 나가게 되면, 우리는 죽을 수밖에 없는 운명을 외면했을 때보다 더 큰 공간 속에 있게 된다. 이 공간에 들어서면 상징적인 형태의 구루 린포체("귀중한 스승")가 나타난다. 그는 외부의 영웅이 아니라 우리 본성의 바다를 나타낸다. 우리가 이 바다에 녹아들면, 두려움과 욕망도 함께 사라진다.

비록 욕망이 이 길의 종착점에서 사라진다고 할지라도, 열정적인 욕망은 길을 가는 데 있어 중요하다. 그것은 우리가 우리의 목적과 더 큰 일치를 이루도록 계속 움직이게 한다. 깨달음을 향한 욕망은 필수적이다. 아쫌 린포체가 말했듯이, 모든 욕망이 같은 것은 아니다. 그러나 열정적인 목적만으로는 충분하지 않다. 자신감과 신뢰도 필수적이다. 직메링파의 이야기에서 공포에 사로잡힌 인물은 전속력으로 행동하고 있다. 삶이 걸려 있다. 그러나 우리에게 도움을 외치게 만드는 것은 단지 공포만이 아니다. 여기서 외침 혹은 기도는 물질적인 거래, 즉 무언가를 달라는 요청이 아니다. 그것 자체가 변형적인 것이다. 그것은 개인적인 갈망, 고통, 사랑의 바다에서 일어나는 우리 자신의 부름에 대한 반응이다. 깊은 절망 속에서 자신감, 신뢰, 그리고 관계의 감각이 표면으로 떠오른다.

도움을 요청하는 것은 자신보다 더 큰 무언가에 마음을 여는 것이다. 이는 용기와 힘을 필요로 한다. 우리는 우리를 지탱해 온 자율성을 잃는 것을 두려워한다. 그러나 파도가 바다에 항복할 때, 그것은 자신을 잃는 것인가? 아니면 더 광대해지는 것인가? 항복은 자신과 세상과의 완전히 새로운 관계를 예고한다. 이러한 관점의 변화는 개인의 변혁으로 이어질 만큼 중요한 사건이다. 이를 미신이나 순진함으로 오해하는 경우가 많지만, 그보다는 자아의 지평이 확장되는 온전한 통합으로 인식하는 것이 좋다.

많은 종류의 신성한 전통들은 자신보다 더 큰 누군가 또는 무언가에 초점을 맞추고 있다. 현대의 세속적 방식들, 예를 들어 알코올 중독자 익명 모임(AA)이나 중독을 치유하려는 다른 그룹들에서도 더 높은 힘을 인정하는 것을 중요하게 생각한다. 왜 이것이 그렇게 강력한가? AA의 방법을 연구한 영국의 인류학자 그레고리 베이슨은 어떤 종류의 더 높은 힘에 열리는 것이 자아의 근본 구조를 변화시킨다고 결론지었다.[60] 자신보다 더 큰 무언가를 인정하는 것은 동시에 우리와 깊이 연관된 무언가를 인정하는 것이며, 이는 우리의 내면 풍경을 완전히 재배치한다. 실존적 고독감이 해소된다. 자아와 책임의 생태가 변화한다. 우리는 삶의 모든 짐을 혼자 짊어지지 않게 되는 것이다.

우리는 더 광범위한 무언가를 갈망한다. 너무나 강렬하게 갈망하여 울부짖을 수밖에 없다. 그 외침에 응답이 있을까? 루미는 그러한 외침 자체가 이미 응답이라고 말한다. 우리의 갈망 속에 이미 우리가 찾던 것의 일부가 담겨 있다. 그래서 이야기의 이 시점에서 우리는 사랑에 대한 힘 있는 항복이 우리에게 어떻게 느껴질지를 상상한다. 이는 강요할 수 없으며, 의지대로 일어나지 않는다. 초대하기조차 어렵다. 그럼에도 불구하고, 그것을 상상하는 것은 그것을 성숙시키는 조건을 마련해준다. 우리가 더욱 편안해지거나, 평소의 안락한 상태에서 잡아 당겨질 때 발생하는 변화는 최고의 자기해체의 순간이 될 수 있다. 이 이야기 명상은 우리가 두려움을 마주할 수 있는 통제된 환경을 제공하며, 필요에 따라 속도와 수준을 조절할 수 있다.

직메 링파의 이야기 명상과 마지막으로 마음속의 고요와 움직임을 관찰하라는 그의 가르침은 충분히 단순하다. 각자 그 이야기에서 어떤 경험을 했는지는 모두 다를 것이다. 가장 중요한 것은 그 경험을 무시하거나 하찮게 여기거나, 그것이 "이런 식으로 마땅히" 일어나야 한다고 지레짐작하는 것을 피하는 것이다. "마땅히"라는 것은 없다! 오직 가르침, 의도, 그리고 무엇보다 실제로 일어나는 일만 있을 뿐이다.

자신의 경험에 대해 어떤 결론을 내리는 것은 현명하지도, 필요하지도 않다. 그저 훈련으로 다시 돌아가서 어떤 발전이 있는지 계속 지켜보라. 우리는 컴퓨터가 아니어서, 키를 누를 때마다 동일한 형태가 나타나지 않는다. 실천에서는 이미지를 떠올리거나, 이야기를 접하거나, 도전에 직면하거나, 자신의 유한성을 바라볼 때마다 새롭게 반응한다. 열린 마음으로, 호기심을 가지고 무슨 일이 일어나는지 지켜보라.

우리가 우리에게 스스로에 대해 이야기하는 이야기는 성가시거나 부정확하거나, 더 나쁜 경우도 있지만, 그럼에도 계속된다. 우리의 내적 내레이션은 우리 삶의 별개의 사건들을 연결하려고 한다. 그러나 일단 하나의 서사가 자리 잡으면, 그 주위에 점점 더 고정된 풍경이 형성된다.[61] 우리는 우리 이야기 속에 갇힐 수 있다. 수행의 일부는 제한적인 서사를 해체하여 더 크고 포괄적인 경험의 영역을 얻는 것이다.

그것이 전부는 아니다. 우리는 종종 우리의 이야기에 갇히지만, 의도적으로 이야기를 사용하면 복잡한 삶에 일관성을 가져올 수 있다. 나는 고등학교 때 알베르 카뮈의 『반항인』을 읽었는데, 그 책에서 오늘날까지 기억에 남는 유일한 것은 그가 소설을 쓰고자 하는 욕망이란 우리 삶에 일체감을 갖고자 하는 욕구라는 말이었다. 직메 링파는 우리의 작은 이야기들을 넘어서는 이야기 길을 제공하며, 모든 것이 제자리를 찾는 큰 이야기를 우리에게 선사한다.

만약 당신의 일부분이 수행에 반항한다면, 그것도 괜찮다. 반항하라. 저항하라. 이 순간 당신이 어떻게 느끼는지 인식하라. 그리고 과정을 계속해 나가라. 몇 달, 몇 년, 또는 평생에 걸쳐 당신은 몇 가지 놀라운 경험을 하게 될 것이다. 그 모든 것을 환영하지 않을 수도 있다. 결국, 이러한 가르침 이야기는 당신이 평소에 가지고 있던 당신이 누구인지 그리고 무엇인지에 대한 감각을 내려놓도록 하는 데 목적이 있다. 당연히 당신은 그것에 저항할 것이다.

정신분석학자 엠마누엘 겐트는 항복과 복종을 구별하는 그의 고전적인 저서에서 항복을 "진정한 자아의 탄생 또는 재탄생에 대한 갈망"으로 설명한다. 이러한 항복은 복종과 혼동해서는 안 되며, "우리의 거짓 자아의 항복을 가능하게 하는 환경 속의 무언가"[62]에 대한 갈망과 일치하며 새로운 존재 가능성을 열어준다. 유명한 정신분석학자 마이클 아이겐의 말에 따르면, 인간은 "온 마음과 영혼, 그리고 온 힘을 다해 경험하는 방식"을 찾으려 한다. 이러한 자신감 있는 항복은 우리가 유아기 때 경험했던 신뢰, 항복, 그리고 창의성이 모두 교차하는 순간으로 되돌아가게 한다.[63] 우리는 자발성, 기쁨, 그리고 충만한 활력으로 가득 차 있다.[64] 그런 순간에 우리는 통합된 전체가 된다. 이러한 감각은 우리의 활동적인 마음의 레이더 아래에서 지속되고 있는 언어 이전의 인식에 귀를 기울인다.[65]

우리의 깊은 곳에서 나오는 도움의 요청은 우리를 평소의 분리와 독립의 감각에서 벗어나게 한다. 우리가 자연을 만끽하거나, 사랑에 빠지거나, 이유 없이 기분 좋게 행복함을 느낄 때도 분리감이 옅어 진다. 그러한 순간에, 우리 존재의 충만한 활력을 느끼며 우리가 분리된 존재라는 것이 거짓임을 깨닫게 된다. 이는 자연스럽게 일어난다. 깨달음의 잠재력은 항상 우리 안에 존재해 왔다. 나가르주나(용수)가 말한 두 가지 유명한 비유를 사용하자면, 우리 안에 있는 불성은 우유 속의 버터처럼, 꽃병에 가려진 등불처럼 항상 존재하고 있다.

항상 불성(buddha nature)으로 존재한다는 것이 매력적인 것일까? 글쎄, 꼭 그렇지는 않을 수 있다. 우리의 습관적인 모습은 진정한 자아를 만나기를 원치 않는데, 이는 진정한 자아가 드러날 경우 습관적인 자아는 더 이상 우리 삶에서 중심적인 역할을 하지 못하게 되기 때문이다. 그럼에도 불구하고 깨어나고자 하는 우리의 갈망은 너무 강렬하여 되돌아갈 수 없다. 이 갈망에 조금이라도 항복하면 견고한 패턴이 깨지기 시작할 것이다.

항복은 당신을 가장 확장된 자아와 마주하게 한다. 이것은 해방이며, 복종에서 나타나는 자율성의 상실과 혼동해서는 안 된다. 복종은 당신을 다른 사람의 권력 아래 두는 것이다. 항복은 체념이 아니다. 체념은 자신의 방식대로 할 수 없음을 인정하는 것이며, 자신의 독립된 의지가 외부의 어떤 것에 의해 좌절되었다고 느끼는 것이다. 그러나 진정한 항복은 당신 내면의 진실성과 연결된다.[66]

이야기로 돌아가서, 이 모든 일이 한순간에 일어난다. 우리의 마음을 조종하는 반복적인 패턴을 상징하는 오래된 배가 우리 아래에서 사라지면서 새로운 무언가가 나타난다. 최고의 수용 상태에서, 당신, 즉 수행자는 새로운 차원에 마음을 열고 구루 린포체로부터 극적인 요약을 듣게 된다.

당신의 모든 울부짖음과 탄식 속에서, 자애로운 구루가 하늘에 나타난다. 부드럽게 춤을 추며 그는 외친다.

"당신은 윤회를 소원을 들어주는 보석처럼 여겼지만, 그것은 본질적으로 고통스러운 것이다. 이는 당신이 자신의 유한성에 대해 전혀 생각하지 않았을 때 일어나는 일이다. 사물을 실제로 고정된 것처럼 여기는 당신의 현재 인식은 개별 자아라는 개념에 대한 무지한 믿음에서 비롯된다. 당신이 만난 매혹적이고 유혹적인 남자와 여자는 당신의 타고난 무지와 후천적으로 얻어진 무지이다. 배는 오염된 환상의 몸을 구성하는 요소들로, 물방울처럼 취약하다. 만약 죽음이 그저 돌을 우물에 던지는 것과 같다면, 모든 게 잘 될 것이다. 그러나 당신이 쌓아온 행위는 틀림없이 당신에게 영향을 미칠 것이다. 이제 어떻게 할 것인가?"[67]

생사가 걸린 순간에, 평소에 하던 방식으로는 문제를 해결할 수 없다. 우유부단함이 우리를 갈가리 찢어놓는다. 우리는 어떻게 더 큰 세상을 찾을 수 있을까? 역설적이게도, 우리는 우리의 의심, 후회, 또는 마비되는 두려움을 인정해야 한다. 우리는 눈사태에 휩쓸려 우주로 던져질 때까지 그저 굴러가는 것이다.[68]

이러한 항복이 있은 후 치유의 물결이 따라올 수 있다. 일곱 가지 훈련을 위한 명상 리트릿에서 만난 한 참가자가 있었다. 매우 이성적이고 성공한 전문직 종사자로, 때로는 무뚝뚝하면서도 때로는 감동적으로 마음을 여는 사람이었다. 우리는 이틀 동안 무상에 대한 첫 번째 훈련을 진행했다. 이야기 명상 경험을 반추하는 동안, 이 참가자의 눈이 반짝이며 촉촉해졌다. 이야기가 제시하는 유한성의 도전에 직면하며 깊은 감정이 솟아올랐고, 평소 엄격했던 얼굴이 눈에 띄게 부드러워지고 빛났다. 무언가 변한 것이다. 햄릿이 말했듯이, "연극 자체가 바로 그것"이다. 이야기 명상 경험을 통해 놀이하듯 진행하면서, 평소에는 숨겨져 있던 능력이 드러난 것이다.

우리 내면에 잠재된 두려움을 드러내는 공간을 허락하는 것은 진정한 해방이다. 이야기 명상 속에서, 두려움에 사로잡혀 "한 마음으로 외치는" 그 강렬한 순간이 온다. 무엇을 해야 할지 전혀 모를 때, 스승의 마음에서 희미한 빛이 쏟아져 나와 당신의 깊은 내면을 어루만진다.

구루 린포체와의 이 연결은 정수로 농축된 구루 요가로, 탄트라와 족첸의 중심 실천이다. 이야기 명상 속에서도 그러하듯이, 당신은 구루 린포체와, 즉 현실 그 자체와 하나가 된다. 실체가 없는 공허함 속에서도 당신은 빛나며 존재한다.[69] 이 정수로 농축된 창조 단계의 실천은 분리된 인식을 넓고 형상이 없는 앎의 상태로 해소시켜 준다. 두려움에서 즉시 해방된 당신은 다른 두려움에 사로잡힌 존재들도 자유를 얻도록 돕기 위해 나아간다.[70]

구루 요가는 탄트라와 족첸의 중심 실천이며, 훈련된 상상력이 그 핵심이다. 이는 매우 개인적이면서도 초개인적인 실천이다. 구루 요가는 기초 실천의 정점이며, 신을 중심으로 한 모든 탄트라 실천은 구루 요가이다. 이는 스승의 깨달은 마음과 하나가 되는 이야기 의식이다.

이것이 직메 링파의 여행자가 구루와 하나가 될 때 일어나는 일이다. 오래된 자아의 옷은 사라지고, 비록 순간일지라도 여행자는 모든 여정의 시련이 지금 자신과 합일되어 가는 마치 하늘과 같은 현실과 결코 분리되지 않은 것임을 깨닫는다. 그리고 그곳에서 새롭게 솟아오른다. 이것은 정수로 농축된 완성 단계의 실천으로, 구루 요가의 정점이자 족첸의 광대한 견해로 들어가는 입구이다.[71] 본질적인 족첸 탄트라 『소리의 울림(Reverberation of Sound)』에서는 "어떤 행동을 하든지, 결코 [현실] 법성(dharmatā)을 떠나지 않는다"고 말한다.[72]

극적인 순간이 지나면 놓아버리는 것이 얼마나 안도감을 주는지 모른다. 이제는 더 이상 이야기도 없고, 단지 순수하고 방해받지 않는 인식만이 남아 있다. 이 열린 비밀은 항상 그곳에 있었지만, 훈련 없이는 결코 인식되지 않는다.

모든 앎이 다 같은 것은 아니다. 이야기 명상은 혼란의 무지에서 시작해 놀라움의 마비 상태로, 그리고 마침내 둘 다에서 벗어나게 한다. 이제 우리는 모든 집착을 놓아버린다. 생각은 더 이상 지지할 것이 없다. 모든 무념의 상태가 같은 것은 아니다. 생각이 없는 것과 생각으로부터 자유로운 것은 다르기 때문이다. 첫 번째 경우에는 무언가 결여되어 있는 상태지만, 두 번째 경우에는 단순히 존재하는 것이다. 우리의 생각이 활동적이든 고요하든 우리는 더 이상 반응하지 않는다. 점점 모든 것이 우리의 바다 위 파도일 뿐이다.[73]

여기에서 바다는 첫 번째 이야기 명상에서처럼 어디엔가 도달하기 위해 사용하는 도구가 아니다. 건너야 하는 윤회의 바다는 위협적이지만, 지혜의 바다는 안식처이다. "바다"라는 상징의 유동성은 우리 인간의 본성과 예지적으로 깨어 있는 존재가 서로 밀려들고 빠져나가는 모습을 표현한다.

다섯 가지 핵심 수행(The Five Pith Instruction)에 대해

첫 번째와 두 번째 훈련의 끝에 하나씩, 세 번째 훈련 중에 세 가지를 수행하는 다섯 가지 핵심 수행은 이 훈련들에 독특한 족첸 지향성을 부여한다.[74] 각 가르침은 붓다의 은혜로운 마음이 도달할 수 있는 방해받지 않는 상태로 쉽게 들어가는 기회를 제공한다. 처음 세 가지 훈련에서 이 핵심 수행들을 접하게 되면, 우리는 다른 훈련과 함께 지속적으로 실천하며, 이들을 하나의 독립된 훈련으로도 연습하게 된다. 이러한 방식으로, 이 가르침들은 시간이 지남에 따라 남은 훈련을 통해 우리의 경험에 영향을 미치게 될 것이다. 이를 염두에 두고, 우리는 이 다섯 가지 핵심 수행을 각 장 사이의 오아시스로 제공하여, 독자들이 잠시 멈추고 이 가르침들을 우리 텍스트의 다양한 맥락에서 직접 탐구할 수 있도록 한다.

2. 두 번째와 세 번째 마음 훈련:
허위가 사라지고, 현실이 드러나다

각각의 초기 세 가지 훈련은 수트라(Sutra), 탄트라(Tantra), 그리고 족첸(Dzogchen)의 본질을 제공한다.* 각 훈련은 우리의 인간적 목소리와 깨어난 목소리 사이에 새로운 대화를 초대한다. 모든 경우에 있어, 훈련된 상상력은 이들 사이의 흐름을 촉진하는 데 도움을 준다.

직메 링파의 이야기 명상은 세 가지 방식으로 상상력을 훈련시킨다. 첫째, 핵심 수행은 우리가 상상을 완전히 버리도록 초대한다. 하지만 이는 말처럼 쉬운 일이 아니어서, 우리는 종종 상상하지 않는다고 상상하는 데 그치게 된다. 그래서 첫 번째 단계는 우리가 '대상 없는' 순수한

• 역자주: 일반적으로 수트라는 경전에 근거한 가르침, 탄트라는 스승과 제자간의 직접 전수를 통한 비밀스러운 가르침, 족첸은 최상급 가르침으로 구분함.

인식 상태에 앉아 있지 않는 한, 항상 상상하고 있음을 인식하는 것이다. 이러한 이유들 중에서, 우리가 길을 가는 데 있어 스승이 필요한 가장 큰 이유 중 하나가 바로 이것이다. 우리가 존경하고, 신뢰하며, 편안하게 느끼는, 우리의 최고 이익을 마음에 두고 있는 사람이 "너는 여전히 상상하고 있다. 아직 진짜를 보지 못했다"라고 말할 때, 우리는 그 말을 들을 것이다.

내 오랜 스승인 게셰(Geshe, 역자주: 티베트 불교 교학박사) 응왕 왕걀은 러시아 칼미크 지역 출신으로, 티베트의 위대한 드레붕 수도원에서 25년 동안 공부한 독특한 인물이었다.[75] 그는 예상치 못한 말로 여러 번 나를 멈춰 세웠다. 내가 워싱턴 뉴저지에 있는 그의 수행처에 처음 방문한 며칠 후 어느 아침, 그는 내가 거기에 있을 허가를 받지 않았다고 말했다. 그곳은 도시에서 멀리 떨어져 있었고, 버스 정류장과도 먼 곳이었다. 그가 누군가에게 나를 역으로 데려다주라고 부탁하지 않는 한 떠날 방법이 없었다. 그 아침, 내가 방문 허가를 받지 않았다고 그가 다시 한번 날카롭게 지적하고 있을 때였다. 마침 차 문이 쾅 닫히는 소리와 작별 인사를 하는 목소리가 들려왔다. 창문 너머로 보니, 차가 마을로 향하려는 것이 분명했다. 나는 창문을 통해 그 장면을 보았고, 그는 의자에 앉아서 그 소리를 들었다. 나는 떠나겠다고 하지 않았고, 그도 나에게 떠나라고 말하지 않았다. 존재적 역설은 그의 특기였다.

시간이 흘러 나는 그의 수행처를 다시 방문했다. 늦은 오후, 저녁 식사를 준비하며 식탁을 차리고 있었다. 나는 냅킨을 찾고 있었지만, 여전히 주변을 잘 모르는 신참이라 어디에 있는지 몰랐다. 그런데도 나는 왠지 마음속에서 스스로를 판단하며 그런 것쯤은 당연히 알아야 한다고 생각했다. 그래서 묻는 것이 부끄러웠다. 갑자기, 게셰 응왕 왕갈이 어디 선가 나타나 "그만 좀 꾸며라"라고 크게 외쳤다. 그 말을 들을 수 있는 사람은 나뿐이었다. 나는 얼어붙었다. 거의 무심코 "하지만 저는 그냥 냅킨을 찾고 있을 뿐입니다, 선생님!"이라고 말할 뻔했다. 그리고 그의 존재감에 영향을 받아, 나는 기계적인 자기 판단에서 벗어났다. 처음으로 나는 걱정 대신 호기심이 생겼다. 왜 그가 이런 말을 했을까? 왜 지금? 내가 꾸미고 있었던 걸까? 무엇을? 알고 있는 척? 모르는 척? 도움이 되는 척? 나는 알지 못했다! 나는 수십 년 동안 이 질문을 스스로에게 던졌다. 여러 해 동안, 게셰-라와의 많은 유사한 도발적인 순간들을 반추하며, 나는 마침내 이해하게 되었다. 나는 항상 꾸미고 있었다. 결국 초보 족첸 수행자로서, 나는 진정한 앎이 없는 모든 것이 인위적이며, 꾸며낸 것이고, 허세라는 것을 깨달았다. 나는 내 모든 문제의 출발점을 찾았지만, 그 자리에 갇혀 있었다.

그럼에도 불구하고 나는 길들여지지 않은 내 마음의 균형을 잡고, 훈련된 상상력을 길러야만 내가 인식하지 못하는 무의식적인 꾸밈을 돌아볼 수 있다는 것을 깨달았다. 직메 링파의 훈련에서 이야기 명상은 우리가 비범하거나 위급한 상황에서 무엇을 할 수 있는지 상상하는 범위를 확장시킨다. 티베트 전통의 많은 수행에서처럼 상상력은 중요한 역할을 한다.

두 번째 마음 훈련

두 번째 이야기 명상

당신이 어떻게 왔는지도 모르고, 어디로 가야 할지도 모른 채 먼 이국땅에 도착했다고 상상해보세요. 당신이 멍하니 앉아 있을 때, 여덟 명의 낯선 젊은이들이 나타납니다. 그들이 말합니다.

"우리는 어둠에 싸인 섬, 모든 근거의 섬에서 왔습니다. 몇 달, 몇 년이 걸리는 곳에 보석의 섬이 있습니다. 그곳에는 상상을 초월하는 보석이 있습니다. 그것을 얻으려면 어려움을 무릅쓰고 여행해야 합니다. 이것이 당신이 찾는 것 아닙니까?"

그들의 말에 흥미가 생겨 곧 당신은 그들과 함께 여행을 떠납니다. 때로는 거친 폭풍을 만나고, 때로는 위험한 짐승들이 우글거리는 가파른 협곡을 지나며 격류에 휩쓸립니다. 배고픔과 극도의 피로에 시달리면서도, 당신은 살아갈 날이 많이 남았다고 믿으며 밤낮으로 계속 여행합니다. 마침내 당신의 날들이 끝나갈 무렵, 머리와 수염이 하얗게 변했을 때, 보석의 섬에 도착해 다양한 놀라운 보물들을 발견합니다. 기쁨에 넘쳐 돌아가는 길에 집에서 3일 거리에 있는 네 모임의 평원에서 일곱 명의 야만적인 도적 형제들을 만납니다. 그들은 당신이 그토록 고생해서 찾은 보석들을 빼앗고, 옷을 벗기고 사슬로 꽁꽁 묶은 뒤 화살, 창, 검, 그리고 다른 날카로운 무기로 잔인하게 찌릅니다.

"나쁜 업을 지은 자야!"

그들이 소리칩니다.

"구루가 있다면 간청하라! 본존 신이 있다면 그 자비심을 일으켜라! 다키니나 법수호자가 있다면 도움을 청하라! 이 중 아무것도 없다면, 죽음의 사실을 명상하라! 너는 이제 이생과 다음 생의 경계에 도달했다!"

이 말을 듣고 당신은 절망에 빠집니다.

"아아! 나는 오직 이생만을 생각하며 그토록 고생했지만, 모든 것이 헛되었구나. 얼마나 불공평한가! 이 소중한 삶이 끝나가는구나. 이 황량한 땅에서 살인자들을 만나, 의지할 곳도, 보호해줄 이도, 친구도, 살아남을 희망도 없구나. 내가 겪은 모든 고난이 조금도 도움이 되지 않았어. 나는 내 날들을 다 살지 못하고, 죽음이 갑자기 찾아왔구나. 아, 얼마나 두렵고 비참한가!"

당신이 슬프게 울부짖을 때, 오디야나의 위대한 스승, 구루 린포체가 네 가지 무드라를 갖춘 모습으로 하늘에 나타납니다. 그의 몸에서 빛이 뿜어져 나와 야만인들을 멀리 쫓아내고 다시 흡수됩니다.

"불운한 존재여!"

그가 말합니다.

"이것이 바로 윤회의 활동에 집착할 때 일어나는 일입니다. 그것들이 마치 맛있는 신의 감로처럼 보이겠지만, 사실은 치명적인 독과 같습니다. 당신이 알아보지 못한 여덟 명의 남자들은 당신의 고유한 자각의 지혜로부터 당신을 유혹해내는 여덟 가지 의식 집합체입니다. 보물섬에서 찾은 보석은 이생의 덧없는 행복입니다. 이 행복은 꿈과 같아서 오래가지 않습니다. 당신이 견딘 모든 고난은 열심히 받아들인 고통들로, 이러한 기만의 토대를 만듭니다. 머리와 수염 색이 변한 것은 당신의 삶의 소진을 의미하며, 이는 고통을 즐거움으로 착각하는 망상 속에서 낭비한 것입니다. 도적들의 공격은 424가지 질병에 시달리는 것과 야마, 죽음의 신에 의해 당신의 생명력이 강제로 빼앗기는 것을 의미합니다. 오, 당신과 같은 나쁜 업을 가진 자여, 세속적 집착을 좇아 무엇을 하든 당신의 최후에는 이렇게 될 것입니다!"

이 말을 듣고, 과거에 행한 모든 것에 대한 강렬한 후회가 솟아오릅니다. 이생의 모든 추구가 그 본질상 고통에 불과하다는 것을 이해하고, 당신은 간절히 구루 린포체에게 기도합니다. 이 모든 것을 받아들이면서, 스승의 마음에서 빛줄기가 쇠갈고리처럼 당신의 마음을 꿰뚫습니다. 그 순간, 당신은 즉시 연화광궁의 땅에서 모든 중생을 이끌 수 있는 깨달은 안내자로 다시 태어납니다. 이 관상을 마치면, 단순히 마음을 그 자연스러운 상태에 두세요.

두 번째 훈련은 덧없는 행복과 지속되는 행복의 차이를 가르친다. 직메 링파는 이를 카르마(업)에 관한 가르침과 카르마에서 자유로워지는 법으로 설명한다. 다음으로 다룰 세 번째 훈련은 생명체들이 겪는 고통을 인식할 때 자비가 어떻게 생겨나는지에 초점을 맞춘다. 이 두 가지 훈련에서 직메 링파의 주요 수행은 이야기 명상과 핵심 수행을 포함한다.

두 번째 훈련의 시작 장면에서, 당신은 다시 낯선 곳에 있게 되며, 어떻게 그곳에 왔는지 또는 어디로 가야 할지 알지 못한다. 이번에는 여덟 명의 젊은 남자들이 다가온다. 그들을 알지 못하지만, 그들은 당신에게 여행을 제안하며, 보석 섬으로 가자고 한다. 이 여정에는 많은 어려움이 따를 것이므로 이를 감수해야 한다고 경고한다. 당신은 동의한다. 마침내 섬에 도착했을 때, 당신의 머리는 이미 하얗게 변했고 노년기에 접어들었다. 그러나 섬의 보물에 기뻐하며, 보물들을 싣고 집으로 향한다. 하지만 집에 도착하기 3일 전, 산적들이 보물을 빼앗고 당신을 묶어 찌르며, "스승이 있다면 기도해라! 신이나 다키니를 알고 있다면 도움을 청해라! 최소한 죽음을 명상해라!"라고 조롱한다.[76]

엄청난 슬픔 속에서, 당신은 이생에서 자신을 부유하게 만드는 데만 집중했음을 깨닫고, 결국 살인자들의 손에 떨어졌음을 알게 된다. 고통 속에 울부짖으며 구루 린포체에게 도움을 청한다. 그의 몸에서 빛이 방출되어 공격자들을 쫓아내고, 그 빛은 다시 구루에게 흡수된다. 그는 이 상황의 중요성을 설명하며, 덧없는 행복에 집착한 것이 당신을 이렇게 만들었다고 말한다. 그의 말은 당신에게 큰 울림을 준다. 이제 당신은 자신의 평범한 마음이 당신을 잘못 이끌었음을 알게 된다. 당신이 알지 못했던 여덟 명의 남자는 당신의 여덟 가지 의식(마음, 다섯 가지 감각, 번뇌 의식, 그리고 모든 것의 근본이 되는 마음)으로, 이들이 "당신의 자각의 지혜로부터 당신을 유혹해 멀어지게 한 것"[77]이다.

이 소중한 인생을 낭비한 것에 대한 강한 후회가 솟아오르고, 절망과 좌절 속에서 비통하게 울부짖는다. 구루의 마음에서 빛이 쏟아져 나와 당신의 마음에 닿고, 당신은 즉시 구루의 순수한 땅에서 깨어난 지도자로 다시 태어난다. 그리고 이 상상을 마친 후, 직메 링파는 두 번째 핵심 수행을 제시한다.

> 자연스럽게 가라앉으며 의식이 편안함 속에서
> 머물게 하라.[78]

이러한 휴식은 노력 없이 이루어진다. 마음이 "자연스럽게 가라앉는다"는 것은 당신이 이곳에서 일어나는 일을 조종하는 주체인 척하지 않는다는 의미이다. 또한 가라앉음이 어떤 외부 요인에 의해 이루어지는 것도 아니다. 사실, "외부"라는 범주 자체가 사라져 버린다. 내부와 외부의 경계가 거의 또는 전혀 남아 있지 않다.

이 가르침을 실천해 본 한 수행자는 이렇게 말했다. "경험에 다가가려는 시도를 멈추고, 경험이 그저 다가오도록 허용할 때 비로소 편안함이 찾아왔다." 이처럼 두 번째 핵심 수행의 관점에서 우리는 첫 번째 가르침에 대해 더 많은 것을 깨닫게 된다.

첫 번째 핵심 수행에서 이완은 평범한 마음의 제한된 경계를 완화시킨다. 즉, 무언가가 '내부'에 있거나 '저기'에 있다는 감각을 내려놓는 것이다. 그저 가라앉기만 하면 된다. 첫 번째 핵심 수행에 따르면, 얽매이지 않은 카얀(kha yan) 상태는 마치 아무것에도 묶여 있지 않은 풍선처럼 자유롭고 개방적이다. 롱첸파는 이 용어를 장애가 없는 상태, 어떤 방향으로도 치우치지 않은 상태, 평범한 규칙을 초월한 상태로 설명한다.[79]

첫 번째 핵심 수행의 열린 상태는 고삐 없이 말을 타는 것과 같다. 티베트인들이 말하듯 "입에 아무것도 물지 않은 말"과 같다. 간헐적인 움직임과 정지가 있지만, 유일하게 지속되는 것은 알아차림뿐이다. 당신은 무엇이 일어나든, 무엇이 사라지든 그저 관찰(bya ra)하면서 동시에 그대로 놓아둔다.

움직임과 고요함이 스스로 자유로워질 수도 있다. 이러한 자연스러운 자유와 족첸의 독특한 실천인 '일어나며 사라짐(역자주: 마치 물 위에 선을 그리듯 생겨나는 동시에 사라짐, shar 'grol)' 사이에는 유사성이 있다. 그러나 직메 링파가 표현한 것처럼, 얽매이지 않은 개방 상태에서 움직임과 고요함을 관찰하는 핵심 수행은 실제 '일어나며 사라짐'과 족첸의 핵심 실천인 '관통하기(khregs chod)'와는 다르다. 족첸의 맥락에서 움직임이나 고요함에 주의를 기울이지 않고, 단순히 마음의 본성에 존재하는 것이다. 동시에 움직임과 고요함을 편안하게 관찰하는 첫 번째 핵심 수행은 족첸이 강조하는 방식으로 자신의 본성과 함께하는 능력을 기르는 데 분명히 도움이 된다.[80]

첫 번째 핵심 수행에서 '그대로 두기'나 '관찰하기'의 상대적 강도는 사람마다 다를 수 있다. 가르침 자체가 당신이 어디에 도달할지를 결정하지 않는다. 훈련과 성향에 따라 '관찰하기'에 동반되는 편안함의 정도와 가라앉는 정도가 달라질 것이다. 때로는 평소와는 전혀 다른 경험을 잠깐 맛보는 경우도 있다. 결국, 직메 링파는 이렇게 말한다.

가르침의 완성은

수트라와 탄트라의 모든 교리가

한 번에 이해될 때 이루어진다.[81]

그러므로 자신의 수행에서 미묘한 차이를 구별할 수 있도록 도와주는 자격 있는 스승을 만나는 것은 중요하다. 이를 통해 두 번째 핵심 수행이 마음의 안정을 되찾도록 초대하는 이유를 이해할 수 있다. 단순히 우리의 의식을 그대로 두는 것으로, 우리는 생각의 밀고 당김에서 벗어나게 된다. 게셰 왕갈이 나에게 "꾸미지 마라"고 했던 충격적인 지적처럼, 우리는 평소의 궤도에서 벗어나 약간의 자유를 맛보게 된다. 두 번째 실천의 단순함은 우리를 더 편안하게 만든다. 여기서 우리는 아무런 초점이 없다. 완전한 편안함, 즉 롱첸파의 유명한 3부작 제목이기도 한 족첸 용어인 "날조(ngal gso)" 속에서 쉬고 있다.[82] 우리는 여전히 예와 아니오 같은 모순을 생각하며 그것을 구분하는 선을 꽉 쥐고 있지만, 이 열린 상태에서 우리는 마치 태양으로부터 나온 빛을 타고 태양으로 향하듯 더 높은 깨달음과 자유를 느끼게 된다.

길을 따라가다 보면 이원론이 부드러워진다. 우리가 경험하는 기본적인 이원론 중 하나는 내부와 외부의 구분이다. 이것이 조금이라도 부드러워질 때, 예를 들어 첫 번째 핵심 수행의 얽매이지 않은 개방성이나 다른 가르침들이 초대하는 편안함 속에서, 우리는 그 영향을 받게 된다. 인식이 부드러워지게 되면 신체적으로도 긴장이 풀리게 되고, 그 결과 다른 사람들과 더 유연하게 상호작용할 수 있게 된다. 몸과 마음이 이완되면 다른 사람들에게 주의를 더 잘 기울일 수 있기 때문이다.[83]

의도성, 집중, 그리고 노력은 카르마 서사의 핵심으로, 이를 통해 우리는 족첸의 가르침에 더 쉽게 스며들 수 있다. 족첸 자체에는 특별히 할 일이 없다. 이미 투명한 수정은 더 투명하게 만들 수 없는 법이다.[84] 롱첸파가 논의한 중요한 족첸 탄트라인 '모든 것을 창조하는 위대한 존엄성'에서 우리는 이렇게 읽을 수 있다.

> 깨어난 마음(보리심)이 당신의 진정한 본성임을
> 고려할 때…
> 명상을 통해 무언가를 이루려 한다면,
> 그것은 일상의 마음이다.
> 당신은 자연스러운 마음을 버리고 있다.[85]

자연스러운 자발성은 족첸 수행의 특징이다. 궁극적인 편안함은 경험의 근본 무대인 법계에 머무는 것이다. 롱첸파는 이 원초적 무대에 편안하게 정착하는 것을 자신의 침대에 편안하게 눕는 것에 비유한다.[86] 이것은 손대거나 고치려 하지 않는 상태이다.[87] 하지만 오래된 가식의 고삐가 우리를 붙잡고 있는 동안에는 쉽게 자연스러워지지 않는다. 직메 링파의 간단한 수행은 우리를 편안함, 개방성, 그리고 안정성으로 초대한다.

세 번째 마음 훈련: 보리심과 세 가지 핵심 수행

세 번째 이야기 명상

8대 열지옥

이 주제를 명상하기 위해, 거대한 눈 덮인 산 위에 서 있는 자신을 상상해 보세요. 발 아래는 단단한 얼음 층이 있습니다. 칠흑 같은 어둠 속에 빠져 극도로 추위를 느끼기 시작합니다. 따뜻해지고 싶다는 욕구가 생기자마자, 당신은 열지옥에 다시 태어나 혼란스러운 꿈처럼 순간적으로 이동합니다. 발밑의 땅은 붉게 달궈진 쇳덩어리이고, 주변은 무시무시한 불타는 쇠로 둘러싸여 있습니다. 온 곳이 붉게 깜빡이는 불꽃으로 가득 차 위아래를 구분할 수 없습니다. 이 분노의 광활한 공간에서 먼저 부활지옥을 만납니다. 여기엔 셀 수 없이 많은 중생들이 있고, 모두 당신과 비슷하게 생겼습니다. 분노에 사로잡혀 서로를 무기로 때리고, 몸은 수백, 수천 조각으로 잘려나갑니다. 견딜 수 없는 고통이 너무 강렬해 때때로 의식을 잃습니다. 죽을 것 같다고 생각할 때마다 하늘에서 "소생하라!"는 소리가 들리고, 당신은 이전 상태로 돌아갑니다. 이 극도로 참을 수 없는 고통을 계속해서 반복 경험합니다. 흑선지옥에서는 무서운 지옥의 수호자들이 당신의 몸에 여덟 개의 선을 그어 날카로운 톱으로 자릅니다. 고통이 견딜 수 없어 비명을 지르며 탈출하고 싶어합니다.

다음으로 중압지옥을 명상합니다. 당신은 소, 사자, 염소, 양의 머리 모양을 한 산들 사이에 있습니다. 달걀 껍질이 으스러지듯 그 사이에 끼어 몸의 모든 구멍에서 피가 쏟아집니다. 고통과 괴로움을 견딜 수 없어 탈출하고 싶어합니다. 울부짖는 지옥에서는 철로 된 건물 안에 갇혀 있고 문이 굳게 닫혀 있습니다. 사방에서 불이 타오르며 당신의 몸을 재만 남을 때까지 태웁니다. 탈출구가 없다는 것을 깨닫고 비통한 울음소리를 냅니다.

당신은 또 다른 철 건물 안에 밀어 넣어집니다. 이는 첫 번째 건물을 감싸고 있는 큰 울부짖는 지옥입니다. 첫 번째 건물에서 빠져나온다 해도 두 번째 건물에서 나올 수 없다는 것을 깨닫고, 이전보다 두 배나 더 큰 고통을 경험합니다. 당신의 처지는 극도로 비참합니다.

화염지옥에서는 불타는 쇠말뚝이 항문에서 머리 꼭대기까지 꿰뚫습니다. 모든 감각기관에서 붉은 불꽃이 타오릅니다. 때때로 온몸이 녹은 금속 가마솥에 잠기고, 살이 뼈에서 녹아내리는 고문을 당합니다.

대화염지옥에서는 삼지창에 꿰뚫립니다. 가운데 창은 머리 꼭대기를 관통하고, 다른 두 창은 오른쪽과 왼쪽 어깨를 뚫습니다. 불타는 철판이 담요처럼 당신을 감싸고, 살은 녹은 채 끓고 있는 금속 속에서 날것으로 익습니다. 이로 인해 피부와 살이 벗겨져 뼈만 남게 됩니다. 이 영역에서 태어난 존재로서, 당신의 고통은 이전에 경험했던 것보다 백 배 더 강렬합니다. 견딜 수 없는 고통으로 인해 탈출하고 싶은 마음에 온갖 종류의 날카로운 비명과 울부짖음을 내지릅니다.

무간지옥은 무한하고 끝없는 엄청나게 뜨거운 불꽃의 확장으로, 당신의 몸을 완전히 태워 불꽃과 구분할 수 없게 만듭니다. 들을 수 있는 강렬한 비명 소리 외에는 육체를 볼 수조차 없습니다. 고통은 견딜 수 없고, 강렬하고 괴로운 울부짖음이 모든 곳에서 들립니다.

이 모든 것을 상상하면, 오디야나의 대락왕이 하늘에 나타나 당신 앞에 서 있습니다.

"아, 불운한 존재여!"

그가 말합니다.

"당신은 자신의 분노로 인해 엄청난 양의 업을 쌓았습니다. 특정 대상을 향한 폭력적인 분노가 이제 이 지옥들에서 겪는 고통의 결과를 낳았습니다. 이제 강렬한 후회로 당신의 비윤리적 행위를 고백하고, 비슷한 처지에 있는 모든 중생들에 대한 큰 연민을 키우세요. 다른 이들의 고통을 짊어질 용기를 낸다면, 당신은 자유로워질 수 있을 것입니다!"

"오래전, 석가모니는 지옥에서 박시타라는 힘센 남자로 태어나 수레를 끌어야 했습니다. 당시 그의 동료인 카마

루파가 자신의 몫의 일을 하지 않아 경비병들의 분노를 샀습니다. 화가 난 경비병들이 쇠망치로 그의 머리를 때렸습니다. 이를 본 석가모니는 친구를 향해 끝없는 연민을 느꼈습니다. 자신의 행복을 다른 이의 고통과 맞바꾸고 싶다는 소망이 그의 마음에 생겼습니다. '제발 그의 수레 밧줄을 내 목에 걸어주세요'라고 그가 부탁했습니다. 그러나 지옥의 수호자들은 '누가 남의 업을 경험할 수 있겠는가?'라고 말하며 그의 머리를 망치로 때리기 시작했습니다. 그는 순식간에 죽었지만, 삼십삼천에 다시 태어나 그의 고통에서 해방되었습니다."

이 이야기를 듣고, 당신은 보리심을 일으키며 생각합니다.

'내가 여기 머물러야 한다 해도, 나와 같은 다른 중생들이 이 고통에서 해방될 수 있다면 기꺼이 견디겠습니다!'

이런 의도를 품는 순간, 오디야나의 위대한 스승의 심장 중심에서 갈고리 같은 흰 빛줄기가 터져 나옵니다. 당신과 스승이 불가분하게 하나가 되어 깨달음을 얻고, 자신과 타인의 이익을 자연스럽게 이룰 수 있는 능력을 갖추게 됩니다. 다음으로, 당신의 심장 중심에서도 비슷한 빛이 나와 모든 중생을 즉시 불러모아 지옥계를 비운다고 상상해 보세요.

한편으로, 이 지옥들의 수명은 『마음챙김의 적용 경전』, 『업의 서술』, 『고등 다르마의 보고』 같은 일반 경전들에 나와 있습니다. 하지만 이런 대치법을 적용할 때는 정해진 수명이 없다고 설명됩니다. 위대한 전지자는 이렇게 썼습니다.

"강력한 대치법이 마음에 뿌리내리거나 비슷한 일이 일어나면 갑자기 이동할 수 있지만, 자신의 금강 스승을 경멸하는 등의 행동은 많은 대겁 동안 〔특정 상태에〕 머물게 할 수 있습니다. 따라서 구분은 업의 가림에 따라 이뤄집니다."

8대 한랭지옥을 상상해 보세요. 뜨거운 모래사막에 선 당신, 시원한 바람 한 점 없이 태양열에 시달립니다. 지쳐가면서도 멍한 채로 계속 걸어보세요. '여기보다 조금만 시원했으면…'이라고 생각해 보세요.

이 생각으로 극심한 열기가 멈추고, 당신은 순식간에 8대 한랭지옥에 다시 태어납니다. 온 땅이 눈으로 뒤덮이고, 협곡과 골짜기는 단단한 얼음으로 가득 찹니다. 사방이 거대한 눈 산으로 둘러싸입니다. 위에선 눈보라가 휘몰아치며 주변을 어둠으로 뒤덮습니다. 얼음 바람이 울부짖습니다.

이 가운데 물집지옥이 있습니다. 몰아치는 눈과 바람이 몸을 꿰뚫고 순식간에 참을 수 없는 물집이 생깁니다. 살과 가죽이 수축하면서 견딜 수 없는 고통이 극도의 공포를 불러옵니다. 몸의 물집이 터지면서 피와 고름이 쏟아집니다. 고통이 더 심해져 절망적으로 비명을 지릅니다.

고통이 더욱 심해지면서 목소리가 약해져 희미한 신음만 나오다가, 이내 이빨 떨리는 소리 외엔 아무 소리도 안 납니다.

강풍에 맞아 몸이 푸르스름해지고 피부가 우트팔라 꽃잎처럼 여섯 갈래로 갈라집니다. 살을 에는 추위에 피부가 벗겨지고 피 묻은 살점이 연꽃잎처럼 열 조각으로 찢깁니다. 갈라진 틈이 더 벌어지고 넓어져 만개한 연꽃 같아지며, 전보다 백 배 더 심한 고통을 겪습니다.

80 마가다 되(역자주: 셀 수 없이 많은 양을 비유)의 참깨를 담은 용기에서 백 년마다 한 알씩 꺼낸다고 합니다. 참깨가 다 없어지는 데 걸리는 시간이 물집지옥의 수명과 같다고 합니다. 이를 깨닫고 극도로 낙담하고 절망할 때까지 명상해 보세요.

다시 한번, 당신의 근본 구루가 오디야나의 위대한 스승 모습으로 하늘에 나타납니다. 그가 말합니다.

"당신의 고통이 업이란 걸 알고, 그게 소진되고 있다는 걸 기뻐하세요. 강렬한 연민의 마음으로 이 특별한 대치법을 써서 다른 이들의 고통을 덜어주기 위해 더 많은 고통을 짊어지세요."

이 말을 듣자마자 당신에게 보리심이 일어나고, 당신은 생각합니다.

'얼마나 슬픈 일인가. 나처럼 한랭지옥에서 고통 받는 다른 모든 중생들을 생각해 보라. 이보다 십만 배 더 큰 고통을 겪어야 한다 해도, 그들의 운명을 대신할 수 있다면 기꺼이 견딜 거야. 이 모든 존재들이 고통에서 벗어나기를!'

이렇게 생각하자 나쁜 업이 순식간에 사라집니다. 당신은 빠르게 오디야나의 위대한 스승의 심장으로 옮겨가 중생들을 이끌 수 있는 깨달은 안내자가 됩니다. 다음으로, 그저 즐겁고 고통스러운 경험들의 진정한 본성을 관찰하고 의식이 자연스럽게 쉬게 해보세요.

아귀들의 고통

아귀들은 끝없는 고통의 흐름을 겪습니다 그들의 충족되지 않은 욕망으로 인해 생겨나는 배고픔, 갈증, 추위, 더위, 피로, 그리고 두려움이 그들의 경험을 견딜 수 없게 만듭니다.

세 가지 유형의 영혼이 있다고 합니다. 그들이 겪는 고통의 대략적인 주관적 경험을 만들어내기 위해 음식, 의복, 물질적인 것들에 대한 강렬한 갈망을 느낀다고 상상해 보십시오. 이는 당신이 보시를 하거나 깨달은 이들을 섬길 때 인색한 마음을 갖게 만들어 즉시 외부적 장애를 가진 영혼으로 환생하게 합니다. 물과 과일 등 갈증과 허기를 면하고 싶다는 욕망이 당신에게 먼 거리를 여행하게 합니다. 피로에 지쳐 도착하지만, 당신이 찾는 것들과 장소들은 무기를 든 괴물들이 지키고 있거나 고름, 피, 그리고 다른 불쾌한 물질들로 변해 있습니다. 당신은 완전히 좌절감을 느끼며, 배고픔과 갈증으로 견딜 수 없는 고통까지 더해집니다.

내부적 장애를 가진 이들은 몇 달, 몇 년 동안 먹거나 마실 것을 전혀 찾지 못해 고통받습니다. 그들은 카필라바스투라는 도시에 살며 이곳은 물, 식물, 그리고 다른 바람직한 것들이 전혀 없는 두려운 사막입니다. 이 존재들이 어떤 형태의 영양분을 찾더라도, 바늘구멍만큼 작은 입으로 그것을 입 안에 넣을 수 없습니다. 약간이라도 들어가더라도, 말꼬리 털만큼 좁은 목구멍을 통과할 수 없습니다. 일부가 내려가더라도 메루산만큼 큰 위를 절대 채우지 못할 것입니다. 그들의 사지는 풀잎처럼 얇아서 체중을 지탱할 수 없습니다. 이와 같은 고통들이 이 존재들의 극도로 비참한 처지를 구성합니다.

다음으로 음식과 음료에 관련된 장애를 가진 영혼들이 있습니다. 음식이나 음료가 그들의 위에 들어가면, 불꽃으로 변해 그들의 몸을 태웁니다. 그들은 너무나 비참해서 자신의 살을 먹고 배설물과 소변을 섭취합니다. 그들의 열과 차가움에 대한 경험도 비정상적입니다. 여름의 따뜻함 속에서도 차가운 달빛의 감각이 그들을 뜨겁게 만들고, 겨울의 살을 에는 추위 속에서도 태양 광선이 그들에게는 차갑게 느껴집니다. 강과 같은 것들을 보는 것만으로도 그것들이 말라버리고 험악한 협곡으로 변합니다. 그들은 배고픔과 갈증으로 셀 수 없이 많은 고통을 경험합니다.

게다가 이러한 고통들이 짧은 시간 동안만 지속되는 것으로는 충분하지 않습니다. 그들은 15,000년 동안 이를 견뎌야 합니다.

이를 알고 나서, 슬프고 낙담할 때까지 명상하십시오. 다시 한번, 당신의 근본 구루가 오디야나의 위대한 스승의 형태로 당신 앞 하늘에 나타납니다.

"오, 당신에게 확실히 닥친 이 모든 고통은 당신 자신의 인색함 때문입니다. 이제 삼세의 부처님들조차도 당신을 보호하기 어려울 것입니다! 승리의 석가모니께서 빔비사라 왕에게 가르치셨듯이, 당신은 자신의 업을 인정하고 부정적 업이 소진되고 있음을 기뻐해야 합니다. 당신과 비슷한 상황에서 고통받는 중생들에 대한 연민의 마음으로, 그들의 고통을 당신의 고통에 더하여 감당할 용기를 기르고 이 해독제를 활용하십시오!"

이 말을 듣자마자 당신은 슬픔에 울부짖습니다,

"아아! 지금까지 이 중생들은 나처럼 필사적으로 집착하는 상태로 끝없는 윤회를 떠돌며, 이와 같은 고통을 경험해 왔습니다. 나와 같은 영혼들이 갠지스 강의 모래알 수만큼 많고, 그들 모두가 이러한 고통만을 경험합니다. 얼마나 슬픈 일인가! 이제 나는 내 자신의 고통을 감내하고 기꺼이 다른 이들의 고통을 짊어지겠습니다. 이 영혼들의 도시가 그 기초까지 완전히 비워지기를!"

이렇게 생각하는 순간, 당신의 부정적 업이 즉시 소진되고 당신이 깨달음을 얻어 오디야나의 위대한 스승의 지혜의 마음과 불가분하게 합쳐진다고 상상하십시오. 이 중생들 또한 당신의 심장 중심에서 뻗어 나오는 빛줄기에 의해 그들의 고통에서 끌어올려집니다. 마지막으로, 무엇이 움직이고 무엇이 정지해 있는지 살펴보십시오.

동물의 고통

동물로 태어난 이들은 죽임을 당하고, 묶이고, 맞습니다. 그들은 온갖 종류의 고통을 경험합니다. 평화를 가져오는 덕을 버린 이들은 결국 서로를 잡아먹는 견딜 수 없는 상태에 이르게 될 것입니다.

동물은 두 가지 범주로 분류됩니다. 깊은 곳에 사는 동물과 그 외의 곳에 흩어져 사는 동물들입니다. 이 두 그룹의 고통과 관련된 다음의 명상은 '단계론'에서 비롯됩니다.

당신의 번뇌에 찬 정신 상태가 짙은 무지의 상태이며, 이로 인해 순식간에 광활한 대양 깊숙한 곳에 사는 생물로 환생했다고 상상해 보십시오. 이 대양의 물은 발효된 맥주의 찌꺼기처럼 빽빽하게 모여 있는 물고기, 연체동물, 해양 괴물 등으로 가득 차 있습니다. 때로는 당신이 다른 물고기들보다 크고, 작은 생물들이 당신의 몸을 파고듭니다. 이는 마치 화살이 당신의 심장을 관통하는 것처럼 고통스럽게 느껴집니다. 또 다른 때에는 당신이 더 작고, 더 큰 물고기들이 당신을 삼켜버려, 마치 당신의 몸이 작은 철상자에 밀어 넣어지는 것 같은 고통을 겪습니다. 이 대륙과 다른 대륙들의 가장자리에 있는 철산들 사이에 있을 때, 태양도 달도 비치지 않아 당신 앞에 팔을 뻗어도 볼 수 없을 만큼 어둡습니다. 이 모든 것이 당신을 고통스럽게 합니다.

그 외의 곳에 흩어져 사는 동물들에는 새, 발굽이 있는 초식동물, 곤충, 그리고 다른 야생동물들이 포함됩니다. 길들지 않은 동물들은 자연 속에서 더위, 추위, 배고픔, 갈증을 견뎌야 하며 서로를 사냥하는 고통을 겪습니다. 따라서 이러한 생물들은 바로 오늘 저녁, 혹은 지금 이 순간에도 이생과 다음 생의 갈림길에 서 있을 수 있습니다. 이는 손가락을 튕기는 시간만큼 빠르게 일어날 수 있습니다. 당신이 보는 모든 사람들과 다른 존재들은 맨손으로 당신을 죽이려는 피에 굶주린 사형 집행인으로 보입니다. 모든 현상이 의심스럽게 보입니다. 당신은 음식을 한 입 먹을 때조차 경계하며 사방을 주시합니다. 특히, 당신은 사냥꾼과 어부들에 의해 언제든지 순식간에 죽임을 당할 위험에 처해 있습니다.

반면에 말, 야크, 염소, 양, 소 등과 같은 가축들은 모두 입에 쇠 재갈을 물리고 먼 거리를 태우고 다니는 고문을 당합니다. 일부는 등을 뒤집어 놓고 부드럽고 따뜻한 배

부분을 날카로운 칼로 베어 내고, 위를 꺼내고, 생명력을 끊어버립니다. 다른 동물들은 코를 뚫리고 거세당하며, 맞고, 피를 흘리고, 최대한 많이 실려 갑니다.

나가(용)들 또한 뜨거운 모래, 가루다(신화 속의 새)에 대한 두려움, 비드야 만트라, 그리고 버림받고 추방되어 친구가 없는 것과 같은 것들로 고통받습니다. 동물들은 무지와 고정된 수명이 없다는 공통된 고통을 공유합니다. 또한 본질적으로 이 모든 동물들은 옳고 그름을 구별할 능력이 부족합니다.

윤회에 대한 생각만으로도 당신이 병이 날 때까지 이러한 영역들 각각에서 발견되는 특정한 고통들을 명상하십시오. 전지자는 이렇게 썼습니다.

> 그들의 곤경을 명상한 후,
> 동물계에서 벗어나기를 구하는 이들에게
> 안녕과 행복을 가져다주기 위해,
> 밤낮으로 부지런히 덕을 닦음으로써
> 그들을 더 높은 환생과 해탈의 숭고한 길에
> 들도록 염원하십시오.

이러한 일련의 고통들을 직접 경험한 후, 당신이 나가로 환생하여 가루다가 당신을 하늘로 데려가는 것을 상상하며 결론을 내리십시오. "한 번의 숨이 내 마지막이 될 수 있다! 나는 지금 이생과 다음 생의 갈림길에 서 있다"라고 당신은 외칩니다, "얼마나 무서운가! 나는 이 무서운, 강력한 새에게 산 채로 먹히고 있다! 오, 안 돼! 안 돼!" 당신이 공포에 질려 비명을 지르면, 진정한 두려움이 당신을 압도하고 당신은 의식을 잃습니다.

다시 한번, 당신의 근본 구루가 오디야나의 위대한 스승의 형태로 당신 위 하늘에 나타납니다.

"아아, 불운한 존재여."

그가 말합니다.

"당신이 이러한 종류의 고통과 공포를 견뎌야 함에도 불구하고, 당신은 자아 집착의 끝없는 윤회를 지속시키는 데 모든 에너지를 쏟아부었고, 이것이 그 결과입니다. 이제, 만약 당신이 특별한 보리심을 명상하고 자신보다 다른 이들을 더 소중히 여긴다면, 당신은 이 모든 것에서 자유로워질 수 있습니다."

"오래전, 석가족의 아들, 우리의 스승이 보살의 행을 수행할 때, 그는 발라바의 아들로 태어나 '딸'이라는 이름을 가졌습니다. 딸은 말리는 어머니를 무시하고 머리를 발로 차 버린 후 귀중한 보석을 찾아 바다로 나갔습니다. 그러나 얼마 후 그의 배가 난파되었습니다. 나무 조각을 붙잡고, 그는 결국 한 섬에 도착했습니다. 그는 결국 철의 집에 도착했습니다. 안에는 한 사람이 있었는데, 그의 머리가 회전하는 강철 바퀴에 의해 잘리고 있었고, 그 바퀴가 그의 뇌를 파고들고 있었습니다.

'이 사람이 무엇을 했길래 이렇게 되었습니까?' 그가 물었습니다. '이는 어머니의 머리를 발로 찬 것에 대한 완전히 성숙한 업의 결과입니다' 라는 대답이 돌아왔습니다. '그렇다면, 나 역시 내 업에 의해 여기로 이끌려왔구나' 그는 생각했습니다. 그때 하늘에서 목소리가 들려왔습니다, '묶인 자들은 풀리고, 자유로운 자들은 묶이리라!' 갑자기 원반이 그의 머리 위에서 회전하기 시작했고, 그에게 견딜 수 없는 고통을 안겼습니다.

그 고통은 그에게 자신과 같은 상태에 있는 모든 중생들에 대한 강렬한 연민의 감정을 일깨웠습니다. '얼마나 슬픈가! 이런 고통을 겪는 다른 존재들이 많이 있을 것이다! 그들의 부정적인 업과 고통이 대신 나에게 오기를!' 그가 이렇게 생각하는 순간 바퀴가 하늘로 날아갔고 그는 고통에서 벗어났습니다. 따라서 자신보다 다른 이들을 우선시하고자 하는 마음은 극도로 강력하니, 당신과 같이 고통받는 무한한 수의 모든 중생들에 대한 큰 연민을 키우십시오. 그들의 고통을 당신 자신의 것에 더하여 짊어지고 기뻐하십시오!"

이 말을 듣는 것만으로도 당신은 자신과 비슷한 상황에 있는 모든 중생들에 대한 강렬한 연민의 감정을 일으키게 됩니다. 이는 이제 당신이 가진 자신의 행복을 포기하고 다른 이들의 고통을 짊어질 용기와 결합하여, 순간적으로 당신의 부정적인 업을 정화합니다. 그러면 당신의 두려움은 꿈속의 비현실적인 모습처럼 사라집니다. 당신은 오디야나의 위대한 스승과 불가분하게 합쳐져 깨달음을 얻습니다. 모든 다양한 동물 종들에게 빛줄기를 발산하는 자신을 시각화하고, 그들이 새떼가 투석기의 돌에 놀라 날아오르듯이 네 종류의 명상 대가들의 대열로 끌어올리는 것을 상상해 보십시오. 마지막으로, 분별적 사고의 흐름을 끊고 당신의 마음챙김과 알아차림이 제한 없이 이완되도록 하십시오.

상위 영역에서의 불만족

이 시점에서, 당신은 하위 삼계의 환생이 이러한 묘사에 부합하지만 상위 영역의 성취는 그러한 고통이 없고 오직 행복만을 준다고 생각할 수 있습니다. 그러나 이는 사실이 아닙니다. 상위 영역에서 경험하는 큰 행복조차도 죽음과 윤회의 고통에 의해 압도됩니다. 그리고 천상에서 윤회할 때, 덕이 남아 있지 않은 이들은 무력합니다. 그들은 결국 동물, 영혼, 또는 지옥 영역에 빠지게 될 것입니다, 어떤 경우든지. 『마음챙김의 적용 경전』은 다음과 같이 가르칩니다.

인간은 짧은 수명에 의해 손상됩니다.
신들은 자신들의 부주의함에 의해 손상됩니다.

아수라는 다툼과 분쟁에 의해 손상됩니다.
윤회에는 행복이 없습니다,
바늘 끝만큼의 행복도 없습니다!

상위 영역에서 즐거운 인간 존재를 얻게 되더라도, 당신의 아버지가 돌아가신 직후 어머니가 돌아가시는 것과 같은 명백한 고통의 경험들이 곧 쌓이게 될 것입니다. 변화의 고통으로, 한순간에는 즐거워 보이던 것이 갑자기 고통으로 변할 수 있습니다, 마치 독이 든 음식을 먹고 즉시 죽거나 재미로 강을 수영해서 건너다가 익사하는 것처럼 말입니다. 조건화의 만연한 고통은 조건화 요인의 결과입니다, 예를 들어 부적절한 식단, 의복, 또는 행동으로 심각한 질병을 경험하거나, 다른 사람을 공격한 후 겪을 수 있는 보복과 같은 것들입니다. 이것들이 세 가지 근본적인 고통입니다. 율장 경전에서는 다음과 같이 말합니다.

윤회는 고통의 더미입니다.
고통의 고통, 조건화의 고통,
그리고 변화의 고통—이 세 가지와 여덟 가지가
인간에게 강렬한 고통을 가져옵니다.

세 가지 근본적인 고통 외에도, 인간은 여덟 가지 부수적인 고통으로 인해 끔찍하게 고통받습니다. 태어남, 늙음,

병듦, 죽음의 네 가지 고통과 함께, 미워하는 적과 만나는 것, 사랑하는 이들과 헤어지는 것, 욕망의 대상을 빼앗기는 것, 그리고 다섯 가지 영속하는 집합체로 인한 지속적인 고통의 인식입니다. 이러한 이유로, 위대한 전지자는 다음과 같이 씁니다.

> 따라서 모든 인간의 존재는 행복이
> 결여되어 있습니다.
> 고통의 원인과 결과로 인해.
> 이로부터 자신을 해방시키기 위해,
> 훌륭한 법을 명상하고,
> 윤회의 영역으로부터 해방을 가져오는
> 방법들을 사용하십시오.

마찬가지로 욕계 천상에도 헤아릴 수 없는 고통이 있습니다. 사대천왕천, 삼십삼천, 야마천, 도솔천, 화락천, 타화자재천이 즐거운 상태로 보일 수 있지만, 실제로 그곳의 존재들은 변화와 조건화의 고통만을 경험합니다. 그들이 죽을 때, 그들의 피부는 추한 색조로 변하고, 꽃 화환은 시들며, 그들은 우울해지고, 신성한 배우자들은 그들을 떠나며, 그들의 생각은 혼란스러워집니다. 그들이 신성한 눈으로 미래의 출생지를 인식할 때, 그들이 보는 것은 그들을 공황 상태에 빠뜨리고 기절하게 만듭니다. 그들의 신성한 어머니와 아버지, 친구들, 사랑하는 이들 등이 멀리서 외칩니다.

"당신이 염부제에서 인간으로 환생하기를! 십선을 닦아다시 이곳 천상에 태어나기를!"

이러한 소원과 열망으로, 그들은 꽃을 뿌리고 멀리 달아납니다. 그들은 천상 영역의 7일 동안 이러한 고통을 겪습니다. 얼마나 비참한가요! 우리 인간이 죽을 때, 우리의친구와 가족이 우리의 침대 주위에 모여 우리를 기쁘게하기 위해 할 수 있는 모든 것을 하지만, 우리는 여전히끔찍하게 고통받고 큰 절망에 빠집니다. 그렇다면 신들이죽음과 윤회로 인해 얼마나 고통받는지는 말할 필요도 없을 것입니다.

더욱이 높은 수준의 명상 상태에 있는 색계의 신들도 죽습니다. 여기에는 범천에서부터 광과천까지의 신들이 포함됩니다. 이 신들이 죽을 때, 현재 경험하는 명상적 즐거움은 변하고 그들은 다음 존재 상태로 들어가는 헤아릴수 없는 고통을 경험합니다. 고귀한 나가르주나는 다음과같이 설명합니다.

> 범천의 거처와 다른 모든 자연스럽게 성취된
> 깊은 명상의 상태에 있는 이들조차도,
> 그토록 웅장하게 빛나고 아름답게 보이는
> 이들조차도,

그들의 잠재된 자아 개념을 이해하지 못합니다.
그렇다면 그들이 죽은 후 지옥에 환생하지
않을 것이라고 어떻게 확신할 수 있겠습니까?

마찬가지로 네 가지 무색계는 전지의 근접 원인이 아닙니다. 오히려, 그들은 일시적으로 존재의 근본적 상태에 편재하는 명상의 상태입니다. 하늘을 나는 새가 결국 단단한 땅에 착륙해야 하는 것처럼, 어느 시점에 이 존재들은 죽고, 윤회하며, 다음 존재의 불확실한 고통을 경험해야 할 것입니다. 그러한 일시적인 행복의 형태를 신뢰하는 것은 얼마나 큰 실수인가요?

고통의 타오르는 덩어리로
공포에 질린 이 세상에서,
오만하게 고통을 행복으로 여기는 이들은
죽음의 신의 턱이
다시 한번 벌어지도록 초대합니다,
이것이 그들의 미래 출생의
씨앗이기 때문입니다.

전쟁의 신, 아수라의 고통은 더욱 강렬합니다.

아수라가 신들의 영광에 대해 느끼는

자연스러운 적대감은
그들의 마음에 큰 고통을 줍니다.
그들이 지적일 수 있지만, 이 존재들의 장애는
그들이 진실을 보는 것을 막습니다.

아수라가 삼십삼천의 신들의 행복과 부를 볼 때, 그들은 증오와 질투의 불로 타오릅니다. 이는 그들을 신들과의 전쟁으로 몰아갑니다. 전장에서 그들이 겪는 고통은 상상을 초월합니다. 그들의 머리와 사지는 금강저, 화살, 원반, 그리고 다른 무기들에 의해 잘립니다. 그들의 생명력은 끊어집니다. 그들의 몸은 심각하게 부상당합니다. 그리고 그들은 결국 자신의 죽음을 맞이합니다. 그들이 지적일지라도, 장애의 영향으로 인해 성문의 견도를 얻지 못할 것입니다. 결과적으로 그들은 진실을 보지 못한다고 말해집니다. 그러나 어떤 경우든, 그러한 존재 상태를 피하기 위한 수단을 기울이는 것이 필요합니다. 이 점에 대해, 전지자는 다음과 같이 씁니다.

아수라가 끔찍하게 고통받는다면,
평화롭고 덕스러운 업을 가진 그 존재들은
신속히 성스러운 법을 실천하기 위해
나서야 합니다!

따라서, 윤회의 고통은 무한하고 심각하게 억압적입니다. 한 가지 고통스러운 경험에서 벗어나자마자 다른 경험에 빠지게 되는데, 이는 마치 물레방아에서 돌아가는 양동이나 병 안에 갇힌 벌과 같습니다. 본질적으로, 윤회는 고통 그 자체입니다.

영원한 윤회의 순환을 통해 회전하면서,
잠시의 휴식을 행복으로 보는 자는,
확실히 모든 종류의 존재의 형태로
수백 〔생〕에 걸쳐 무력하게 방황할 것입니다.

당신은 이렇게 생각할 수 있습니다. '음, 나는 너무 걱정하지 않아요. 부처님이 나를 하위 영역과 여섯 종류의 존재들이 일반적으로 경험하는 모든 고통으로부터 보호해주실 거예요.' 하지만 이것은 사실이 아닙니다. 율장은 부처님의 말씀을 다음과 같이 인용합니다.

나는 당신에게 해탈의 길을 보여주었습니다,
하지만 해탈은 당신에게 달려 있으니,
부지런히 노력하십시오!

우리가 해야 할 것과 하지 말아야 할 것에 대해 혼란스러워하기 때문에, 지복한 분은 다양한 방법으로 우리에게 해탈의 길을 보여주셨습니다. 그러나 깊은 수면 상태에서 우리가 꿈꾸는 것을 막을 수 있는 힘이 아무에게도 없는 것처럼, 윤회와 하위 영역으로부터의 실제 해탈은 오직 우리 자신의 부지런함에 달려 있습니다. 만약 이것이 사실이 아니라면, 자비로운 부처님들 중 한 분이 그들의 자비의 빛줄기로 오래전에 존재를 비워냈을 것이라고 확신할 수 있습니다.

우리는 윤회의 구덩이에 빠져 이원적 지각의 족쇄에 단단히 묶여 있습니다. 번뇌의 칼날에 찔려, 우리는 현재의 고통을 견디고 있으며, 미래에 더 많은 고통으로 이끌릴 수밖에 없습니다. 이것을 잘 생각해보고 모든 육도의 중생들에 대한 무한한 연민을 키우십시오. 그들 모두를 해탈의 길로 이끌기 위해, 오늘부터 할 수 있는 모든 방법으로 모든 숭고한 자질의 원천인 삼보에 공양을 올리십시오.

단 한 순간이라도 부덕한 생각을 품는다면, 강력한 해독제를 사용하여 그것을 억제하고, 그런 부정적인 것을 고백하고 앞으로 피하겠다고 서원하십시오. 율장 경전은 다음과 같이 설명합니다.

> 작은 부정적인 행위를 가볍게 여기지 마십시오,
> 해를 끼칠 수 없다고 믿으면서,
> 작은 불꽃 하나도
> 산더미의 풀을 태울 수 있기 때문입니다.

사소해 보이는 덕스러운 생각이라도 쌓아야 하며, 오직 건전하고 덕스러운 일만 하며 시간을 보내야 합니다. 어떤 이들은 지능이 제한되어 있어 공부하고 명상할 수 없다고 주장합니다. 다른 이들은 충분히 부유하지 않아 물질적 재산을 공양하거나 선물할 수 없다고 주장합니다. 또 다른 이들은 법을 수행하기에는 너무 늙었다고 주장합니다. 사람들은 온갖 종류의 변명을 하지만, 주로 그들을 가로막는 것은 그들 자신의 마음입니다. 가르침은 동물조차도 부지런함과 자신감을 일으킬 수 있다면 해탈할 수 있다고 말합니다. 그렇다면 인간에게 이것이 사실이라는 것은 말할 필요도 없지 않을까요? 샨티데바가 한 번 썼듯이,

'깨달음이 나를 위한 것일 리 없어'라고 생각하며
스스로를 낙담시키지 마십시오.
이것이 여래께서 올바르게 말씀하신 바이며,
따라서 이 진실한 말씀이 전해졌습니다.
파리, 모기, 벌, 그리고 벌레들조차도
도달하기 어려운 무상의 깨달음에
이를 수 있습니다.
만약 그들이 부지런함의 힘을 모은다면.
그렇다면 나 같은 인간은 어떻겠습니까?
나는 이로운 것과 해로운 것을 인식하니,

깨달은 행위를 거부하지 않는다면
왜 깨달음을 얻을 수 없겠습니까?

그리고 대승경전에서 "무한한 인간 존재들이 매 순간마다
완벽한 깨달음을 얻으니, 낙담하지 마십시오"라고 말했습니다. 반면 아무리 많은 덕스러운 업을 가지고 있더라도,
자신에 대해 만족하거나 얼마나 많이 가지고 있는지 계산
하려 하지 마십시오. 『화엄경』은 다음과 같이 말합니다.

고귀한 자녀여, 하나의 덕스러운 행위에
집착하지 마십시오. 법의 한 가지
접근법이나 한 가지 활동을 완성하는 것에
만족하지 마십시오.
"왜?"라고 물을 수 있습니다.
고귀한 자녀여, 보살은 무한한 수의
덕스러운 행위를 쌓아야 하기 때문입니다.

우리가 덕을 향해 아무리 노력해도, 면밀한 조사를 해보
면 우리의 "덕"은 부정적인 것과 부덕이 섞여 있다는 것을
알 수 있습니다. 가끔 순수한 덕의 행위가 가능할 수 있지
만, 대부분의 중생들은 불순한 인식을 가지고 있어, 세 가
지 훌륭함(훌륭한 준비, 주요 실천, 결론)으로 포용된 덕스러운
행위를 쌓는 것은 극히 드뭅니다.

따라서 한 번의 성숙 후 소진되는 공덕과 연결된 덕에 관해서는 당신이 최고의 중앙 산(즉, 수메루 산)만큼 가지고 있다고 자랑할 수 있지만, 이 덕은 가을 구름만큼이나 실체가 없습니다. 그러므로 단순히 팔을 뻗는 것을 고려할 때조차도, 항상 그것이 순수한 덕의 행위가 되도록 하십시오.

롱첸파의 마음 훈련의 독특한 점은 모든 일곱 가지 훈련이 보리심, 즉 깨어난 마음에 관한 훈련이라는 것이다. 가랍 도제는 이렇게 썼다.

보리심에 대한 첫 번째 훈련은 당신의 마음을 윤회로부터 돌리게 할 것이다. 두 번째 훈련은 고통에 대한 혐오감을 느끼게 하며, 세 번째 훈련은 믿음의 필수 조건을 일깨워준다. 네 번째 훈련은 당신이 구루의 가르침을 따르도록 하고, 다섯 번째 훈련은 명상을 하기 위한 결의를 다지게 한다. 여섯 번째 훈련은 부정적인 활동에 참여하지 않도록 막아주며, 일곱 번째 훈련은 당신의 명상 집중력을 발전시킬 것이다.[88]

보리심(bodhicitta, 보디치타) 훈련은 정확히 어떻게 이루어지는가? 산스크리트어로 보디(Bodhi)는 "깨우다"를 의미하는 'budh'에서 파생되었다. 'Citta'는 마음을 뜻한다. 티베트어에서 보디를 번역할 때, 깨달음의 두 가지 중요한 요소, 즉 부정적인 것들의 정화(byang)와 좋은 자질의 개발(chub)을 명확히 했다. 티베트 문학 전반에서 byang chub는 산스크리트어 보리심을 번역한 용어로 사용되며, 영어로는 "깨달음의 마음" 또는 "깨어난 마음"으로 간단히 번역된다.

티베트어 문법상에서 보리심은 "깨달음을 지향하는 마음"으로 번역될 수 있다. 이는 카르마, 즉 업을 쌓는 과정에서 점진적으로 보리심을 발달시킬 수 있다는 것을 의미한다.[89] 또한 티베트어 문법상에서는 보리심을 "깨어난 마음"으로 단순히 번역할 수도 있는데 이는 족첸, 즉 이미 완성된 상태에 관한 이해와 일치한다. 요약하자면, 티베트어와 산스크리트어 문법에서 보리심을 "깨달음을 목표로 하는 마음"으로 이해한다면 이는 업의 개발이라는 카르마 서사의 점진적 발전을 반영하는 것이다. 혹은 "깨어난 마음"으로도 이해할 수 있는데, 이는 지혜 또는 그 잠재력이 이미 존재하며 드러나기만 하면 된다는 것을 의미한다.[90] 감정적, 생리학적으로 이는 중요한 차이를 만들어낸다. 목표가 멀리 있다고 생각할 때와 그것이 이미 준비되어 기다리고 있다고 느낄 때 우리는 다르게 느끼고 행동하게 된다.

보리심과 자신의 본성을 동일시하는 개념은 이미 약 2,000년 전 인도에서 처음 유포된 것으로 추정되는 18,000행의 반야경에서 설명되고 있다. 이 경전에서 수보리는 "보디사트바(보살)는 보리('깨달음') 자체가 존재의 상태(사트바)[91]인 존재이기 때문에 그렇게 불린다"고 설명한다. 자신의 경험에서 지혜를 확인하는 것이 지혜 서사의 본질이다.

불교 전통의 카르마 서사에서, 그리고 대부분의 인도 대승불교 전통에서 깨어난 마음, 즉 보리심은 열망과 영감의 대상이다. 이는 여러 생에 걸쳐 길러진다. 그러나 족첸에서는 깨어난 마음이 곧 현실 그 자체이다. 수행자들은 보리심을 의도적으로 활성화해야 한다는 매우 인간적인 관점에서 시작하여, 자신의 존재 안에서 그것을 인식하는 단계로 성장한다. 카르마 서사에서 지혜 서사로의 전환은 평범한 인간의 관점에서 항상 발견을 기다리고 있는, 열린 비밀인 깨어난 관점으로의 전환을 의미한다.

지혜로 가는 길에는 카르마의 덫이 많다. 세 번째 훈련에서 직메 링파는 우리에게 육도윤회를 안내(역자주: 세 번째 이야기 명상 참조)하며 각 영역의 고통을 보여준다. 이를 통해 고통의 인식과 자비의 발달 사이의 연관성을 극적으로 묘사한다.

그는 뜨거운 지옥에 대한 짧은 묘사를 생생하고 견딜 수 없을 정도로 상세하게 한다. 마침내 구루가 당신의 마음속에서 떠오르며, 하늘로 상징된다. 구루는 이 고통의 근원이 당신 자신의 행동이라고 설명한다. 하지만 그것이 그의 주된 요점은 아니다. 오히려 그는 "다른 사람들의 고통을 감당할 용기가 있다면, 자신을 해방시킬 수 있을 것이다"라고 강조한다.[92] 그리고 석가모니 붓다가 오래전 한 생에서 뜨거운 지옥 중 한 곳에 있을 때 무한한 자비를 어떻게 길렀는지에 관한 유명한 이야기를 들려준다.

석가모니 붓다는 과거 생애에서 뜨거운 지옥 중 하나에 있을 때, 다른 존재들의 고통을 자신의 것으로 받아들여 무한한 자비를 발전시켰다. 이 이야기를 통해 구루는 우리에게 자비심을 기르는 방법을 가르친다. 석가모니는 지옥에서 힘센 남자 박시타로 태어나 마차를 끌어야 했다. 그때 그의 동료 카마루파는 일을 제대로 하지 않아 간수들의 분노를 샀다. 격분한 간수들은 철퇴로 그의 머리를 때렸다. 이를 본 석가모니는 친구에 대한 무한한 자비를 느꼈다. 박시타는 친구의 멍에를 자신의 목에 걸어달라고 요청했다. 간수들은 그를 무자비하게 때렸고, 그 순간 그는 해방되었다.[93]

이 이야기를 들은 후, 당신은 보리심이라는 궁극적인 자비심으로 깨어나고자 하는 의지가 더욱 강해진다. 그 결과, 구루의 마음에서 빛이 폭발하고, 당신과 구루가 하나로 합쳐져, 당신은 즉시 다른 사람들을 위한 깨달은 안내자가 된다. 그리고 이 짧은 이야기들에서 처음으로, 당신의 마음에서 빛이 방출되어 모든 지옥 영역을 비운다.[94] 뜨거운 지옥에서 벗어나 다시금 평범한 존재가 된 당신은 불타는 광활한 사막에 서서 조금이라도 시원했으면 하는 바람을 품는다. 그 바람은 즉시 당신을 차가운 지옥으로 데려간다. 구루 린포체는 다시 한번 행위가 고통을 초래한다고 상기시키며, 당신은 자신과 같이 이 상태에 빠진 모든 이들을 위해 강렬한 자비심을 느낀다. 당신은 그들을 해방시키기를 열망하며, 다음 순간 당신 자신이 깨어나 자유롭게 된다.

자신의 뜨거운 경험을 직시하는 것은 용기, 지혜, 그리고 창의력을 요구한다. 이는 그 경험을 부정하거나 미화하거나 판단하거나 다시 쓰지 않고 있는 그대로 바라보는 것을 의미한다. 무엇보다도 그 경험에 자신의 정체성을 넘기지 않는 것이 중요하다. 그냥 그 경험을 느껴라, 즐겁든 고통스럽든. 만약 너무 힘들다면, 시간이나 공간적으로 그 경험을 멀리 두거나 강도를 절반이나 80% 이상 줄여라. 가장 무서운 악몽이나 가장 황홀한 기쁨으로 시작하지 마라. 부드럽게 접근하고, 필요한 지원과 공간, 시간, 그리고 함께 수행할 수 있는 친구들을 모으는 데 할 수 있는 일을 하라.

간단히 말해, 자신의 능력에 맞게 선택적으로 상상하라. 압도되면 멈추고 지원을 구하라. 지혜로 가는 길에는 지혜가 필요하다. 그리고 한계를 아는 것이 지혜의 일부이므로, 자신에게 친절하라. 이는 이기적인 제스처가 아니라, 자신에게 친절함으로써 다른 사람들에게 친절을 베풀 수 있는 힘을 얻는 것이다.

자신에게 친절함을 베푸는 방법은 여러 가지가 있다. 하늘을 바라보는 것도 하나의 방법이다. 하늘은 어디서나 볼 수 있다. 나무 가까이 서서 바람이 나뭇잎을 스치는 소리, 이 가지에서 껑충거리는 새들을 보며 그 지저귐 소리를 즐기고, 빛의 변화를 느껴보라. 당신이 하늘을 볼 때 하늘과 '보는 것'을 분리할 수 있는가? 새의 울음소리에서 당신이 '듣는 것'을 분리할 수 있는가? 가장 간단하게는, 당신이 아는 것을 그것을 아는 행위에서 분리할 수 있는가? 이것이 당신이 타인에게 친절을 베푸는 편안함과 어떤 관련이 있을까? 당신이 삶을 살아가며 느끼는 편안함과는 어떤 관련이 있을까? 이를 스스로 탐구해 보고, 그 관점에서 위대한 경전들과 성취자들이 말하는 바를 고려해 보자.

롱첸파와 족첸 탄트라가 반복해서 말하는 것은 당신이 느끼는 모든 것이 당신의 경험이나 본성 밖에 있는 게 아니라는 점이다. 당신의 경험과 본성은 마치 침대처럼 편안하고 안전한 곳, 바로 진정한 집이다. 물결의 본질이 물인 것처럼, 즐거운 경험과 고통스러운 경험 또는 지혜와 무지의 본질은 당신의 순수한 인식이다. 경험과 그 경험을 인식하는 행위를 분리할 수 있을까? 경험이 인식과 분리되지 않는다는 것을 알게 되면 스스로의 경험에서 덜 소외감을 느끼고, 따라서 이 세상의 문제들과 빛나는 가능성에 대해 조금 더 완전하고, 친밀하며, 용기 있게 살아갈 수 있을 것이다. 다시 말해, 첫 번째 핵심 수행에서 움직임과 고요함과의 친밀함, 또는 세 번째 가르침에서 행복과 고통과의 친밀함이 세상을 더 집처럼 편안하게 느끼도록 도울 것이다.

결국 고통과 행복은 모두 인식의 자연스러운 역동성을 통해 발생한다. 같은 물에서 두 물결이 일어날 때, 하나만 물로 인정하고 다른 하나는 물로 인정하지 않는 것이 말이 되는가?[95] 세 번째 핵심 수행에서처럼 순수한 인식 자체에 기댈 때, 모든 경험이 본질적으로 동일한 성질을 가지고 있음을 깨닫게 된다. 이는 우리가 그들을 다르게 대하지 않는다는 뜻이 아니다. 어떤 파도를 타고 다른 파도는 타지 않을 수도 있고, 여러 사막 중 하나를 선택할 수도 있지만, 이를 일반적인 선택의 마음과는 다르게 본다. 이는 매우 흥미로운 도전이다.

롱첸파에게 세 번째 훈련은 윤회의 불확실성을 강조해 모든 생명체에 대한 자비심이 드러나도록 동기를 부여하는 것이다. 이는 자신을 온전함으로 이끄는 기회이다. 직메 링파는 이 훈련을 통해 윤회의 모든 영역과 다양한 고통을 방문하는 기회를 제공한다. 지옥을 순회하며 우리는 뜨겁고 차가운 지옥의 끔찍한 고통을 대리 체험했고, 이는 그곳에서 고통받는 사람들이 저지른 행위의 결과임을 이해했다. 우리는 항상 카르마의 관점을 마음에 두고, "매우 낙담하고 좌절할 때까지" 이 점에 대해 명

상하라는 지시를 받았다.[96]

　이것이 매우 강력한 카르마의 관점이다. 그러나 낙담한 상태로 머물지는 않는다. 드라마가 절정에 이르렀을 때, 구루가 바로 그 지옥의 영역에 나타나 모든 것을 요약해 준다.

> 아이야, 네 고통은 카르마로 인한 것이며, 그것이 소멸되고 있다는 점에서 기뻐해라. 강렬한 자비심을 느끼며, 다른 이들의 고통을 덜어주기 위해 더 많은 고통을 감수해라.[97]

이 순간, 이 결심을 다지면 자비심이 번성하고, 당신의 고통은 실제로 소멸된다. 카르마라는 당신의 짐은 사라진다. 카르마의 고통 앞에서 느꼈던 자비심이 이제 지혜와 합쳐져, 당신은 다른 이들을 이끌 수 있는 안내자가 된다. 그리고 이제, 이 깨달음을 확고히 하기 위해 세 번째 핵심 수행이 다가온다.

> 떠오르는 어떤 행복이나 고통의 바로 그 본질을
> 직시하면서,
> 당신의 의식은 자연스러운 상태로 가라앉는다.[98]

직메 링파가 이 핵심 수행을 윤회의 가장 심한 고통을 탐구하는 한가운데에 배치한 것은 우연이 아니다. 우리는 자신의 고통과 타인의 고통을 인정하면서도 희망이나 두려움에서 벗어나기 위해 훈련하고 있다. 이 훈련은 롱첸파가 저서『귀중한 법계 보물(Precious Dharmadhātu Treasury)』에서 인간의 상황을 간결하게 요약한 내용을 강화한다.

> 고통과 행복은 단순히 존재의 현현일 뿐이다.
> 이를 붙잡거나 버리려 하면 세상에 묶이게 된다.[99]

세 번째 훈련과 세 번째 핵심 수행은 카르마 서사와 지혜 서사의 접점을 극적으로 보여준다. 카르마의 강은 완전히 지혜의 바다로 녹아들어 마음의 자연스러운 상태가 된다. 직메 링파는 윤회의 깊은 곳에서 평온함을 맛보게 한 후, 인색함의 카르마적 결과인 굶주림과 갈증의 끊임없는 고통을 보여준다. 이는 프레타, 즉 아귀들의 몫이다. 깊은 감동을 받은 당신은 고통 속에서 외치며, 구루 린포체의 조언에 따라 그들의 모든 고통을 감수할 준비가 되었음을 선언한다. 그 결과, 당신의 마음에서 빛의 광선이 쏟아져 나와 그들을 완전히 치유한다. 그리고 곧이어 네 번째 핵심 수행이 주어진다.

> 움직임과 고요함을 만드는 자를 관찰하라.[100]

움직임이나 고요함을 일으키는 주체가 문제의 핵심이다. 이는 단순하지만 당황스러울 수 있다. 분명히 움직임과 고요함은 존재한다. 여기서 무슨 일이 일어나고 있는지 어떻게 알 수 있을까? 더 넓은 존재의 영역이 유일한 해결책일 수 있다. 움직임과 고요함은 당신의 행위나 인식의 근원적인 물결인가? 그리고 그 물의 본질은 정확히 무엇인가? 더 가까이

들여다보는 수밖에 없다. 거울이 반영의 원인인가? 아니면 거울 스스로 반영을 만들어내는가? 그것들이 어디서 오는지, 혹은 어디서 나타나는지 다시 한번 살펴보라.

이 수행은 족첸에서 잘 알려진 "마음의 결점을 찾아내기"와 관련이 있다. 이러한 탐구는 "마음의 허술한 오두막을 허무는 것"[101]을 초래한다. 이 수행의 목적은 마음의 본질을 인식하는 데 방해가 되는 마음 구조를 무너뜨리는 것이다. 아직 마음의 본성을 직접적으로 바라보는 것은 아니지만, 그 방향으로 나아가고 있다. 때로는 그 본성에 다다를 수도 있다. 더 이상 생각을 분석적으로 바라보지 않고, 그대로 두는 것이다. 나머지는 카르마와 인연에 달려 있다. 이 과정에서 스승과 이야기하는 것은 중요하다.

일본의 선사 도겐(1200~1253)은 깨달음을 얻은 후 산이 흐르고 강이 고요함을 느꼈다고 언급한 것은 유명하다. 롱첸파는 산과 강이 동일한 흐름의 본질을 공유하는 큰 존재의 바다를 묘사했다. 왜 그렇지 않겠는가? 산은 역동성으로 폭발할 수 있고 강은 고요함 속에 머물 수 있다. 그러나 중요한 것은 산이나 강이 아니라, 우리의 신비로운 인식 과정을 배우는 것이다.

20세기 티베트의 위대한 시인 겐둔 초펠(1903~1952)은 닝마 가정에서 태어나 닝마의 툴쿠(활불)로 인정받았으며, 겔룩파 문헌 전통의 가장 저명한 대가 중 한 명이 되었다. 그는 다음과 같이 썼다.

지각을 추구하지 말고, 지각하는 자를 직접 바라보라,
그러면 당신은 자신의 표현할 수 없는 얼굴을

보게 될 것이다.

불성으로 가는 길은 멀지 않다.[102]

여기서 우리는 핵심 수행에서 움직임과 고요함을 관찰하는 것이 어디로 이어질 수 있는지에 관한 힌트를 얻는다. 지각을 추구할 필요가 없다! 새로운 인식을 통해 더 유연한 상태의 자각이 가능해지고, 마음의 편안함을 가져온다.

고통과 즐거움이 있다. 움직임과 고요함이 있다. 무언가가 일어나거나 일어나지 않는다. 직메 링파의 자서전에서 우리는 그의 핵심 수행이 어디로 이어질 수 있는지에 대해 매우 강력한 느낌을 얻는다.

아이야, 마음이 마음을 보는 것은
인식의 본질을 아는 것이 아니다.
아이야, 그러한 인식을 꾸미지 말고 방황하지 말고,
그저 있어라.
아이야, 무언가에 대해 마음이 걱정할 때,
명상의 핵심 포인트는 불완전하다.
그러니 아이야, 단순히 가라앉혀
걱정 없이 머물러라. 순간의 신선함 속에 있어라.

아이야, 고요함이 명상의 기준이라고 말하는 것은
고요함과 특별한 '봄'의 합일을 놓치는 것이다.
그러니 아이야, 고요함이나 움직임 속에서

집중 없이, 순수한 인식 속에서 자유로워져라.

아이야, 이는 너의 본성을 보게 될 것을 예고한다.

사만타바드라의 끊임없는 자비로운 마음을 보라.

그러니 아이야, 희망과 두려움 없는 신선한 깊이 속에서,

위대한 고정되지 않은, 발견되지 않은 상태에 있어라.[103]

이 구절들은 전염될 수 있는 자신감으로 가득 차 있다. 그러나 완전한 깨달음에 도달하지 않은 상태에서는 희망, 두려움, 의심이 나타나기 마련이다. 크고 작은 내면의 모순들이 매일 공간을 차지하려고 다툰다. 내가 좋아하는 음식을 먹을까 아니면 건강을 생각할까? 예의를 지킬까 아니면 내 마음의 노래를 부를까? 삶의 많은 선택 지점들이 우리를 우리 자신으로부터 분리시키려고 위협한다. 이 모든 것이 우리의 바다 속 파도임을 인식하면, 습관적인 분리감과 소외감이 서서히 해결될 수 있다. 모든 경쟁 요소를 포함하고 그것보다 더 큰 관점을 가지는 것이 점점 더 가능해 보인다. 결국 우리는 어느 한 방향을 선택해야 하지만, 모든 일이 일어나는 더 큰 바탕에 계속 존재하게 된다. 실질적으로는 아무 것도 변하지 않는다. 모두가 그렇듯이 우리는 이것을 하고 저것을 하지 않기로 선택한다. 동시에, 족첸 마스터 남카이 노부* 가 말했듯이, 우리의 삶은 더 가벼워질 수 있다.

이제 직메 링파의 윤회 투어는 동물 세계로 이어지며, 털과 비늘, 깃

---

* 역자주: 족첸의 티베트 불교 스승이자 나폴리 이스턴 대학의 티베트어와 몽골어 및 문학 교수를 역임.

털로 덮인 동물들의 고통을 드러낸다. 이를 보고 당신은 다시 한번 엄청난 자비심을 느끼며, 자신의 행복을 희생하고 그들의 고통을 감당할 용기로 가득 찬다. 그 순간, 당신의 두려움은 사라지고, 깨달아 모든 종들에게 빛을 방출해 그들을 깨달음의 지혜를 지닌 존재로 만든다.

정말로 주변의 공포를 직면함으로써 두려움을 사라지게 할 수 있을까? 이것이 이 수행의 전제이다. 이는 단순한 일회성 치료가 아닌 과정이다. 현대인이 "심리적 자아"라고 부를 수 있는 것과의 대면, 불교에서는 카르마의 흔적이라 부르는 것, 그리고 게셰 왕갈이 나에게 지적했던 끊임없이 가장하는 습관, 즉 스스로를 꾸미고 실제와 다른 모습으로 보이려고 하는 습관에 대한 계속되는 대면을 포함한다. 그리고 이제 다섯 번째 핵심 수행이 이어진다.

마지막으로, 생각을 엮는 실을 끊어라. 마음챙김과 알아차림이 완전히 자유롭고 개방된 상태로 부드럽게 이어지게 하라.[104] 이것이 당신이 지금까지 계속해서 나아가고 있는 과정을 정제할 것이다.

첫 번째 핵심 수행에서는 경험 속에서 고요함과 움직임의 상호작용을 탐구하면서 완전히 자유로운 개방성을 경험했다. 두 번째에서는 단순히 편안하게 의식의 상태를 둔다. 이러한 경험을 바탕으로, 세 번째 핵심 수행에서는 행복이나 고통이 떠오를 때 그것을 그대로 두고 의식을 본래의 상태로 가라앉힌다. 직메 링파가 사용한 티베트어 용어 'rnal du dbab'는 '현실에 정착하다'라는 의미로, 유명한 족첸 수행인 '관통하는 것(khregs chod)'으로 접근하는 연습 중 하나이다. 족첸과의 유사성이 있으며, 이는 수행자들이 자신의 진정한 얼굴을 발견할 수 있도록 한다. 현실에 대한 깨달음이 아닌 모든 경험은 상상에 불과하다.

네 번째 핵심 수행에서는 고요함과 움직임 뒤에 무엇이 있는지 직접 탐구하는 경험을 한다. 이는 지금까지 점유하고 있던 허름한 집을 무너뜨리는 과정이다. 텍스트나 구전 전통은 우리가 직접 발견할 수 있는 것을 완전히 설명하지 못하며, 이러한 발견은 수행의 가장 마법적이고 생동감 넘치는 선물 중 하나다.

다섯 번째 핵심 수행에는 이전 네 가지 핵심 수행의 요소들이 포함된다. 첫 번째 핵심 수행에서 생각의 지지를 내려놓고 완전한 자유로움을 찾는 능력은 다섯 번째 핵심 수행에서 일반적인 마음의 구조를 연결하는 실을 끊어내는 데 도움이 된다. 첫 번째 핵심 수행에서 마음을 편안하게 두라는 수행(glod, 발음: hlö)은 다섯 번째 핵심 수행에서도 나타나며, 마음챙김과 알아차림이 함께 완전한 개방성으로 이어진다. 다섯 번째 핵심 수행에서는 마음챙김에 더 이상 대상이 없으며, 대상 없는 알아차림과 전반적이고 신중한 알아차림(shes bzhin)과 완전한 개방성(kha yan)이 결합된다.

이 핵심 수행을 수행할 때 무엇을 해야 하며, 무엇을 하지 않아야 할까? 이미 마음챙김에 익숙해져 있으며, 이제는 완전한 개방성에도 점점 더 익숙해지고 있다. 당신은 어떠한 대상에도 얽매이지 않는 자유로운 상태에 있다. 이제 마음챙김과 알아차림에 집중할 대상이 없다. 그들은 그냥 존재한다. 아무것도 집을 수 없는 상태라 할지라도, 그것을 전혀 없는 상태라고 묘사할 수 있을까? 인식은 존재하지 않는가? 아무리 얽매이지 않은 경험의 장이라도 무(無)가 아니다. 동시에 그것은 정확히 어떤 것이라고도 할 수 없다. 롱첸파가 말하길,

빈 본질, 끊임없는 본성.
아무것도 없지만, 모든 것이 드러난다.[105]

당신이 구하고자 하는 것은 마음과 대상이 아닌 자각 그 자체를 느끼는 것이다. 다시 말해, 그대는 무엇을 하고, 무엇을 하지 않아야 하는가? 당신이 발견하는 모든 몸짓은 앞으로 진행될 모든 수행에 실질적으로 도움이 될 것이며, 족첸 자체가 초대하는 많은 것을 예견할 것이다. 이 강들은 저 거대한 바다로 흘러간다. 이것이 핵심 수행의 마지막이다. 이 모든 것은 훈련 과정 내내 도움이 되며, 실제로 그 자체로 훈련을 구성한다. 그 것들을 수행하면 사실상 다른 모든 탄트라와 족첸 훈련도 풍요로워진다.

직메 링파의 일곱 가지 훈련 중 세 번째 훈련인 자비 훈련에서 우리는 이 핵심 수행들이 주의를 기울이는 방식을 어떻게 변화시키는지 볼 수 있다. 직메 링파가 다시 언급하지 않는다 해도 우리는 이 가르침들에 다시 돌아올 것이다. 왜냐하면 이 가르침들이 전체 여정에서 마음의 기본 성향을 익숙하게 만들어 주는 중요한 역할을 하기 때문이다,

육도를 윤회하는 여행의 세 번째 훈련은 인간과 신의 영역에서 모두 피할 수 없는 고통을 인식할 수 있도록 계속된다. 구루 린포체가 겉으로 다시 등장하지 않지만, 항상 존재하는 것으로 이해된다. 직메 링파는 수행자들에게 일상 존재의 시련을 경계하고 자비로 그것을 해소할 결단을 가지라고 촉구한다. 이러한 훈련에는 무엇이 따르는가?

직메 링파는 팔을 뻗는 것조차도 완전한 활동이 되도록 하라고 말한다.[106] 이는 매우 실용적인 수행이다. 냅킨을 집어 들거나 차 문을 여는 것처럼 작은 동작도 포함된다. 이러한 동작이 당신과 모든 사람에게 상서로움과 행복을 가져다 준다고 의도적으로 상상해 보라. 이를 통해 우리의 일상적 행동이 더욱 긍정적이고 유익한 방향으로 나아가게 된다. 이러한 태도는 단순한 행동에도 깊은 의미를 부여하여 수행의 모든 순간을 신성한 행위로 바꿀 수 있다.

당신은 산 정상에 도달했을 때 어떨지 상상해 보지 않은 채 산을 오르겠는가? 마찬가지로 우리는 족첸의 지혜가 지금 우리가 보는 것보다 더 진실한 관점을 제공한다고 직감하거나 상상하며 수행한다. 직감은 상상력을 자극한다. 독서 중 상상하고 이야기 명상을 실천하는 능력은 이 길을 생동감 있게 만든다. 의도적으로 상상하는 것은 다른 종류의 환상과 구별된다. 의도적인 상상은 경험적으로 변화를 일으킬 수 있다. 이는 수트라와 탄트라 수행, 그리고 현대 스포츠나 자기 주장 훈련의 전제이다.

상상력은 사고의 중요한 부분이다. 불교의 마음 이론에서는 "개념성"의 긴 범주에 포함된다. "개념적 마음"은 강력한 분석적 사고부터 가장 미묘한 상상에 이르기까지 모든 것을 포함한다. 하지만 아무리 섬세하고 생생해도, 상상은 직접 경험에 미치지 못한다.[107] 이러한 개념적 참여의 스펙트럼은 6세기 인도의 디그나가와 달마키르티의 책에서 자세히 다루어졌으며, 티베트의 유명한 교리와 마음-인식에 대한 글들[108]을 포함, 많은 후기 티베트 문헌에서 확장되었다. 특히, 이는 불교의 인과 또는 업의 서사에서 중요한 역할을 한다.

고전 불교 문헌은 생각이 항상 오류를 포함한다고 말한다. 생각이 외부에서 검증 가능한 무언가를 참조할 때조차도 (산이나 다람쥐 같은) 생각은 다람쥐의 이미지를 실제 동물과 혼동하고, 상상된 기쁨을 실제 기쁨과 혼동한다. 이는 상상을 매우 강력하게 만드는 이유이기도 하다. 우리가 몽상하고, 즐거운 상상을 하는 이유 중 하나는 그러한 생각이 마치 그것을 우리에게 직접 가져오는 것처럼 보이기 때문이다. 이 오류는 생각과 모든 상상에 내재되어 있다. 하지만 모든 상상이 혼란을 야기하는 것은 아니다. 혼란이란 사막에서 물을 상상하거나, 인과관계처럼 실제 존재하는 것을 부정하는 것을 의미한다. 두 경우 모두 우리는 실제로 존재하지 않는 것을 상상하는 것이다.

이 훈련에서 우리는 실제로 존재하거나 존재할 수 있는 것과 일치하는 훈련된 상상력이 어떻게 오류를 반박하는지 볼 수 있다. 또 무상과 같은 우리가 이미 인지적으로 받아들인 것을 경험으로 가져오는 데 어떻게 도움을 주는지 본다. 이는 드물게 다루어지는, 직메 링파가 여기에서 우리에게 제공한 이야기 명상을 포함한 티베트 스타일의 많은 수행의 기초로 간주되는 기술이다.

상상력은 우리의 인간적 가능성을 인식하고 유지하는 능력의 핵심으로 작용한다. 특히 위험에 처해 있을 때 그렇다. "생각"이라고 할 때 실제로 무엇을 하는가? 또는 걱정하거나, 희망하거나, 기억할 때 우리는 무엇을 하는가? 이 모든 활동이 얼마나 상상력을 활용하고, 현재의 경험과 미래의 선택에 영향을 미치는가를 고려해 보라.

이야기를 상상하는 것과 일곱 가지 훈련 중 처음 세 가지의 핵심 수행은 보리심을 풍부하게 만든다. 아좀 린포체의 말에 따르면 "보리심은

'나'에 대한 집착의 근본을 흔들어 놓고" 그 과정에서 모든 좋은 것들에 대한 우리의 능력을 확장시키게 된다.

3. 보리심(보디치타) : 상상력과 핵심 수행

의도적인 상상이 혼란을 해소할 수 있지만, 그러한 해소가 쉽지는 않으며 그 진가가 발휘되지 않을 수도 있다. 한 가지 이유는 우리가 감각적 대상에 대한 인식에 의존하여 그것만을 정확하다고 느끼기 때문이다. 우리는 어떤 것이 저 밖에 있다고 보고, 그것이 확실히 저기에 있다고 느낀다. 하지만 정말 그런가? 이것은 단순한 문제가 아니다. 어쩌면 너무 단순해서 복잡한 마음이 이를 가리는 것일지도 모른다.

우리가 누군가 혹은 무엇인가에 끌릴 때, 그 매력은 어디에서 오는가? 대부분은 아름다움이나 유용성, 또는 다른 즐거운 특성이 객관적으로 저 밖에 있다고 느낀다. 이는 우리가 인식하는 대상이 주관적인 것이 아니라는 느낌을 준다. 우리는 그것이 저기 있기를 바라며, 그 "저기 있음"이 우리를 흥분시키는 중요한 부분이다. 우리는 그것을 얻고 싶어하고, 저기에서 여기로 가져오고 싶어한다. 우리의 강한 욕망은 그것과 분리되어 있다는 느낌에 기반을 둔다.

　과도하게 활성화된 상상력은 '나는 세상에서 가장 나쁜 사람이다, 나는 가장 특별하다'라는 오류를 심화시킬 수 있다. 반면에 의도적인 상상은 이러한 허구를 느슨하게 만든다. 이것이 우리가 지혜로 향하는 개인적인 전환을 이루는 방법이다. 지혜는 이미지에서 자유로우며, 이는 어떤 것이든 상상할 수 있는 자유를 준다.

　탄트라의 상상력은 창의성이 드러나는 것이다. 이는 수행자가 일상적인 경험과 마음의 진정한 본질 사이의 거리를 좁히는 데 도움을 준다.[109] 상상력은 그 본질의 문턱까지 나아간 후 이미지에 방해받지 않는 지혜의 공간으로 녹아들 수 있다. 이는 이야기 명상에서 구루가 사라지는 부분에서, 또는 어떤 구루 요가 수행에서, 또는 직메 링파의 핵심 수행의 결실로서 발생할 수 있다.[110]

　사물이 존재한다고 믿는 확실성과 분리감은 현실적이고 진실인 것처럼 보인다. 우리는 그것들을 주어진 것으로 여기며, 상상된 것으로 생각하지 않는다. 그것들이 어떻게 생겨났는지에 대해 고려하지 않고, 단지 그곳에 있다고 생각하는 것이다. 이것이 불교 철학에서 말하는 타고난 무지이다. 다행히도 타고났다고 해서 피할 수 없는 것은 아니다! 우리의 무지는 마음이 벗어날 수 있는 오류일 뿐이다. 그리고 족첸은 인간의 오류가 우리의 진정한 본성, 즉 불성을 결코 얼룩지게 하거나 만질 수 없음을 항상 상기시킨다.

　수행의 중요한 부분은 단순하게 보는 법을 배우는 것이다. 단순하게 보는 것은 명확하게 보는 것이다. 그것은 이야기나 라벨 없이, 심지어 보는 사람, 보이는 것, 보는 행위의 이야기 없이 단순히 있는 그대로 보는 것이다. 보이는 것은 경험의 일부일 뿐이다! 초기 인도 빠알리 전통에서 유래한 『바히야 경(Bāhiya Sutta)』에서, 붓다는 한 제자에게 다음과 같이 조언한다.

> 보이는 것에 대해서는 오직 보이는 것만이 있을 뿐이다. 들리는 것에 대해서는 오직 들리는 것만이 있을 뿐이다. 느껴지는 것에 대해서는 오직 느껴지는 것만이 있을 뿐이다. 인식되는 것에 대해서는 오직 인식되는 것만이 있을 뿐이다. 그렇게 너 자신을 훈련해야 한다.[111]

꾸며내기를 멈춰라. 있는 그대로 머물러라. 혼란스러운 상상을 없애라. 마음챙김과 통찰의 힘을 느껴라. 현재에 집중하고, 진실에 다가가라.[112] 그러나 혼란스럽든 아니든, 모든 상상은 현실의 일부이다.

> 깨달은 마음은 모든 것의 근원이며, 모든 것을 창조한다. 그것들이 어떻게 나타나든, 그것들은 나의 본질이다. 그것들이 어떻게 발생하든, 그것들은 나의 마법 같은 현현이다.[113]

이 글을 읽으면서 당신은 무언가를 상상하고 있다. 상상력은 항상 준비되어 있으며, 유연하고 창의적이다. 성공을 상상하기도 하고 실패를 상상하기도 한다. 이 목록은 끝이 없다! 혼란을 식별하기 위해 상상력을 사용하기도 하고, 몸에서 분노가 풀리는 느낌을 상상하기도 한다. 온종일

한없는 사랑으로 움직이는 것을 상상하고, 그것이 당신에게 어떤 느낌일지 생각해 보라.

인간의 상상력은 끝없이 풍부한 자원이다. 상상력은 장애물이 될 수도 있지만, 또한 선물이다. 그것은 우리를 묶는 것의 핵심이 될 수도 있지만, 이러한 훈련에서처럼, 이러한 묶임에서 벗어나게 하는 중요한 촉매제이기도 하다. 족첸에서는 상상력, 즉 마음 본질의 표현이 현실과 함께 멈출 수 없는 창의성을 공유한다. 명상하고 싶거나, 긴장을 풀고 싶거나, 더 친절해지고 싶은가? 상상력이 도움을 줄 수 있다. 그것은 필수적이다. 모든 자유의 길은 상상력을 필요로 하고, 대부분의 삶의 도전들은 상상력을 요구한다. 상상력은 인지적, 감각적, 그리고 체화된 신체적 학습에 참여한다. 생각과 상상은 길 위에서 서로 얽힌다. 직메 링파가 보여주듯이[114] 생각의 오류, 즉 대상과 이미지에 대한 혼동은 시와 의식에서 우리에게 유리하게 작용한다.[115] 이러한 능력 덕분에 이야기 명상에서 우리 스스로를 깨달은 존재로서 상상하면 그것은 우리의 일부가 된다. 상상력이 중요하다.

롱첸파는 그의 저서 『귀중한 법계 보물(Precious Dharmadhātu Treasury)』의 세 번째 장에서 태양, 하늘, 바다와 같은 이미지를 비유적으로 사용하며 상당한 공간을 할애한다. 추상적인 설명보다 구체적인 이미지가 우리의 상상 속으로 쉽게 들어간다. 분명한 점은 우리 모두 불가능한 안정성을 원하며, 따라서 이를 상상한다는 것이다. 우리는 무상함이 우리에게 적용된다는 사실을 느끼고 싶지 않다. 이러한 저항은 이 훈련들이 다루는 혼란의 일부이다. 그러나 우리의 혼란은 해결되기를 원하지 않는다. 아무리 우리가 깨달음을 향한 이 길 위에 있다 하더라도, 우리는 현재의

보리심(보디치타): 상상력과 핵심 수행

상태를 유지하려고 한다. 우리가 잘못된 것임을 알면서도 이 상태를 지속하고 싶어하는 이유는 그것이 편안하고 익숙하기 때문이다.

혼란스러운 상상은 두 가지 측면에서 오류를 범한다. 하나는 과도한 확장(sgro 'dogs)으로, 존재하지 않는 것을 상상하는 것이고, 다른 하나는 과소평가(skur 'debs)로, 존재하는 것을 부정하는 것이다.[116] 마치 운동을 할 때 다양한 근육들을 사용하는 것처럼, 혼란에서 벗어나기 위해서는 훈련이 필요하다. 점차 우리는 우리의 마음, 제스처, 심지어 감각의 작용을 지배하는 익숙한 습관의 넓은 범위를 이완할 수 있게 된다. 상상은 모든 것을 드러내는 순수한 '앎'과의 두려움 없는 친밀함을 통해 해체되기 시작한다.

우리의 혼란은 감각 경험에서 시작된다. 사물은 꽤 안정적으로 보이고 우리는 그것을 그렇게 여긴다. 상황이 어느 정도 잘 돌아가는 한, 우리는 이 인식을 수정하려 하지 않는다. 우리는 안정성을 원한다. 하지만 우리가 상상한다는 것 외에 안정된 것은 없다. 우리는 어느 정도 이를 알고 있지만, 다른 쪽을 보며 무시하려 한다.

이 오류를 바로잡는 데 있어 우리의 필연적인 저항을 극복하기 위해 수행자들은 무상성과 인과를 성찰한다. 우리는 주변의 것들이 무상하다는 것을 알아차린다. 우리는 사물이 어떻게 무너지는지에 대한 공포를 이야기 명상으로 체험한다. 그리고 마침내 우리의 마음을 들여다보며 그 끝없는 본성을 이해한다. 마음이 실제로는 아무것도 아니면서도 결코 무너지지 않으며, 동시에 아무것도 아닌 것은 아니기에 알 수 있고 그것을 아는 것이 차이를 만든다는 것을 인식한다.

불교에서뿐만 아니라 삶도 우리를 가르친다. 명상 없이도 나이가

들수록 모든 게 변한다는 것이 더 분명해진다. 그럼에도 우리는 저항한다. 직메 링파는 이렇게 썼다.

> 죽음이 가까워졌지만,
> 여전히 집과 옷, 재물을 갈망하고,
> 젊음이 사라졌지만,
> 여전히 이 세상을 떠나지 못하는구나…
> 라마여, 이런 무지에서 저를 자유롭게 해주소서.[117]

모든 사람이 무상에 대해 듣고 싶어하는 것은 아니다. 우리는 너무 많은 것이 위험에 처해 있다고 느낀다. 무상에 주의를 기울이지 않음으로써 우리가 어떤 위기에 처해있는지 제대로 고려하지 않으려 하는 것이다.

탄트라

탄트라는 변형의 의식을 통해 연출되는 공연이다. 실제 깨달음에 이르기 전까지 의도적 상상이 그 생명력이다.[118] 이 의도적 상상은 현대 예술의 자유로운 상상과는 다르다. 이는 주의력, 감정, 신체적 제스처, 그리고 신체적 존재를 통합하는 전 존재의 과정이다.

　우리가 아직 상상하지 못한 무언가를 성취하는 것이 가능할까? 구루 린포체는 삼사라(saṃsāra), 즉 윤회로 떨어지는 것에 대해 주의를 두고 깨달음의 흐름과 빛남을 보여주면서 우리가 습관적인 범위와는 매우 다른 상황이나 경험을 생생하게 상상하도록 요청한다. 기도란 무엇인가? 그것은 더 많은 것이 가능하다는 것을 상상하고 느낄 기회다. 이는 보장이 아니라 가능성이다.

　족첸 수행을 통해 초대된 상상은 백일몽처럼 무작위적이거나 혹은 개인의 특질에 따른 것은 아니지만, 매우 개인적이고 잠재적으로 영향력이 크다. 예를 들어, 구루 린포체의 모습에 대한 정확한 묘사가 있고 그를 묘사한 그림들도 수 세기 동안 일관성 있게 정착되었지만, 각자 어떤 이미지로 그를 떠올릴지는 모두 다르다.

직메 링파의 이야기에서, 항해 중 가장 절망적인 순간에 공간에서 춤추는 빛나는 라마는 탄트라적 상상의 전환점을 나타낸다. 여기서 더 확장된 형태의 구루 요가처럼, 깨달은 존재가 나타나 무조건적인 사랑과 수행을 제공한다. 이는 개인적으로 매우 가까운 누군가이자 당신이 발견하고 있는 자신의 본성의 표현이다. 이것이 궁극의 구루이며, 족첸의 이해에서는 어디에 있든 외로움의 반대인 온전함이다.

구루 린포체의 형상을 한 빛나는 라마는 본질적으로 당신의 스승이기도 하다. 당신이 잘 알고, 또한 당신을 잘 아는 사람, 그리고 신뢰를 쌓은 사람이다. 즉, 개인적으로 깊이 연결된 존재이다. 이런 친밀감과 편안함의 느낌은 매우 깊을 수 있다. 티베트 문화에서 "스승"이나 "나의 라마"라는 말만으로도 이와 관련된 깊은 감정을 모두가 이해한다. 전통적인 수행 텍스트는 주로 구루 린포체의 형상에 중점을 두며, 현대 수행자들에게 이러한 설명은 상상의 기술에 집중하게 한다. 하지만 구루의 형상이 명확히 나타난다고 해서 비디오 이미지나 환경 속의 무언가처럼 보이는 것은 아니다. 이는 오히려 마음의 내면에서 펼쳐지는 모습과 같다. 사실, 정말로 뛰어난 족첸 수행자는 온 세상을 이렇게 경험한다.

동시에, 다른 모든 관계와 마찬가지로, 스승과 자신의 본성에 대한 관계도 업과 감정의 차원이 있다. 우리가 인생과 관계 속에서 지니고 있는 감정 패턴은 지혜와의 관계에서도 사라지지 않는다. 우리가 일반적으로 불신하는 경향이 있다면, 그 불신은 스승과의 관계뿐만 아니라 구루 요가의 의식 수행에서도 나타날 것이다. 우리는 압도당하거나, 소외되거나, 조작당할 것을 두려워할 수 있다. 이러한 반응은 중요한 정보이다! 이는 우리가 현재 어떤 상태에 있는지를 더 깊이 발견하는 데 도움을 준다. 이러한 인간적 딜레마 속에서 우리는 수행을 이어간다.

구루의 얼굴을 떠올리는 것은 생리적, 감정적 의미가 있다. 인간 뇌의 큰 부분은 얼굴을 관찰하는 목적을 위해 존재하며, 얼굴을 관찰할 뿐만 아니라 이를 모방하는 능력은 생후 몇 시간 지난 유아에게도 존재한다. 우리가 처음 돌봄을 받을 때, 우리는 양육자의 얼굴을 인식하고 반응했다.[119] 또한 생후 몇 시간 내에 본 얼굴 표정을 모방할 수 있었다.[120] 구루 요가는 이러한 형성기의 인간 경험을 활용하여 현실의 얼굴과 연결되도록 돕는다.

기도는 구루 요가의 중요한 부분이다. 유일신 전통에서와 같이, 진심 어린 기도는 우리가 기도하는 대상, 즉 그리스도·야훼·무함마드·구루 린포체 또는 현실 자체와의 개인적인 관계를 더욱 깊게 한다. 이들은 모두 인간적으로 접근 가능하면서도 초월적이다. 유일신의 신비주의적 흐름(요한복음, 카발라, 루미, 수피즘)에서 인간과 신성 사이의 경계는 점점 얇아진다. 티베트의 탄트릭(탄트라) 가르침에서는 원칙적으로 이 경계를 완전히 해소한다. 실제 탄트라나 족첸 수행에서는 이 경계를 계속 넘나든다.[121]

우리 인간의 인식 과정과 깨어남의 과정은 동시에 진행된다. 우리의 일상적인 살과 뼈의 몸이, 우리 자신의 경험에 따라, 빛의 몸이 되어, 이전에는 우리와 매우 달라 보였던 상징적인 깨어난 존재와 다를 바 없게 된다. 이러한 상상은 뚜렷한 운동감각적 특성을 가지고 있다. 그것은

이와 같은 수행을 통해 조율된 체화된 상상이다.[122]

주의가 편안하고 명확하면 수행이 가장 잘 된다. 약간의 놀이처럼 여기는 것도 도움이 된다. 이야기 명상에서, 죽음과 무상함을 마주하는 상황에서도 우리는 두려움이나 절망 외에 다른 무언가를 위한 공간을 가지고 있으며, 상상력이 제약 받지 않는다.

빛나는 상상력을 발휘해, 몸이 더 이상 살과 뼈로 이루어진 상태가 아닌 투명한 빛이라고 상상한다. 이러한 상상은 우리의 운동감각 인식을 훈련하며, 운동감각 상상력을 사용해 몸을 빛으로 가득 채우는 것은 탄트라 수행의 핵심 요소이다. 당신이 상상하는 것과 그것을 느끼는 감각은 하나로 연결되어 있어서 따로 떼어낼 수 없다. 빛의 흐름은 마음의 눈으로 보거나 몸으로 느껴질 수 있으며, 두 가지 방식 모두에서 감지될 수 있다. 우리의 감각 차원이 연결되어 있기에 때로는 경험이 단일 감각 차원에 갇히지 않게 된다. 예를 들어, 소리를 보고 색을 듣는 것처럼 감각 기능이 바뀌는 경험을 할 수 있다. 어떤 강렬한 감각, 예를 들어 매우 중요한 활력징후(심장호흡, 맥박, 체온, 혈압)의 강도는 시각, 내장감각, 청각, 촉각, 그리고 후각을 통해서도 경험될 수 있다. 이러한 강도는 하나 또는 여러 감각을 통해 순차적으로 혹은 동시에 느껴질 수 있다.

이러한 감각 경험은 우리가 유아였을 때 세상을 경험한 방식과 비슷하다. 당시 우리는 주변을 개별적인 객체로 나누어 인식하지 않았다. 대신, 다니엘 스턴이 "활력과 강도(역자주: 시각, 청각, 촉각, 후각 등 모든 감각을 통해 느껴지는 활력과 강도)"라고 부르는 지속적인 흐름으로 감지했다.[123] 롱첸파가 감각 대상을 서로 분리되지 않고 우리 자신과도 분리되지 않은 방식으로 묘사하는 것과 비슷한 경험적 또는 느낌의 유사성이 있다.[124]

느껴지는 경험은 항상 현재에 존재한다. 훈련된 상상은 우리가 일상에서 새롭게 느껴지는 경험의 가능성을 계속 살아 있게 한다. 내가 상상하는 것, 예를 들어 내 심장에서 빛이 흐르는 것을 의도적으로 상상하는 것과 실제로 동네를 걸을 때 만나는 사람들에 대한 내 감정 사이의 순환 고리를 감지하는 것은 잔잔한 놀라움이 될 수 있다. 이러한 과정에서 분리감이 점차 희미해지는 것을 느낄 수 있다.

형식적인 수행 중이든 아니든 이런 경험들이 새롭게 나타날 때, 그 경험들에게 약간의 공간을 주고 단순히 그 발견 속에서 쉬는 것이 중요하다. 이 과정에서 미묘하지만 당신의 전체 유기체가 그 영향을 직접 느낄 수 있다. 잠시 후, 다시 당신의 앎의 기원을 바라보라. 이렇게 하면, 직메 링파의 핵심 수행을 하나의 세션에서 하나 또는 그 이상을 넘나들며 실험할 수 있다. 각 핵심 수행을 몇 주, 몇 달 이상 충분히 개별적으로 수행하며 좋은 경험을 했다면 가장 잘 이루어진다. 집착 없이 떠오르는 통찰이나 경험을 감사히 받아들여라.

상상이 아닌 것

전체성의 감각은 단순한 생각이 아니다. 유진 겐들린의 용어로는 "느껴지는 감각"이며, 최근 떠오르는 미세현상학 분야[125]에서는 "살아 있는 경험"이라고 한다. 인도 기반의 티베트 불교 철학에서는 마음이 개념적이거나 비개념적인 인식 주체로 간주된다. 개념적 마음은 항상 이미지를 포함한다. 비록 그것이 추상적일지라도. 이러한 전체성의 감각은 이론을 넘어 실제로 경험하고 느껴야 하는 것이며, 우리의 인식과 깊이 연결된 살아 있는 감각이다.

어린 시절 우리가 '고양이', '자동차', '셔츠' 등의 이름을 배울 때, 우리가 배우는 이름은 어머니가 고양이라고 말해주는 네 발 달린 칼리코 고양이의 특정한 예시에만 붙어 있지 않다. 그 이름은 우리의 마음속 이미지와도 연결되어 순간적으로 고양이가 아닌 모든 것을 생각에서 제외한다. 이것이 우리가 작은 칼리코 고양이나 단색의 털이 있는 네 발 달린 동물을 고양이로 인식할 수 있게 해준다.

직접 경험에 비해 이러한 이미지는 상당히 일반적이고, 부정확하며 추상적이다. 털 부분, 한 가닥의 수염, 또는 단순히 'cat'이라는 철자만으로도 고양이와 관련 없는 모든 이미지를 제외할 수 있다.[126] 이러한 이미지는 색과 형태의 단순한 번쩍임에 불과하며, '고양이'라는 범주에 포함되지 않는 모든 것을 배제한다. 그러나 이 이미지는 우리가 생각하는 대상과 연결된다. 그래서 무상함을 상상하고 성찰하는 것은 감정적으로나 신체적으로 영향을 미치는 무상함의 직접적인 인식을 촉진할 수 있다.

상상력이란 무엇인가? 무엇보다도 이는 마음속에 떠오르는 이미지와 그 이미지가 담고 있는 의미와의 관계와 관련이 있다. 어머니를 떠올려 보라. 순간적으로 어머니와 연결되는 이미지가 떠오를 것이다. 하지만 그 이미지를 그림으로 그리거나 사진으로 찍는다면, 다른 사람이 그 이미지를 어머니로 인식할 수 있을지는 불확실하다. 이는 여러분과 어머니와의 관계에 고유한 이미지이기 때문이다. 입술을 오므리는 특정한 모습이나 머리 모양일 수도 있고, 또는 묘사하기 어려운 느낌이지만, 마음속에서는 정확히 어머니와 일치하는 것이다. 이 순간적인 시각적 모티프는 어머니를 다른 사람들과 구분 짓는다. 이러한 이미지들은 표현적 속성과는 별개로 추상적으로 느껴지지 않는다. 어머니에 대한 기억은 몸에 새겨진 감각과 감정적인 존재감과 연결되어 있다.[127]

아마도 지금 앉아 있는 방이 익숙할 것이다. 눈을 감고 방 안에 있는 무언가를 떠올려 보라. 이 과정은 잠깐이면 충분하다. 그 다음, 잠시 동안 그 이미지를 마음에 담아 두고, 다시 눈을 떠서 실제 그 물건을 바라보라. 두 이미지가 동일한가? 어떤 차이점이 있는가?

예를 들어, 상상했을 때 떠오르지 않았던 세부 사항들이 눈으로 직접 봤을 때 보이는가? 색깔, 형태, 디테일 면에서 더 구체적인 차이점이 있는가? 이런 차이점이 바로 사고와 직접적인 감각 사이의 차이다. 이것은 위대한 인도 논리학자 디그나가와 다르마키르티가 사고와 직접 경험의 차이를 설명하는 방식이다.[128] 이제 당신은 이를 직접 경험해 보았다.

모든 길은 직접 경험으로 나아간다. 사고는 항상 시작에 불과하다. 다니엘 스턴은 불교 전통과는 관계가 없었던 것 같지만 자신만의 연구를 통해 다음과 같은 결론에 도달했다.

> 변화는 살아 있는 경험을 통해 이루어진다. … 무언가를 언어로 이해하거나 설명하거나 이야기하는 것만으로는 변화를 가져올 수 없다. 실제 경험이 있어야 한다. … 사건은 실제 세계에서 실제 시간에, 감정과 행동이 일어나는 순간에, 살아 있는 경험으로 이루어져야 한다.[129]

훈련된 상상력과 마음이 방황하는 것의 차이점은 무엇인가? 우선, 훈련된 상상력은 의도적이며 가르칠 수 있다. 이는 우리의 인지적 경험과 느낌의 범위를 확장시킬 수 있다. 이러한 확장은 우리가 생각하는 방식에 암호화된 반응 습관에서 벗어나는 데 도움을 준다. 이러한 습관의 지속적인 반복이야말로 우리의 진정한 '삼사라(saṃsāra, 역자주: 윤회, 즉 재생의 굴레)'이다.

상상력을 훈련하는 과정에서는 저항이 나타날 수 있다. 예를 들어, 무상(無常)의 중요성을 받아들이기 어려워하거나 구루 요가의 연결감을 느끼지 못할 수 있다. 우리의 도전 과제는 이러한 저항을 의식하면서도 단순히 의지력으로 억누르거나 그것에 쉽게 동조하지 않는 것이다.

직접적인 인식은 신선함으로 가득하다. 그것은 일반화하지 않으며, 가정하지 않는다. 우리가 어머니나 친구를 직접 눈으로 보거나, 그들의 목소리를 듣고 손을 만질 때, '어머니'라는 생각이 불러일으키는 것보다 훨씬 더 많은 세부 사항을 감지하게 된다.[130]

예를 들어 세상은 자기와 타자, 여기와 저기 등으로 깔끔하게 나뉜 것처럼 보인다. 실제로 그러한가? 주의를 호흡이나 눈앞에 피어 있는 꽃에 집중해 보라. 주의나 감각을 호흡이나 보는 꽃, 만지는 꽃, 냄새 맡는 꽃과 분리할 수 있는가? 만약 이 모든 것이 당신의 인식 밖에 있지 않다면, 당신과 그것들이 진정으로 분리되어 있다고 말할 수 있는가?[131]

우리의 마음이 외부에 있는 것처럼 보이는 것에 참여하거나 그것을 지지한다는 사실은, 우리가 감각을 통해 접하는 모든 것과 이미 간과된 친밀감이 있다는 것을 의미한다. 이 친밀감은 중요한 발견이다. 토니 모리슨은 "주의 깊은 관찰은 항상 경이로움을 낳는다"[132]고 말했다. 주의력은 항상 존재하며, 의식의 렌즈를 통해서만 무엇이든 특히 자신의 마음을 볼 수 있다. 과학자들은 이를 "의식의 문제"라고 부르지만, 족첸에서는 이것을 사물의 본질을 이해하는 깊은 통찰로 여긴다. 우리의 인식은 경험의 모든 측면과 분리될 수 없으며, 모든 경험의 기반이 된다. 마치 거울이 모든 반사의 기반이 되는 것처럼. 우리는 어디를 보든, 무엇을 보거나 만지든 간에, 그것을 우리의 인식을 통해 경험한다. 족첸에서는 모든 인식이 지혜에 의해 지지된다고 말하며, 따라서 지혜는 어디에나 존재한다고 한다.

비밀은 우리에게 경이로움을 불러일으킨다. 경이로움은 노력 없이 자연스럽게 솟아오르며, 우리의 마음이 호기심으로 가득 차 있음을 증명한다. 경이로움은 기쁨, 편안한 평정, 자비로운 반응과 같은 다른 생명력 넘치는 상태와 연결된다.[133] 우리는 이러한 상태에 접근하기 위해 수행하지만, 계산이나 노력으로는 그 완전함을 얻을 수 없다.[134] 지혜, 즉 우리의 본질은 계산의 반대이며 궁극적으로 깨달은 마음, 즉 보리심(보디치타)이다. 롱첸파는 다음과 같이 쓴다.

자발적인 지혜는 깨달은 마음의 본질이다.
그 자리에 머무르면 지혜가 드러난다.
그러므로 다른 곳을 찾지 말고,
바로 그 자리를 보라.[135]

이 지혜는 우리의 모든 경험 속에 있다. 아무 것도 하지 않고, 다른 곳을 찾지 말고, 우리 자신의 앎 속에서, 또는 심지어 알지 못함 속에서도 찾으라. 왜냐하면 이 지혜는 진리나 거짓, 옳고 그름을 초월하기 때문이다. 이것은 우리의 보통 마음으로는 완전히 이해할 수 없는 것이다. 우리가 느끼는 저항을 인정하는 것은 우리의 보통 마음이 자기 자신의 편안함을 위해 무엇을 중요하게 여기는지 가르쳐 준다. 동시에 본질적인 지혜는 기본 윤리, 자비, 상식을 떠나지 않는다. 그래서 일곱 가지 훈련과 전통적인 기초 수행, 즉 능드로(ngöndro)가 족첸 접근법으로서 매우 중요하다.

예를 들어, 첫 번째 핵심 수행에서 생각을 지지하는 것을 놓아버리는 것이 실제로 어떤 느낌인지에 대해 생각해 보자. 한 수행자는 이러한 지지를 "붙잡을 무언가가 있는 느낌"으로 묘사했다. 보기 전에 그저 이름 없는 보는 감각일 뿐이었지만, 일단 붙잡으면 이원성의 감각이 생기고, 그 다음에 이름이 붙고, 마지막으로 판단이 따른다. 그 이전에는 그저 감각과 함께 있었을 뿐, 그것을 어떤 생각이나 대상과 연결하지 않았다. 이 간단한 이야기는 우리의 일상 경험에서 흔히 볼 수 있는 세 가지 측면을 요약한다. 이원성, 이름붙이기, 그리고 판단.

또 다른 수행자는 이렇게 말했다. "매우 신선한 느낌이었어요. 고요함이든 움직임이든 상관없다는 것을 깨달았을 때, 그것이 어떻게 되든 실수는 없다는 것을 알았을 때, 매우 자유로움을 느꼈어요."[136] 실제로 이러한 통찰은 종종 놀라움이나 신선함의 요소를 동반한다. 우리가 경이로움, 신선함 또는 자유로움을 느끼는 상태에 있을 때는 가식이 없다. 가식은 실제로 존재하지 않는 것에 기대어 그것을 존재하는 것처럼 세밀히 들여다보는 것이다. 모든 것은 경험의 바다 위 거품과 같다. 이것이 원초적 지혜의 관점, 즉 깨어있는 마음의 본질이다.

이것이 일곱 가지 훈련과 다섯 가지 핵심 실천이 어떤 것인지 맛볼 수 있는 방법이다. 우리는 그저 앉아서 그것이 우리에게 어떻게 다가오는지 주목하기만 하면 된다. 우리가 정확히 어떻게, 어디서, 무엇인지 말할 수 없을 때조차, 말로 표현할 수 없는 것과 부딪히는 것 또한 하나의 배움이다. 롱첸파는 이렇게 말한다.

태어나지 않은 영역에서 마법처럼 태어난 것은
규정하거나 방해할 수 없다.
이것을 "이것이다"라고 지목할 수 없으며,

사물의 흔적도 없다!

본질적으로 파노라마적이고 하늘과 같으며,

태어나지 않았다.

단지 거기에 있을 뿐, 이전도 이후도 없고,

시작도 끝도 없다.[137]

지각이 항상 있다는 것을 인식하면, 평소에 우리가 생각하는 것보다 더 깊은 신뢰와 친밀감을 느낄 수 있다.[138] 상상력은 완전히 사고에 의존하는 것도 아니고, 아직 직접 경험으로 이어지지도 않은 중간 단계의 공간을 제공한다. 이 공간에서 수행의 드라마가 펼쳐진다.

1984년, 나는 하버드 세계 종교 연구 센터에서 생활하고 있었다. 그때 샘 길* 교수가 그곳에 와서 강연을 했다. 그는 미국 원주민의 곰 사냥 의식을 설명했는데, 이 의식은 실제 사냥 전에 수행되었다고 한다. 사냥꾼은 곰을 만나는 것을 상상하고, 존경심을 가지고 곰에게 접근하여 그 몸을 취해야 하는 필요성을 설명했다. 곰은 이에 너그럽게 응답했다. 이 의식은 사냥꾼과 곰 사이의 일종의 계약을 형성하며, 사냥은 곰의 너그러움과 사람들의 감사를 알리는 의식이 되었다. 샘 길 교수는 이 의식이 이상적인 삶의 방식을 살아가는 방법이라고 제안했다. 이 의식을 통해 공동체는 다른 존재에 대한 행동의 대가를 부정하지 않고 표현했으며,

---

• 역자주: 콜로라도 대학교 볼더 캠퍼스의 종교학 명예교수로, 네이티브 아메리칸 전통과 의례, 종교와 문화, 춤과 신체 움직임 등의 분야에서 연구와 교육을 해왔다.

보리심(보디치타): 상상력과 핵심 수행

최소한의 잔인함으로 사냥하며 의식의 이상에 최대한 가깝게 살리려고 노력했다. 이로 인해 곰의 고기를 신중히 관리하고 장기적으로 곰을 덜 죽이게 되었을 가능성이 크다.[139]

비록 냉소적으로 보면 곰은 어차피 죽었지만, 의식화된 존경심이 진심이라는 점도 이해할 수 있다. 스포츠로서의 무분별한 살생은 원주민 문화의 일부가 아니었다. 곰은 부족의 관계 속에 포함되었으며, 상품화되지 않았다. 이러한 의식은 인간과 신성한 존재 사이의 더 깊은 관계를 상기시켜주는 역할을 했다.

티베트 의식은 아마도 일부 북미 원주민의 공연과 샤머니즘적인 뿌리를 공유할 가능성이 크다. 이 의식은 상상력을 의식적 절차와 결합하여 더 완전한 상태의 온전함을 가져다주는 방법이다. 이러한 의식에는 음악, 노래, 그리고 종종 춤이 포함되며, 이는 단순한 사고로는 얻기 힘든 풍부한 감정과 영향을 준다. 이 의식은 인간과 신에게 환대하는 고대 인도의 의식을 본떠 만들어졌을 것이다.

티베트어 단어 "dmigs byed"를 여기서는 "상상하다"로 번역했는데, 문자 그대로 해석하면 "대상으로 삼다"라는 뜻이다. 종종 "신을 시각화하다"라는 의미로 번역되기도 한다. 그러나 이 용어는 사람들이 마음의 눈으로 보거나 보지 않는 것의 세부 사항에 대해 과도하게 신경 쓰게 만들어 비생산적인 사고에 빠지게 한다.

구루 린포체가 당신 앞에 서 있다고 상상하는 것은 당신의 독특한 제스처를 의식적인 의도와 예술적 전통에 맞추는 창조적인 순간이다. 의식에 참여하는 것은 더 큰 규율의 일부이자 당신만의 독특한 경험이 발현되는 계기이기도 하다.

불교와 티베트 수행에서는 빛과 몸을 연결시켜 상상하는 셀 수 없이 다양한 방식들을 제공한다.[140] 이러한 수행은 몸 전체와 마음을 완전히 참여시키는 경험으로, 운동감각을 통해 이들의 결합된 효과를 몸으로 느낄 수 있다. 매일의 반복을 통해 다양한 감각과 통찰이 생기며 새로운 것들을 발견하다. 롱첸파는 우리가 "훌륭한 원초적 지혜가 몸에 깃들어 있다는 사실을 깨닫지 못한다"[141]고 말한다. 실제로 지혜는 몸 전체에 스며들어 있으며,[142] 모든 것의 최종 본질이다. 가장 쉽게 지혜에 접근할 수 있는 통로는 바로 심장을 통해서이다.

> 최고의 원초적 지혜는 심장 중심의 귀중하고 무한한 저택
> 에 스스로 깃들어 있다. …[143]

이것이 바로 구루 요가와 탄트라 수행 전체에서 상상적 제스처를 통해 심장에 특별한 주의를 기울이는 이유이다. 모든 것은 그곳에서 진화하고 소멸한다. 수행에 따라 하나 또는 무한한 붓다들이 당신에게 녹아들거나, 당신이 특정 색의 광채로 붓다에게 녹아들어 많은 붓다의 영역에 빛을 보낸다. 그러면 붓다들은 그 빛을 다시 당신에게 돌려준다. 또는 무한한 고통의 존재들을 깨달음의 빛으로 축복해 준다. 결국, 빛나는 전체가 당신의 심장 중심과 공간으로 녹아들고 다시 떠오른다.

때로는 일곱 번째 훈련에서처럼 몸의 내부 전체가 빛으로 가득 차는 것을 느낄 수 있다. 당신이 에너지 센터(차크라)와 에너지가 흐르는 경로에 대한 운동감각적 인식을 가져올 때 그렇다. 이러한 에너지 감각과 함께 앉아 있을 때, 빛이 당신의 심장이나 머리에서 빛나거나 우주를 가

득 채우는 것을 쉽게 느낄 수 있다. 이러한 모든 변형에서 당신의 인식의 빛은 모든 곳에 빛난다. 소외감이 어디에 발붙일 수 있겠는가? 처음에는 이 모든 것이 이국적으로 들릴 수 있지만, 결국 이것은 우리가 아직 알아차리지 못한 일상적인 인간 경험이 얼마나 기적적인지를 조명해준다.

햇빛이 피부를 따뜻하게 하는 것을 느끼는 것은 9,200만 마일(약 1억 4,805만 9,648km) 떨어진 구체에서 방출되는 따뜻함을 직접적으로 느끼는 것이다. 당신의 감각이 무엇을 만지든지 간에 그것들은 친밀하게 만진다. 지혜도 넓으면서도 친밀하다. 당신의 인식은 당신의 경험 속 모든 것을 만진다. 이를 인정하면 롱첸파의 영적 지향에서 강조된 완전함이 열리며, 이는 아무것도 배제되지 않는 큰 완전함이다. 빛으로 녹아 무한한 공간으로 녹아드는 것은 전체성을 연습하는 것이다. 모든 이미지가 사라져도 인식은 남아 있다. 순수하고 벌거벗은, 방해받지 않는 인식, 모든 의식의 깊고 창의적인 성소(sbubs)다.

보통의 생각은 범주화하고 구별을 짓는다. 지혜는 어디에나 존재하고 어디로도 가지 않는다. 족첸 수행자들은 자기 본성의 급진적인 포괄성을 추구한다. 영속성의 비현실적인 관념을 깨뜨리고, 우리를 구속하는 유혹적인 집착을 풀어헤치며, 육도의 여섯 가지 영역 모두에 마음을 여는 것, 이러한 첫 세 가지 훈련의 요소들이 광대한 완전성으로 이끈다. 롱첸파는 종종 이러한 현실을 1인칭 시점으로 표현하는 고대 탄트라, 예를 들어 '여섯 가지 확장' 같은 것을 인용한다.

나는 나뉠 수 없고 나눌 수 없는 존재로 나타난다.
내 대상들, 행동들, 그리고 행위는 나와 구분될 수 없다.

나는 객체가 아니며, 어떤 개념이나 근본적인
편견으로부터 자유롭다.[144]

모든 것의 지혜의 근원[145]은 그것을 아는 것과 분리되지 않는다. 그것이
실제로 어떤 모습인지 상상할 수는 없지만, 상상력은 우리를 그것과 연
결시켜 준다.

물이 모든 파도의 본성이듯이, 모든 형상의 창조적 근원인 지혜의
바탕이자 두루 퍼져 있는 법계, 즉 다르마다투는 또한 그 형상들의 실제
적인 본성이기도 하다. 우리 자신의 한계 없는 전체성(thig le nyag cig)의 지
평에서 제외되는 것은 아무것도 없다. 우리는 지혜를 소유한 자가 아니
라 바로 지혜 그 자체다. 오직 지혜만이 이를 안다.

가르침이 깊을수록 저항도 커진다. 저항은 좋은 이야기 소재가 될
수 있으며, 메시지가 제대로 전달되고 있다는 신호이기도 하다. 우리는
지혜의 가르침이 우리의 몸, 자아, 삶, 사랑을 일반적으로 받아들이는 방
식을 꿰뚫는다는 것을 인식하고 있기 때문에 저항한다. 그러므로 우리는
이를 방어하기 위해 온 힘을 다해 저항하고 싶어한다.

저항의 교훈적인 장면은 이전에 번역되지 않은 대승경전에서 발견
된다. 이 경전은 붓다가 문수보살(Mañjuśrī)에게 모든 것의 평온한 근원과
영역인 법계에 대해 가르침을 청하는 장면으로 시작한다.[146] 『반야심경』
이 모든 현상이 공(空)하다고 주장하며 존재하지 않는 것들의 목록을 나
열하면서 반발을 일으켰던 반면, 문수보살은 법계가 모든 것에 존재한다
고 가르쳤다. 붓다가 처음으로 문수보살에게 이 편재하는 법계에 대해
설명해 달라고 요청했을 때 과거, 현재, 미래의 모든 붓다의 지혜가 응집

된 문수보살은 이렇게 답했다.

> "하지만, 세존이시여… 모든 현상이 법계의 본질이라면…
> 이것은 담론이나 연구의 주제가 될 수 없습니다. …
> 어떻게 제가 이 가르침을 시작할 수 있겠습니까?"[147]

붓다는 이에 동의하는 듯 보였다. "문수보살이여, 자만심이 강한 자들이 그 가르침을 듣게 되면, 그것이 그들을 두렵게 할 것입니다." 문수보살은 이 실마리를 매끄럽게 이어받으며, "두려움을 느끼는 자들 또한 법계의 본성을 지니고 있으나, 법계는 두려움을 느끼지 않는다"고 말했다.[148]

붓다와 문수보살은 청중들의 마음에서 두려움을 느끼지 않는 부분에 도달하여 그들 스스로 법계 본성을 직접 볼 수 있도록 돕는 것이 문수보살의 임무라고 말하는 듯하다. 문수보살은 우리와 그들이 저항을 넘도록 어떻게 도울 것인가? 만약 법계가 모든 것의 일부이며, 더 나아가 우리 안에도 이미 존재한다면, 왜 수행이 필요할까? 더군다나 문수보살은 청중들에게 번뇌조차도 법계의 본성을 지니고 있다고 말한다.[149] 그렇다면 왜 번뇌를 줄여야 할까? 이는 법계의 급진적인 포괄성을 나타낸다. 이 가르침을 듣고 100명의 승려가 해탈했다.

그러나 다른 이들은 해탈하지 못했다. 사실, 그들은 불쾌감을 느꼈다. 목표가 이미 여기 있다면 왜 노력해야 하는가? 이는 심오한 질문이지만 또한 항의이기도 하다. 그들은 수행이란 우리가 가지고 있지 않은 것을 기르는 것이라고 믿었다. 그들은 이미 가지고 있는 것을 인식하는 것이 수행의 일부라는 점을 이해하지 못했다. 마치 내가 불성 이야기가 나와 관련이 있다고 믿지 못했던 것처럼 말이다. 결국 『반야심경』은 유명한 만트라(mantra, 역자주: 산스크리트어로 진언을 뜻함) "가테, 가테, 파라가테, 파라삼가테, 보디 스바하"*로 끝난다. '가테(ga-tay)'는 '가다'와 어원이 같고, '파라(para)'는 '너머'를 의미한다. 이는 가고, 가고, 넘어서 가고, 훨씬 넘어서 가고, 깨어남을 의미한다.[150] 어떻게 길이 다른 장소나 경험으로 가는 여정이 아닐 수 있겠는가?[151]

그러나 문수보살은 여기서 끝내지 않는다. 그는 사리푸트라(Śāradvatīputra, 역자주: 붓다의 10대 제자 중 지혜가 가장 뛰어난 사리불)와 대화를 이어가는데, 사리푸트라는 단도직입적으로 묻는다. "문수보살이시여, 그렇다면 완전히 해방된 마음이란 결코 존재하지 않는 것입니까?" 이에 문수보살은 답한다.

> "사리푸트라 존자여, 안팎이나 그 사이에 관찰할 수 있는
> 마음이 있다면, 해방된 마음도 있을 수 있을 것입니다. 그
> 러나 사리푸트라 존자여, 안팎이나 그 사이에 관찰할 수
> 있는 마음이 없으며, 따라서 어떠한 속박이나 해방도 없
> 습니다."[152]

그럼에도 불구하고, 200명의 승려들은 이 가르침에 진저리를 쳤다. 그

• 역자주: 한국어로는 "아제아제 바라아제 바라승아제 모지사바하"이며 영어로는 "gate, gate, paragate, parasamgate, bodhi svaha"로 표현한다.

보리심(보디치타): 상상력과 핵심 수행

들은 그것을 이해하지 못하고, 관심이 없었으며, 믿지도 않았다. 그 결과 "불만을 품고 당황한 그들은 그 자리를 떠났다." 그러나 그들은 다른 것을 이해했다. 그들은 확실히 문수보살의 지혜의 칼이 자신들이 소중하게 여기는 자아와 목적의식을 파괴하려는 것이라 인식했다. 그들은 그가 사실 정말로 소중한 것을 가리고 있는 커튼을 들어 올리고 있다는 것은 보지 못했던 것이다.

해방이 없다면 왜 수행을 해야 하는가? 그러나 문수보살은 해방이 없다고 말한 적이 없다. 나가르주나(용수)와 찬드라키르티가 발전시킨 중관학파 분석에서처럼 해방시킬 마음이 없다고 말했을 뿐이다. 그리고 이것은 족첸에서도 다룰 주제이다.

이제 문수보살은 평범한 승려의 모습으로 변장하여 항의하는 승려들을 만나러 간다. 그는 그들과 대화를 나누고 가르침을 떠날 때 어떤 느낌이었는지 물어보고, 점차 해방된 마음에 관한 질문으로 돌아간다. 그는 마음에 색이나 모양이 있는지, 어떤 종류의 형태나 외관이 있는지, 안이나 밖에 머무는지 등을 묻는다. 그들은 모두 아니라고 대답한다. 형태나 외관이 없고, 안팎에 머무르지 않는 등의 마음이 해방될 수 있을까? 그들은 아니라고 대답한다. 이제 문수보살은 핵심으로 나아간다.

나아가 서원을 세우고 승려가 되는 것은 관찰하는 마음이었다. 수행하는 마음이란 본래 존재하지도 않고, 실재하지도 않으며, 일어나지도 않는 것이다. 존재하지도 않고, 실재하지도 않으며, 일어나지도 않는 것은 생겨남도 없고, 무너짐도 없으며, 머무름도 없다. 생겨남도 없고, 무

너짐도 없으며, 머무름도 없는 것은 속박될 수도 없고, 해
방될 수도 없다. 그것은 성취도 없고 깨달음도 없다. 존귀
한 이들이여, 이를 염두에 두고 젊은 문수보살은 이렇게
말했다. "법계의 본성 안에는 번뇌도 없고 청정함도 없다.
어느 누구도 어떤 것도 얻은 적이 없으며, 깨달음도 없고
해탈도 없다."¹⁵³

여기서 말하는 것은 법계(法界)의 완전한 무한함이며, 롱첸파가 『철학 체
계의 귀중한 보물(Precious Treasury of Philosophical Systems)』에서 왜 보살도
를 바로 그 시작부터 중점적으로 다루는지, 그리고 『귀중한 법계 보물
(Precious Dharmadhātu Treasury)』의 첫 장에서도 중심 주제로 삼는지에 대한
단서이기도 하다. 이 본성은 인간의 정수적인 유산(rigs, gotra)이다. 번뇌에
서 자유로우며, 그 무엇도 배제하거나 방어하지 않으며 제한이 없다. 더
할 나위 없이 적나라하다. 왜냐하면 그것은 사실 아무것도 아니기 때문
이다. 이것이 현실이며, 마음의 수준에서는 보리심이라고 알려진 무한한
자비의 마음이다. 루미는 "이렇게 강한 사랑에는 형식이 있을 수 없다"고
말했다. 이는 육체에 얽매이지 않은 영혼들의 친밀감을 표현한다.¹⁵⁴ 자
아의 자만에서 자유로워지고, 열린 마음의 무한함을 찬양하는 궁극의 보
리심은 궁극적 진리의 지혜와 긴밀히 결합된 무한한 마음이다. 마하야냐
(Mahāyāna, 대승불교)의 완성 또는 수트라 학파에서는 이러한 보리심을 개
발하며, 아좀 린포체는 이를 "모든 수행과 훈련의 궁극적 목적"이라고 마
이트레야(Maitreya, 미륵불)를 인용해 설명한다.
　족첸에서는 보리심이 곧 현실 그 자체를 의미한다. 존재의 순수한

보리심(보디치타): 상상력과 핵심 수행

현존인 '릭파(rig pa)'는 공(空), 광명(光明), 자비의 부드러운 반응성과 영원히 하나가 된 열린 자각이다.

그 어떤 것도, 심지어 가장 비열한 행동조차도 그 마음을 영원히 닫히게 할 수 없다. 이것이 롱첸파의 보리심 세 번째 훈련이 열리는 마음이다. 상상하는 것만으로도 압도적이면서도 동시에 영감을 줄 수 있다. 자신감과 용기가 필요할 것이다. 네 번째와 그 이후의 훈련은 이러한 것들을 발전시키는 데 도움을 준다.

명상적 휴식

첫 번째 핵심 수행

과거, 현재, 미래의 생각을 그대로 두고,

지지하지 말라.

완전히 열리고 편안해지라.

그리고 마음이 활동 중이든 휴식 중이든,

단순히 마음챙김하며 알아차림을 유지하라.[155]

4. 길 위의 온전함: 중간 마음 훈련(4~6)에서의 자신감과 통합

지혜는 자연스러운 만다라이다. 지혜는 모든 곳에 내재적으로 존재하며 모든 것에 스며들어 있다. 여기서 제시된 네 가지 원칙들은 족첸의 지혜 중심 관점과 일맥상통하며 인간 존재의 본성에 대해 이야기한다.

1. 지혜는 현실의 특징이지, 그것을 향한 수단이 아니다.
2. 지혜는 그 넓은 근원과 흠 없는 기질, 즉 모든 것인 법계(dharmadhātu)와 분리될 수 없다.
3. 족첸은 결실이 있는 길이다. 그 기초에 있는 지혜는 길의 완성과 완전성의 지혜이기도 하다.
4. 몸은 지혜에 자연스럽게 접근할 수 있다. 이는 일곱 번째 훈련을 지지하는 탄트라의 입장이다.

네 번째 훈련: 소개

네 번째 훈련은 전환점이다. 이전처럼 계속될 수 없다. 우리는 죽을 것이다. 우리가 두려워하거나 희망했던 모든 것이 우리의 경험에서 사라질 것이다. 우리는 헛된 추구를 포기해야 한다. 정체성 위기다! 이 전환을 선택한다면 우리는 누구인가? 의미 있는 삶이 우선순위가 된다면 그다음은 무엇일까? 롱첸파의 네 번째 훈련은 불교 전통의 모든 무게를 담아 우리가 시간을 낭비할 여유가 없음을 강력히 주장한다. 직메 링파는 명상 훈련이 필수적이며, 따라서 스승이 필요하다는 점을 강조한다. 네 번째 훈련은 "나는 스승으로부터 중요한 가르침을 받아야 한다"는 확신으로 시작된다.[156]

왜 우리는 스승이 필요할까? 우리는 책으로 읽을 수도 있고, 검색 엔진을 사용할 수도 있다. 독립적인 사고를 할 수 있기에, 다른 사람이 우리의 과정에 간섭할 필요가 없다고 생각할 수도 있다. 그럼에도 불구하고, 직메 링파를 비롯한 티베트 전통에서 왜 스승이 필요하다는 관점을 지지하는지 궁금할 것이다. 우선, 스승과 어떤 관계를 맺어야 할까? 그리고 왜? 롱첸파는 간단한 수행에서 자세히 설명하지 않지만, 직메 링파는 그렇지 않다. 그는 네 번째 훈련이 "단순히 책을 읽는 것에 관한 것이 아니다"[157]라고 말한다. 배움은 관계 속에서 이루어지며, 우리는 초기 불교 경전인 수트라 전통에서 붓다의 제자들이란 주로 질문을 통해 그와 직접 연결되려고 했던 사람들이라는 것을 알 수 있다.

인간 경험에서 관계는 항상 핵심적인 요소였다. 영적 연결에서는 더 중요하지 않겠는가? 다른 사람들과의 관계는 우리 자신과의 관계를 중재하며 우리 자신과의 관계는 우리가 다른 사람들과 연결되는 방식의 표본이 된다. 가는 것은 필히 돌아오기 마련이다.

직메 링파는 스승을 세 가지 범주로 나눈다. 우리의 잘못된 인식을 자르도록 도와주는 외부의 스승, 시크릿 만트라에 대한 가르침을 주는 내부적 스승, 그리고 우리 마음의 본성을 바로 보여줄 수 있는 우리의 족 첸 전승자인 비밀 구루가 그것이다. 마지막으로 "근본 구루, 즉 현실 자체가 당신에게 자신의 마음의 순수성을 보여준다"라고도 말한다.[158] 현실이 궁극적인 스승이다. 인간 스승과의 관계의 목적은 이것을 인식하는 것이다.

가르친다는 것은 무엇을 의미하는가? 우리가 "가르치다" 또는 "교훈"으로 번역하는 용어(티베트어: bstan pa)는 문자 그대로 보여주고, 나누고, 소통하는 것을 의미한다. 이를 가장 잘 수행하는 방법은 불교 경전에서 자주 다루어지는 주제이며, 직메 링파의 마음에도 분명히 담겨 있다. 직메 링파는 강의 세션을 마치기 전에 스승이 방금 논의된 핵심 사항을 요약하고, 명상에서 다룰 수 있는 간결한 포인트로 압축할 것을 권장한다. 그는 '맑은 확장의 탄트라'에서 스승의 내면 풍경과 몸의 자세[159]에 관한 설명을 인용한 뒤 이렇게 결론을 맺는다.

> 기분 좋은 말로, 명확하고 분명하게 설명하라.
> 사례와 의미, 이치를 엮어 단계적으로 설명하라.
> 청자의 능력에 맞는 영적 도구와 접근법을 가르치라.[160]

또한 스승은 "귀에 가시가 되는 말, 예를 들어 너무 느리게, 너무 빠르게 또는 불분명하게 말하는 것"[161]을 피해야 한다고 강조한다. 학생들이 지혜를 향한 확고한 지향점을 갖기 전까지는 그들에게 윤회의 서사를 신중히 소개해야 한다고 한다.

여기서도 직메 링파와 그의 전통이 개념적 학습과 체험적 학습의 유익한 결합에 관한 확신을 느낄 수 있다. 이러한 결합은 티베트 훈련의 특징이며, 인도 불교 이론에서 개념적 사고와 직접 경험의 얽힘에 깊은 뿌리를 두고 있다. 둘 다 유익하지만, 노력하는 학습에는 한계가 있다. 직메 링파가 처음으로 보리심을 맛본 것은 공부를 통해서가 아니라 자신의 또래인 어린 소년이 수도원의 규율 담당자에게 맞고 가혹하게 대우받는 것을 보면서였다.

네 번째 훈련: 저항과 완전함의 방법들

스승을 만나는 것은 우리를 눈멀게 하는 패턴에서 벗어날 수 있는 기회를 준다. 내가 처음 뉴저지 시골의 숲속에 위치한 게셰 왕걀의 집을 찾았을 때, 나는 두려움에 휩싸여 있었다. 그는 항상 학생들을 꾸짖고 쫓아낼 준비가 되어 있다는 말을 들었기 때문이다. 그가 새로 설립한 수행처에서 머물러도 좋다는 허락을 얻기 위해 모든 용기와 에너지를 쏟아부어야 한다고 생각했다. 그 과정이 다시 부모-자식의 관계라는 것을 수년 후에야 깨달았지만 초기에 나는 그의 꾸짖음, 이해할 수 없는 행동, 예리한 관찰력에 대한 많은 이야기를 들었기 때문에 그를 만나고 싶은 만큼이나, 의심으로 얼어붙어 있었다. 내가 그런 사람에게 무엇을 말할 수 있을지 전혀 몰랐다. 단지 모든 것이 알아서 해결되기를 바랐다.

그는 언젠가 자신을 뒤통수에도 눈이 달린 사람이라고 묘사한 적이 있다. 그곳에 살았던 모든 사람들은 이것이 사실이라고 느꼈다. 그는 그

땅 어디에서나 일어나는 모든 일을 알고 있는 것 같았다. 이 말을 듣고 나는 조금 긴장을 풀었다. 그는 이미 내가 무슨 생각을 하고 있는지 알고 있을 거야! 얼마나 안심이 되는가!

나는 아무 말도 하지 않을 것이다. 그는 그냥 알 것이다. 이 계획에 따라, 다른 사람들이 게셰-라(역자주: '~라'는 스승에 대한 존칭)와 함께 방에서 이야기를 나누던 어느 날, 옳은 말이나 행동을 해야 한다는 부담감에서 벗어나 거실에 조용히 앉아 있었다. 그러던 중 게셰-라가 외치는 소리가 들렸다. "저 여자는 왜 아무 말도 하지 않는 거냐?" 게임은 끝났다. 나는 나타나야 했고, 거부당할 위험을 무릅써야 했으며, 꾸짖음을 견뎌야 했다. 말을 해야 했다.

모든 것이 순탄하지 않았다. 무엇보다도 나는 게셰-라를 전지전능하고 모든 것을 해결해주는 존재로 이상화하는 편리하고 자기 중심적인 생각을 포기해야 했다. 그러면서 나 자신의 다양한 불안과 자기비판에 직면해야 했다. 나는 신참자의 이상화가 자신감을 주지 않고 오히려 거리를 만든다는 것을 배웠다. 반면 자연스럽게 생기는 마음의 연결과 게셰-라가 보여준 기본적인 인간적인 친절은 신뢰를 쌓아주었다. 나는 그러한 영적 친구와의 대화, 지지하는 공동체에 참여하는 것이 장기적으로 큰 자양분을 준다는 것을 직접 경험해야 했다.

말을 하지 않음으로써 모범 제자가 되려는 나의 어리석은 생각은 사실 저항의 한 형태였다. 스승과 제자 관계는 종종 저항을 촉발시킨다. 그러나 스승을 만날 때 겪는 저항은 자기 자신을 만날 때 겪는 저항에 비하면 아무것도 아니다. 이것이 수행의 목적이다. 우정, 파트너십, 결혼은 이러한 저항 때문에 무너진다. 헌신적인 성취한 수행자들도 이로 인해 길을 잃는다.

진지한 수행에는 항상 저항이 따른다. 이러한 저항을 인식하는 것이 수행과 삶에서 가장 큰 도전 중 하나다. 저항을 제대로 인식하지 못하면 다른 것으로 착각한다. 마치 문수보리의 가르침에 "관심이 없다"고 말한 승려처럼, 우리는 너무 바쁘다, 너무 피곤하다, 가르침이 이해되지 않는다, 혹은 스승이 재미없다고 말한다.

이는 수행의 길이나 개인적인 재구성의 어느 여정에서든 결정적인 순간이다. 우리가 가장 접촉하고 싶지 않을 때, 바로 그 순간이 스승(또는 치료사, 혹은 가까운 친구)과 연결해야 할 가장 중요한 순간이다. 저항은 지혜가 우리 문을 두드리고 있음을 알리는 신호이다. 메시지는 부분적으로 전달되지만 우리는 준비가 안 되어 있다. 우리 일부는 현재의 방식이 위협받고 있음을 잘 이해한다. 저항을 인식하고, 공간을 주며, 문을 살짝 열어 다른 것을 받아들이는 것은 쉬운 일이 아니다. 결국 우리가 찾고 있는 것이 그 문 뒤에 숨겨져 있음을 발견하게 된다. 그것은 생각이나 이상이 아니라 바로 우리 자신이다.

반복적인 자기 판단은 창의적이지도 않고, 도움이 되지도 않는다. 그것은 지적인 합리성으로 위장하지만, 사실 판단하는 초자아는 매우 비합리적이다. 이 방식으로는 새로운 길로 나아갈 수 없다. 오히려 현재 순간의 실제 경험에 정확히 접촉하는 게 훨씬 더 유용하다. 예를 들어, 글을 쓰면서 내 문체가 얼마나 서투르고 효과적이지 않은지 인식한다는 것은 이미 그것을 어떻게 개선할 수 있는지에 관한 아이디어가 있다는 것을 의미한다. 개선의 가능성을 부인하는 것은 아무런 진전을 가져오지 않으며, 현재의 부족함에 대해 절망감을 느끼는 것은 앞으로 나아가는 데 필요한 에너지를 소모시킨다. 이는 불교에서 말하는 두 가지 극단, 즉 사물을 존재한다고 보는 것과 공하다고 보는 것을 다루는 감정적, 신체적, 심리적 처리를 방해한다. 앞으로 나아가는 것이 훨씬 더 재미있고 생산적이다.

변화의 가능성은 우리의 존재에 깊이 얽혀 있다. 불교에서 말하는 무상(無常), 신경과학자들이 밝혀낸 뇌의 가소성, 그리고 우리가 겪는 기분, 날씨, 정치 상황의 변화는 모두 새로운 가능성을 시사한다. 불교적 관점과 과학적 관점, 그리고 우리의 삶의 경험들은 변화가 우리의 조건 중 일부임을 인정한다.[162]

지혜의 빛 속에서는 마음속에 진정한 장애물도, 진정한 마음도 없다. 우리의 본성은 이것들로부터 자유롭고, 지혜는 우리의 본성이다. 그러므로 귀의처는 우리 밖에 있을 수 없다. 그것이 머물 수 있는 그런 바깥은 없다. 선불교의 유명한 격언이 생생하게 표현하듯 "길에서 붓다를 만나면 그를 죽여라"는 붓다가 바깥에 있다는 생각을 죽이라는 뜻이다. 깨달은 존재들의 위대한 특성을 찬양하는 것은, 사실 그 특성이 이미 우리 안에 있음을 의미한다. 그렇지 않다면 우리는 그것들을 볼 수도, 가치를 둘 수도 없을 것이다. 루미의 말처럼 그러한 자질을 칭찬하는 것은 우리 자신의 눈을 칭찬하는 것이다. 스승의 좋은 자질을 부르고 칭찬하는 것은 바로 이런 정신에서 이루어진다.

게셰 왕갈이 그와 관계된 나의 왜곡된 생각을 받아들이지 않았다는 점에서 배울 점이 있다는 것을 깨닫고 나자, 나는 그가 얼마나 친절하고 지혜로운 스승인지를 비로소 알 수 있었다. 그는 내가 깊은 관점의 전환을 이루기를 진심으로 바랐고, 또 그것을 도와줄 수 있는 능력을 지닌 사람이었다.

관계는 우리에게 가장 강력한 감정을 불러일으킨다. 관계가 더 강하고 신뢰가 깊고 역동적일수록 배움의 깊이도 깊어진다. 이런 관점에서 보면 스승을 붓다로 보라는 전통적인 가르침도 이해가 되기 시작한다. 하지만 우리는 이것에 대해 분별력을 가져야 한다.

게셰 왕걀의 수행처를 세 번째인가 네 번째로 방문했던 어느 나른한 여름 오후, 그는 식당 안 나무 의자에 앉아 쉬고 있었고 우리 몇 사람은 바닥에 앉아 가벼운 대화를 나누고 있었다. 분위기는 가볍고 편안했다. 오후의 낮은 햇살이 나무 탁자와 의자에 은은한 황금빛 광채를 드리웠다. 스승을 붓다로 보라는 가르침이 문득 떠올라 한 번 시도해 보기로 했다! 나는 게셰-라를 바라보며 온 힘을 다해 거기에 붓다가 계신다고 상상했다. 특히 예로부터 예술가들이 묘사해 온 붓다의 얼굴에 나타나는 황금빛-누런빛-붉은빛 광채를 떠올렸다. 물론 게셰-라의 아주 흥미로운 얼굴과 몸짓은 변하지 않았지만, 나는 그를 더욱 선명하게 인식하고 있었고, 아마도 더 열린 마음으로 바라보고 있었을 것이다. 내 눈에는 그가 여전히 그대로였지만, 내 경험 속에서는 무언가 변화가 있었다. 전에는 약간 긴장되고 조심스러웠는데, 이제는 부드럽게 빛을 발하며 그저 행복한 느낌이 들었다.

이것은 내 눈에 보이는 것이 내 경험을 지배하지도 않고, 내 경험의 전부도 아니라는 것을 깨달은 최초의 경험 중 하나였다. 의도적인 상상은 영향력이 있다. 직메 링파의 이야기 명상에 담긴 탄트라적 요소 역시 상상력, 눈에 보이지 않는 것을 보는 능력, 몸과 마음의 일상적인 상태에 완전히 동일시되는 습관을 바꾸는 방식으로 장면에 반응하는 능력을 포함한다.

티베트의 전통에서는 스승을 충분히 관찰하고, 그들에게 존경심을 갖게 되면, 그들을 붓다로 보는 수행을 한다. 이는 모든 존재를 붓다로 보기 위한 일련의 수행 과정 중 하나이며, 여기서 소개하는 이야기 명상처럼 우리는 그들이 붓다가 되도록 돕는다.

다시 말하지만, 수행은 1인칭의 과정이다. 우리가 이런 식으로 인식하는 것은 우리 자신이며, 우리가 훈련하는 것은 우리의 인식 습관이다. 요점은 일상적인 마음 상태에서 벗어나기 위해 훈련한다는 것이다. 내가 처음에 상상했던 단순한 마음의 이상화와 탄트라 수행을 혼동하지 않고, 정신을 잃지 않고 순수한 모습을 유지할 수 있을까?

문수보살은 쫑카파(1357~1419, 역자주: 티베트 불교 겔룩파의 창시자)에게 우리가 현상에 약간의 신뢰를 가져야 한다는 유명한 조언을 했다. 사물은 보이는 것과 같지 않지만, 보이는 방식도 완전히 무관하지는 않다. 우리는 둘 다 100% 보이는 것과 같지 않다는 것을 알아도 의자를 먹거나 야채에 앉으려고 하지 않는다. 관습에는 힘이 있다. 내가 이전에 가졌던 이상화는 스승인 게셰 왕갈이 전지전능하기 때문에 내가 말하지 않아도 모든 것을 알 것이라는 터무니없는 생각으로 이어졌고, 나는 인간적 관습인 '말'을 하지 않았다. 그러자 게셰-라는 많은 면에서 일반적이지는 않았지만, 균형 잡힌 삶에 필요한 관습에 주의를 기울이도록 제자들을 훈련시켰다.

우리는 관계를 위해 만들어졌고, 모방을 위해 준비되어 있다. 우리가 주목했듯이 아주 어린 유아들은 미소를 지으며 몸을 숙이는 어른의 얼굴이나 혀를 내미는 행동을 따라할 것이다. 왜 지혜는 전염성이 덜해야 하는가? 사실, 지혜는 매우 전염성이 강하다! 이것이 스승과의 관계가 강조되는 이유이다. 일이 잘 풀릴 때, 제자와 스승 간의 위계적이면서도 상호 협력적인 연결은 의사소통을 최적화한다. 제자를 진심으로 지지해주는 스승은 사랑하는 부모님만큼 중요하다. 사랑과 신뢰 속에서 서로를 안고 안기는 능력은 자비와 다른 필수적인 인간적 자질과 깨어난 자질을 함양하는 데 매우 중요하다.

워싱턴 대학교의 패트리샤 쿨 교수가 실시한 실험에 따르면, 중국어로 직접 대면 수업을 받은 유아들이 동일한 수업을 비디오로 집중해서 시청한 유아들보다 훨씬 빠르게 학습했다고 한다. 데이비드 브룩스는 이에 대해 이렇게 보고한다. "비디오를 시청한 아이들도 잘 집중했지만 결국 아무것도 배우지 못했습니다."[163] 쿨 교수는 첫 번째 그룹의 아이들이 교사와의 직접적인 눈맞춤을 통해 사회적 뇌가 활성화되었고, 이것이 빠른 학습을 촉진했다는 것을 발견했다. 마찬가지로 뉴욕 대학교의 수잔 디커 교수는 수업이 잘 진행될 때 학생들의 뇌 활동이 교사의 뇌 활동과 동기화된다는 사실을 발견했다. 교사와 학생은 서로를 조절한다. 특히 탄트라 전승에서 티베트 전통의 제례 구성은 스승으로부터의 직접적인 전승을 영적 성장의 필수적인 촉매제로 이해한다.

수개월, 수년 동안 스승의 경이로운 자질에 흠뻑 빠져 지낸 후, 우리 자신이 그러한 자질을 발전시키고 있었다는 놀라운 사실을 깨닫게 된다. 이것이 바로 우리가 "모든 구루의 행동을 붓다의 행동으로 여기라"고 조언받는 진짜 이유이다.[164]

결국, 붓다를 찬탄하는 것은 우리 자신의 미래를 찬탄하는 것이다. 40년동안 나의 스승이셨던 케춘 상포 린포체는 그의 가르침 중 특정 부분에 대한 나의 진지한 감사를 들으시고는, 이를 부드럽게 물리치시며 잊을 수 없는 자애로운 열정으로 아주 천천히 말씀하셨다.

"언젠가는, 어느 좋은 날 네가 진정으로 너의 본성을 보게 되면, 그때야 비로소 네 스승에게 진정으로 감사하게 될 것이다."

구루 요가란 사실 구루에 관한 것이 아니라, 우리 내면의 가능성을 탐색하는 것이다. 스승은 이미 깨어남이 가능함을 알고 있으며, 우리를 혼란에 빠뜨리는 감정들이 종국에는 우리를 규정하거나 한계 짓지 않음을 알고 있다. 족첸의 견지에서 보면 그것들은 쉼 없는 역동성의 일부로, 우리가 아직 그 참된 의미를 깨닫지 못한 것이다.

우리는 우리가 신뢰하고 사랑하는 사람, 우리를 속속들이 알고 배려하는 사람으로부터 가장 잘 배운다. 이러한 통찰은 스승의 역할을 고려할 때 매우 중요하다. 위계질서가 잘못된 방향으로 갈 수도 있다. 존경이 노예적인 예찬으로 변질될 수도 있다. 이러한 위험성은 전통적으로 알려져 있으며, 그래서 제자들은 스승에게 헌신하기 전에 스승을 꼼꼼히 살펴보아야 한다고 조언한다. 만약 스승을 꼼꼼하게 살펴보지 않는다면 심각한 문제가 발생할 수도 있다. 때로는 스승을 떠나야 할 때도 있다. 때로는 엄청난 에너지가 필요한 치유와 재결집이 일어날 수도 있다. 제자가 훌륭한 스승을 찾아 마음으로 연결되는 것은 아이가 부모를 신뢰하는 것만큼 중요하다.

아이였을때나 제자였을때나 우리는 우리가 동경하는 대상이 된다. 마음의 휴식에는 신뢰가 필요하다. 부모의 성공은 성숙한 자녀의 자립적인 성장으로 측정된다. 영적인 가르침도 마찬가지이다. 제자들은 자신감을 키우고 자신과 세상에 대한 충분한 신뢰를 가지고 친절과 통찰력으로 세상을 헤쳐나간다.[165] 신뢰와 휴식은 개인적인 통합을 가져온다. 이러한 통합의 결실은 자신감이다. 나는 결정을 내리고, 그것을 실행하고, 그 결실을 경험할 수 있다. 작은 열망이라도 성공적으로 실행하면 큰 차이를 만든다. 그것은 행동과 열망 사이의 거리를 크게 줄여준다.

물론 주의해야 할 점이 있다. 직메 링파는 헌신을 향한 이러한 권고와 스승의 지시를 따르라는 그의 조언은 스승이 악마가 아니라고 확신할 때만 적용된다는 점을 상기시켜준다! 스승을 완벽하게 보라는 가르침과 스승을 붓다로 보는 수행의 왜곡은 서양의 불교 공동체에서 매우 어렵고 심지어 비극적이고 충격적인 상황을 초래했다.

스승의 그릇된 행동을 인식하면서도 그들과 우리 자신에게서 궁극적인 것을 추구할 수 있을까? 쉽지 않다. 분명히 해악은 중단되어야 하고 피해자는 치유할 방법이 필요하다. 그런 다음에야 우리 자신과 타인에게 해를 끼치지 않도록 우리의 역할을 다하면서도 처음에 우리를 수행으로 이끌었던 더 큰 지평을 찾는 방법을 다시 한번 생각하는 것이 이치에 맞다. 이 큰 도전은 우리의 인간적 현실과 깨어난 잠재력을 능숙하게 다루는 핵심에 놓여 있다.

나를 가르친 스승들 대부분은 티베트인이었다. 내가 함께 공부한 많은 불교 스승들은 행동에 흠잡을 데가 없었다. 나는 그들과 가까이서 공부했고, 때로는 그들과 단둘이 있기도 했지만 성적인 또는 다른 부적절한 성향의 기미는 전혀 없었다. 하지만 나는 친구와 제자들의 실제 사례, 그리고 이를 연구한 심리학 문헌을 통해 영적인 영감이나 권위자로 여기는 사람의 그릇된 행동으로 인한 상처가 얼마나 해롭고 가슴 아픈지 알고 있다. 그런 고통은 반드시 다루어져야 하며, 이를 예방하는 조치가 취해져야 한다. 수행자들은 이런 경험이 실제 현실이 우리가 현실을 받아들이는 방식과 다르다는 것을 보여주는 사례였다는 것을 나중에 깨닫게 되는 수도 있다. 그러나 이를 성찰하는 것이 고통을 인정하고, 고통을 다루고, 잘못을 중단하기 위한 조치를 취하는 것을 대신할 수 없다. 사물의 환영같은 본성을 성찰하는 것은 가해자에게 변명거리가 되어서도 안 되며, 생존자의 고통을 부정하는 초대장이 되어서도 안 된다.

최상의 상황에서도 사물이 실제로 존재하는 방식(무상하고 실체가 없으며 환상적인)과 사물이 보이는 방식(영원하고 실질적이며 매우 현실적인)의 차이를 인식하는 것은 수개월에서 수년에 걸친 인내심 있는 수행이 필요하다. 이것은 겸손을 불러일으키는 가치 있는 목표이지, 자신이나 타인을 공격하는 몽둥이가 아니다.

적절한 맥락에서, 자신과 다른 사람을 붓다로 보는 것과 같은 순수한 모습의 수행은 우리 자신의 위대한 잠재력을 여는 데 도움이 된다. 이것은 대략적인 설명이다. 하지만 수행은 대략적으로 이루어지는 것이 아니다. 제자와 스승이 상황에 가져오는 감정적 또는 문화적 배경과의 깊은 대화를 통해 이루어진다. 문제는 스승을 환상적으로 이상화하여 자신을 잃거나 자신의 경계가 침범될 때이다. 적절한 것은 고집스럽게 부인하면서도 눈을 감지 않는 열린 마음을 가지도록 하는 것이다. 수행에 필요한 자양분이 되는 헌신과 전통 텍스트의 이상화된 언어에 경직되게 순응하는 것을 구별하는 것은 현대 수행자들에게 특히 중요하다. 이는 간단한 문제가 아니다.[166]

1970년대 초부터 나는 성인이 되자마자 옛 티베트에서 훈련을 마친 티베트 학자들과 명상 대가들과 가까이서 연구하고 수행해왔으며, 그

중 일부와는 가족처럼 되었다. 그들 중 누구도 내가 심한 복종이라고 부를 만한 것을 강조하지 않았다. (그런 것은 때때로 학대적이었던 티베트 수도원 생활의 일부였지만.) 사실 나의 스승들은 종종 지나치게 열성적인 제자들 그들 자신으로부터 구하려고 노력했다. 아마도 이것은 이미 서양 방식에 대한 적응이었을 것이고, 만약 그렇다면 내가 보기에 그것은 능숙한 것이었다.

제자와 스승의 관계에 관한 텍스트는 스승이 말하는 모든 것을 해야 하고 또한 다르마를 더욱 발전시키기 위해 최선을 다해야 한다고 제안한다. 티베트 스님들과 헌신적인 재가 수행자들이 이러한 계율을 매우 진지하게 받아들인다는 것은 의심의 여지가 없다. 1980년에 나는 인도 남부에 설립된 지 10년이 채 되지 않은 드레풍 사원에서 3개월씩 두 번 공부할 수 있었다. 두 번의 체류 사이의 몇 달 동안, 우리가 그의 친절과 지역사회에 대한 헌신을 존경하게 된 몬람이라는 이름의 한 승려가 거의 실명할 뻔했다. 무슨 일이 있었느냐고 물었더니 그는 다가오는 달라이 라마 성하의 방문 준비를 위해 밤낮으로 일했다고 했다. 그는 이 일의 대부분을 감독하는 책임을 맡고 있었고, 반드시 마감일까지 끝내야 했기 때문에 의사를 만나러 갈 시간을 내지 않았다. 그는 녹내장용 안약을 가지고 있었지만 그것을 사용할 시간조차 내지 않았다. 그는 이 사실을 우리에게 태연하게 보고하면서 전혀 후회하지 않았다. 스승을 섬기는 것이 우선이었다.

반면에 전통적으로 훈련받은 티베트 라마들이 서양을 방문하면서 전통적인 훈계를 더 가볍게 받아들이는 것을 보았다. 1974년 버지니아 대학교에서 남편 하비 아론슨과 나는 케춘 상포 린포체와 함께 그의 오전 수업에 가던 중이었다. 태양은 높이 떠 있었고, 그림자가 사방에 드리워져 있었다. 경전에서는 제자들이 스승의 그림자도 밟지 말라고 훈계한다. 하비는 내가 케춘 린포체의 그림자를 밟았다고 알려주었다. 즉시 그림자에서 물러서자 린포체는 우리 둘 다에게 호탕하게 웃으며 온화하게 "이 일에 대해서는 걱정하지 마세요"라고 말했다. 나는 정말 걱정하지 않았다.

네 번째 훈련의 핵심은 신선한 영감이다. 나의 또 다른 스승인 아좀 린포체는 때때로 가르침을 주며 즉흥적으로 노래를 했었고, 우리는 그 순간을 기념할 수 있었다. 다음 훈련들도 마찬가지로 활기찬 헌신의 정신을 담고 있다.

다섯 번째와 여섯 번째 훈련

롱첸파는 다섯 번째 훈련의 성공 여부는 명상이 필수적이라는 것을 이해하는 것이라고 말한다. "미루는 습관을 없애고 게으름을 정복하라!"라고 직메 링파는 촉구한다.[167] 다섯 번째 훈련의 초점은 수행을 시작하는 것이다. 여섯 번째 훈련에서 직메 링파는 수행이 성공하기 위해 버려야 할 열 가지 불선(不善)한 행위를 검토한다. 그는 수련생들에게 우세한 불선함이 무엇이든 그것을 다루라고 격려한다.

여섯 번째 훈련에서[168] 직메 링파는 또한 병들었을 때 기뻐하고 죽을 때 행복할 수 있는 수행으로서 귀의처를 찬양한다. 그는 사람들이 뭐라고 하든 그들이 시체에 대해 이야기하는 것처럼 행동하라고 훈계한다. 심지어 새들도 옆에 오지 않는 곳에서 완전히 혼자 있고 싶어하라. 스승의 가르침을 명상하라. 그리고 그는 구루 린포체의 말씀으로 이 점을 더욱 강조한다.

슬프도다!

이 삶의 부와 번영이 멋지고 영원하다고 생각하는 마음,

가장 미성숙한 존재의 마음이 안정적이고

훌륭하다고 생각하는 마음이여.

이 세상에서 그보다 더 어리석은 사람이 누가 있겠는가?

과거에도 없었고 미래에도 없을 것이다![169]

이런 어리석음을 극복하기 위해서는 개념적인 훈련만으로는 충분하지 않다고 생각한다. 다른 무언가가 필요하다. 샨티데바의 유명한 통찰처럼 궁극적인 것은 일상적인 마음, 특히 일상적인 개념의 대상이 아니다. 직메 링파는 그의 지혜로운 대화에서 이것을 집어내어 확장한다.[170]

샨티데바, 진정한 예언가가 말했다.

분석이 분석하면

분석된 것도

분석된다.

끝이 없다.

분석적으로 분석하면

분석할 근거가 없다.

근거가 없으므로 [분석이] 태어나지 않는다.

이것을 정확히 "니르바나"라고 한다.

…

주요 명상 수행에서는

카르마의 바람을 끄기 위해 탄트라의 실천적인 길[171]에 집
중한다.
이 수행을 이해하라!

탄트라의 길에서 가장 중요한 전환점 중 하나는 몸으로 향하는 것이다.
이 과정에서 탄트라와 족첸의 핵심인 영적 감각계에 입문하게 된다. 일
곱 번째 훈련은 인간의 미묘한 신체 감각과 영적 자원을 활용하여 마음
이 타고 있는 카르마 에너지를 풀어내는 데 사용된다. 이러한 에너지는
이제 몸을 통해 최적화된 지혜의 흐름을 가능하게 하기 위해 다른 경로
를 따르도록 훈련될 것이다. 인간의 몸은 이를 위해 완벽하게 배열되어
있다.

명상적 휴식

두 번째 핵심 수행

자연스럽게 가라앉아라.
당신의 의식이 편안하게 떠오를 것이다.[172]

5. 일곱 번째 마음 훈련: 온전함과 감각

여섯 번째 훈련은 수행과 깨달음에 대한 절대적인 헌신으로 마무리되었다. 이제 일곱 번째 훈련에서는 기쁨, 명료성, 비개념성이라는 세 가지 고전적인 명상 경험을 어떻게 성취할 것인지에 관한 수행을 제공한다. 명상 경험은 그 정의상 일시적이다. 아침 안개처럼 사라진다. 이것은 안정적이고 지속적인 깨달음과 다르다.

일곱 번째 훈련에서는 기쁨과 공(空)의 결합, 명료성과 공의 결합이라는 두 가지 유형의 명상 경험에 익숙해지는 것을 목표로 한다. 단순한 비개념성은 자체로 명상 경험이며, 현실의 실제 깨달음으로 이어진다. 롱첸파는 일곱 번째 훈련에 대해 "지복(bliss)은 공의 지혜를 일깨우는 능숙한 수단이다"라고 말한다. 지복과 명료성이 결합될 때 그것은 붓다의 경지에 이르기까지 지속된다. 붓다는 지복으로 가득 차 있다! 여기서 최종적인 비개념적 훈련은 단순한 명상 경험이 아니라, 현실을 관찰하는

비개념적 지혜 자체다.[173]

　일곱 번째 훈련은 이야기 명상과 핵심 수행을 통해 도입된 지혜를 성숙하게 하기 위해 신체를 활용한다. 이 훈련은 정제된 채널 에너지 수행을 제공하는데, 이러한 수행은 적절한 스승의 지도 없이 수행하면 해로울 수 있기 때문에 비밀로 유지되었다.[174] 이러한 수행은 오직 적합한 스승과 함께 해야 한다는 전제 하에, 아좀 린포체는 경전의 지침을 상세히 설명하며 전체성으로 가는 길에서 몸의 역할을 명확히 했다.[175]

　이 훈련은 신체의 에너지를 명시적으로 사용한다. 먼저, 중심 채널에 집중하여 지복-공을 함양한다. 둘째, 배꼽 부위의 기운을 유지하여 명료성-공을 함양한다. 셋째, 비개념성 훈련이다. 롱첸파에 따르면, 족첸 자체에서는 억지로 강요하지 않아도 자연스럽게 중심 채널로 들어간다.[176]

　우리의 일상적인 신체적 견고함에 대한 감각은 안과 밖이라는 이원적 틀에 깊이 박혀 있었다. 일곱 번째 훈련은 이런 틀, 즉 우리가 허공에서 끌어낸 이 견고하게 체화된 '나'를 부드럽게 만들었다. 이 감각이 녹아내리면 무슨 일이 일어날까? 우리는 그것을 알아내도록 자신을 허락할 수 있을까? 우리는 빛나는 전체성이라는 개념을 좋아할지도 모른다. 하지만 우리가 아는 모든 것의 중심에 있고 견고해 보이는 '나'를 정말로 포기하고 싶어 할까? 만약 우리가 황량한 무(無) 속에 떨어진다면? 일곱 번째 훈련에 온 것을 환영한다.

　불교 수행은 전반적으로 산만함에서 주의로, 노력에서 편안함으로, 개념적인 것에서 비개념적인 것으로 나아간다. 이 각각의 궤적은 몸의 신체적 변화를 수반한다.[177]

우리가 무언가를 할 수 있는 사람이라는 일상적인 감각, 우리의 행위성에 대한 인식은 이원성 위에 세워져 있었다. 우리는 이를 쉽게 포기하지 않을 것이다. 그래서 일곱 번째 훈련을 수행하는 것이 우리에게 필수적이다. 여기서 우리는 먼저 이 훈련의 전통적 맥락에 초점을 맞추고, 그 다음 최근의 과학적 연구에서 나온 몇 가지 의미 있는 예를 살펴볼 것이다. 이것이 이 장의 두 가지 주요 부분이다.

비개념적 상태 훈련

티베트 불교 전통에서는 채널과 바람(기맥) 수행(Channel-and-wind practices)
이 매우 신중하게 다루어진다. 이러한 수행을 설명하는 텍스트는 제한적
이며, 구전으로만 전달된다. 롱첸파와 직메 링파의 일곱 가지 마음 훈련
에서는 채널과 기 수행의 기초를 공개적으로 다루고 있다. 아좀 린포체
는 공개 강연에서 상세히 설명하지 않았지만, 내 질문에 응답하고 그 내
용을 포함하는 것을 허락했다.

    이 세 부분으로 구성된 체화된 훈련은 비개념적 상태의 행복, 명료
함, 현실을 체득하게 한다. 행복, 명료함, 비개념적 현실을 아는 이 세 가
지 훈련은 몸, 에너지, 마음을 통합한다. 마음은 신체의 에너지에 의해 작
동하므로, 하나의 변화가 다른 하나에 영향을 미친다. 이러한 변화는 상
호작용적이다. 에너지가 마음에 영향을 미치고, 마음이 에너지에 영향
을 미친다. 신체의 주요 지점, 특히 에너지 순환의 중심인 차크라에 주의

를 기울이는 것이 탄트라 수행의 특별한 힘을 부여한다. 논리적 사고에 의존하지 않는 이러한 수행은 단순한 생각만으로는 불가능한 더 강력한 경험의 변화를 촉진한다고 롱첸파는 말한다.[178] 예를 들어, 배 깊숙이 주의를 기울이면 에너지가 몸 깊숙이 안정되게 하여 마음을 안정시킨다. 마찬가지로, 중앙 채널을 가볍게 감지하는 것은 거의 모든 수행에 유용한 동반자이다. 롱첸파는 행복–공성을 훈련하는 방법을 간략하게 요약한다.

> 에너지를 아래에서 끌어올리고 위에서 눌러 마음을 가슴의 흰 '아'에 고정하라.[179]

직메 링파는 이 가르침을 이렇게 확장한다.

> 네 가지 방법을 수행할 때, 위쪽 기운을 아래로 누르고 아래쪽 기운을 위로 끌어올려라. 그러면 배꼽에 있는 아 음절에서 불길이 타오르는 것을 상상하고, 그 결과 상단 입구에 있는 함자가 녹아내린다. 이것은 다시 넥타르의 꾸준한 흐름을 생성하여 네 차크라와 모든 작은 채널을 침투하며, 지복의 공에 대한 지혜를 촉발한다. 마지막으로 마음을 심장 센터의 흰 아 음절에 고정시키고, 산란한 생각의 실을 끊고 일점에 머물러라. 이렇게 하면 방편적 지복을 활용하는 지혜인 공의 지혜가 일어난다. 이 상태에 익숙해질 때까지 짧고 빈번한 세션으로 훈련하라.[180]

네 가지 적용은 들이마시기, 유지하기, 회전시키기, 내뱉기의 단계이다. 아좀 린포체를 통해 전해지는 구전 전통은 다음의 유용한 이미지를 추가한다. (1) 숨을 밧줄처럼 끌어당기고, (2) 숨을 배로 보내며, (3) 숨을 배 주위에 휘감고, (4) 화살처럼 숨을 앞으로 내보내라.[181] 이 네 단계는 부정적이고 이원론을 유발하는 에너지를 측면 채널에서 중앙 채널의 순수한 세계로 강제로 이동시키기 위함이다. 채널 자체는 신체적으로나 의도적 또는 자발적 상상으로 경험된다. 당신은 몸 안에 빛이 있다고 느끼거나, 빛이 따라다닌다고 느끼거나, 꿈에서 이 빛을 보거나, 터널을 인지할 수도 있다.[182]

네 가지 적용을 완전히 수행하는 것은 지복-공성 수행의 일부이다. 직메 링파의 수행에서는 수행의 첫 번째 부분에서 이를 강조하며, 롱첸파는 수행의 두 번째 부분에서 마음을 심장의 흰 '아(ah)'에 집중시킬 때 이를 소개한다. 이런 식으로 직메 링파는 롱첸파보다 몸에 호흡을 담는 동작에 더 중점을 둔다. 두 경우 모두 숨을 다시 들이마실 필요가 있을 때까지 숨을 멈춘다. 아좀 린포체는 직메 링파의 수행을 강조하며, 이 숨 멈춤이 넥타르가 내려오는 동안이 아니라 채널이 채워진 후에 일어난다고 명확히 한다.[183]

아좀 린포체는 또한 걷거나 앉아 있을 때, 배를 부드럽게 이완하고 호흡의 에너지로 채우는 것만으로도 매우 유용하다고 지적한다. 이것은 배꼽 중심의 중력에 익숙해지는 방법이기도 하다. 배꼽 중심은 주요 세 채널이 모이는 곳으로, 실제 배꼽에서 네 손가락 너비 아래, 몸 안으로 네 손가락 너비 들어간 곳에 위치한다. 이곳은 카르마의 바람이 중앙 채널로 들어가는 곳이며, 티베트의 유명한 열 생성 수행의 불이 위치하는 곳이다.

　　나의 스승님들 중 한 분은 이러한 채널을 가지는 것이 인간 신체의 큰 선물이라고 말씀하셨다. 우리는 이러한 특별한 수행 방법을 사용할 수 있는 형태로 만들어졌다. 채널과 바람(기맥) 수행은 최고 요가 탄트라의 일부이며, 족첸 수행자들에 의해 고도로 예술적으로 수행되기도 하지만, 족첸 자체는 마음을 중앙 채널로 강제로 이동시키는 방법을 강조하지는 않는다.

채널-바람(기맥) 수행의 독특한 특징

직메 링파는 말의 본질이 바람[氣]이라고 쓴다.[184] 일상적인 말은 망상의 바람을 타고 있다. 그 에너지는 몸의 72,000개 채널을 통해 움직이지만, 혼란의 바람은 결코 중앙 채널에 들어가지 않는다. 그렇기 때문에 지혜를 말로 표현할 수 없는 것이다.

　　라훌라의 유명한 '지혜의 어머니 찬가'의 첫 구절은 이러하다. "말과 생각과 이야기를 넘어서"[185] 직메 링파는 이 첫 구절을 상세히 설명하며, 이 구절이 일상적 표현이 지혜의 상태를 포괄하지 못하는 세 가지 방식을 압축한 것이라고 한다. 말과 생각의 바람은 지혜의 바람과 다르다.

　　직메 링파의 요점은 지혜는 말로 표현될 수 없으며 말은 그것을 담을 수 없다는 것이다. 일상적인 말은 측면 채널들의 바람을 타고 있어 지혜의 채널에 들어갈 수 없기 때문이다.[186] 지혜는 생각될 수도 없다. 생각은 결코 직접 경험만큼 정확하지 않아서, 마음에 떠오르는 것을 구체화하고 일반화하므로 지혜에 도달하거나 우리의 중심을 관통하여 흐를 수 없다.

마지막으로, 이야기를 하거나 지혜를 묘사하는 것은 필연적으로 화자가 자신이 묘사하는 것과 다르다는 것을 의미한다. 이는 지혜의 본래적 전체성을 거스르는 것이다.

일상적인 말의 에너지, 일상적인 삶의 에너지는 중앙 맥을 우회하여 온전한 성스러운 지혜의 경험에서 배제된다. 롱첸파가 우리에게 말했듯이 지혜가 몸 전체에 머물고 있다 해도, 대부분의 상황에서 그것을 그대로 경험할 수는 없다.

그러므로 여기에 있는 수행들을 통해 우리는 새로운 종류의 체화된 완전성을 향해 우리만의 신비적 전환을 시도한다.

비개념적 연기-공성의 연합 훈련

롱첸파는 다음과 같은 지침을 준다.

> "맑음-공성의 비개념성을 훈련하기 위해 먼저 세 번 오래
> 된 숨을 내쉰다. 숨을 들이쉴 때, 외부의 모든 모습과 사
> 물들이 빛으로 녹아 파란 공간과 합쳐져서 완전히 몸 전
> 체를 채우는 것을 상상한다."

보통 몸은 육중하고 무겁게 느껴진다. 그러나 잠시만이라도 몸을 그저
푸른 공간으로만 느낄 수 있다면 어떨까? 우리는 이것을 기쁘게 여길 수
도 있고, 몸과 마음이 저항하며 '나는 무게가 있고, 공간으로 사라질 수
없다'고 할 수도 있다. 또는 두 가지 모두 일어날 수 있다. 이 연습에서 몸
의 투명함과 개방된 공간은 '나'라는 감각에 안착할 곳을 제공하지 않는

다. 평소의 시선과 지식도 이곳에서는 자리를 찾지 못한다. 우리의 경험 전체가 맑고 평화로우며 빛나는 것이 된다.

동서양을 막론하고 몸으로 수행하면 더 깊은 경험 상태에 접근할 수 있다고 말한다. 세 가지 비개념적 상태 모두 몸속 깊은 곳을 감지하면서 동시에 몸의 물질성을 사라지게 하는 방식으로 촉진된다. 직메 링파는 흥미로운 세부 사항을 덧붙이는데, 몸은 부풀어 오른 풍선의 내부처럼 맑고 비어 있어야 한다고 말한다. 있을 법하지 않은 이미지이지만 그 참신함이 인상적이다.

우리는 자라면서 우리의 내부가 물컹물컹하고 살집이 많고 펌프질하는 장기들로 가득 차 있다는 말을 듣는다. 심장 수술 장면을 담은 사진도 본다. 그러나 보통은 이런 이미지들을 잊고 살지 않는가? 나 또한 내가 그런 이미지들에 매여 있었다는 것을 몰랐다. 그래서 처음으로 몸을 빈 풍선처럼 감지했을 때, 나는 내가 가지고 있다는 사실조차 인지하지 못했던 그 이미지들과는 전혀 다른 상상을 할 수 있다는 사실에 깜짝 놀랐다.

이 공간 속에서 배꼽 중앙에서 당신의 중앙 채널이 올라오는 것을 느낀다. 배꼽 센터의 '아'에서 불이 일어나며, 그 열기가 머리 꼭대기에서 티베트 글씨 '함'을 녹인다. 산스크리트어로 아함(aham)은 '나'를 의미한다. 여기서 나, 나의 것이라는 나의 감각뿐만 아니라 그것의 가까운 동반자인 '나'와 '나의 것'도 문자 그대로 본질적인 달콤함, 즉 정수리에서 내려와 중앙 통로와 온몸의 보조 통로를 가득 채우는 넥타르로 녹아내린다. 이런 식으로 지복-공성(bliss-emptiness)이 일어난다.

롱첸 랍잠은 그의 『철학 체계의 귀중한 보물』의 '바즈라 마음 정수'

에서 이렇게 썼다.

> 육체의 형성에 있어서 첫 번째 단계는 아버지와 어머니로
> 부터 온 원인적 요인, 즉 흰색과 빨간색 밝은 구체가 잉태
> 된 존재의 미묘한 에너지와 마음을 만나 결합할 때 발생
> 한다. 이를 통해 무의 씨앗 크기의 약 10분의 1 정도 되는
> 매우 작고 투명한 세포 두 개가 형성되며, 이는 배꼽 센터
> 의 채널 수렴점이 될 것이다. 이 출발점에서 일단 몸이 완
> 전히 형성되어 태어나면, 그리고 몸이 지속되는 한, 우리
> 의 미묘한 바즈라(금강) 몸은 세 개의 채널, 네 개의 차크
> 라 등을 갖게 된다."[187]

이것은 롱첸파 자신의 간결한 가르침에 대한 맥락을 제공한다. 그의 일
곱 번째 훈련에서 "[넥타르가 내려오는 동안] 아래의 기운을 끌어당기고 위의
기운을 아래로 누르며, 마음을 심장의 흰 아에 고정시키라"[188]라고 말한
다. 여기서 지복은 텅 빈 지혜를 낳는다. 지복은 지혜를 경험하는 방법이
다.

많은 명상 전통에서는 명상가들에게 배꼽 센터에 주의를 집중하라
고 가르친다. 중국 전통에서는 단전, 일본에서는 하라, 수피교에서는 카
트라고 한다. 티베트인들은 단순히 도(mdo, doe와 운율이 같음)라고 부른다.
요점은 몸의 어느 부위에 주의를 집중하느냐에 따라 차이가 있다는 것
이다. 몸의 다른 부위를 간지럽히면 느낌이 다르지 않은가? 간지럼에 주
의를 집중하면 왜 변수가 생기지 않을까?

롱첸파와 티베트 발생학에 따르면, 배꼽 센터는 물질적인 몸과 인간 존재의 더 영적인 원천이 만나는 곳이다. 이곳에서 어머니의 자궁 속에서 온몸이 자라난다. 이곳에 집중하는 것이 심장, 정수리, 호흡의 움직임에 집중하는 것과는 다른 영향을 미칠 것이라는 것은 일리가 있다.

롱첸파는 몸의 중요성에 대해 더 자세히 설명한다.[189] 우리의 불성은 우리의 일상적인 육체에 얽혀 있기 때문에, 그는 우리를 "몸을 가진 존재"라고 묘사한다. 불성이 일상적인 마음에 얽혀 있기 때문에 우리는 "평범한 존재"라고 묘사된다. 우리의 불성이 업과 습관 패턴으로 뒤덮여 있기 때문에 우리는 "가려져 있다"고 묘사된다. 우리를 가리는 것은 우리 자신의 본성을 인식하지 못하는 상태이기 때문에 우리는 또한 "눈먼"이라고도 불린다. 이러한 놀라운 묘사에서 붓다의 본성은 우리 존재의 모든 수준의 중심에 놓여 있다. 몸은 단순히 물리적 구성을 의미하는 것이 아니라 붓다의 본성이 그곳에서 경험된다는 사실을 의미한다.

중앙 채널은 육체에 의해 '뒤엉키지' 않는다는 점에서 독특하다. 이는 물질적인 몸과 함께 퇴화하지 않으며, 일반적인 시각이나 촉각으로는 감지되지 않는다. 외과 의사가 가슴을 열어도 찾을 수 없는 것이다. 이 통로를 통해 흐르는 에너지는 이원적인 인식에 물들지 않으며, 그 에너지를 타고 흐르는 지혜의 마음은 자신을 '내부'나 분리된 것으로 생각하지 않는다. 이는 비록 인간의 몸, 마음, 감각의 중심에 있지만, 이것은 우리의 일상적인 인간성에는 참여하지 않고 오직 깨어남에만 참여한다.

개념적 사고는 몸의 옆 채널과 다른 채널들을 타고 흐르는 기에 의존하며, 중앙의 채널로 들어갈 수 없다. 이 수행을 통해 마음과 물질의 경계가 우리의 경험 속에서 가벼워지거나 녹아버린다. 중앙 채널의 광명과 밝음은 이제 몸 전체, 그리고 궁극적으로 우리의 전체 경험의 장과 공유된다. 친숙한 신체적, 인지적 표지가 사라지며, 습관적인 자아 감각에서 벗어날 수 있다는 가능성이 더욱 선명하게 보인다.

> 모든 존재의 몸의 핵심에는
> 수많은 채널이 뻗어 나오는 귀중하고 무한한 심장 중심의
> 장소가 있다.
> 특히 네 개의 최고 채널이 있으며,
> 이 네 개의 채널 안에 미세한 에너지를 타고
> 의식이 자리 잡고 있다.[190]

중앙 채널에 존재함으로써 모든 깨어남, 탄생, 죽음이 일어나는 신성하고 비밀스러운 몸에 익숙해진다. 중앙 채널은 깨달음에 이르는 비개념적 상태의 자리이다. 지혜는 새롭게 창조된 것이 아니다.[191]

관념에 매이지 않은 마음을 기쁨과 명료함으로 합치는 것은, 우리의 분리감과 자아감을 지탱하는 그릇된 견고함인 물질성의 궤도에서 벗어나는 특별한 방법이다. 무게도 마찬가지다. 연구에 따르면 우리 자신의 무게나 우리가 접촉하는 물체의 무게를 느끼는 감각이 우리의 심리적, 정서적 경험의 대부분을 구조화하는 데 도움을 준다고 한다. 무겁거나 가벼운 클립보드를 들고 있거나, 거칠거나 부드러운 조각으로 된 퍼즐을 푸는 것, 그리고 딱딱하거나 부드러운 물체를 만지는 것은 우리의 인상과 결정에 영향을 미친다. 거친 물체와 거친 옷은 사회적 상호작용을 더 어렵게 만드는 것으로 밝혀졌으며, 딱딱한 물체를 들고 있으면 협

상의 경직성이 증가하는 경향이 있다.[192]

각 훈련은 점점 더 미묘한 집착을 조금씩 놓아버리고 관념에 매이지 않은 상태에서 점점 더 편안하게 성장할 수 있도록 준비시킨다. 따라서 세 가지 비관념적 수행 중 두 번째인 명료함과 공을 결합하는 수행을 시작할 때, 지복과 공의 수행을 하는 것보다 조금 더 부드럽게 숨을 들이마시고 놓아준다. 그리고 배 안에 '공기 샌드위치(역자주: 윗 채널과 아래 채널의 만남)'를 휘두르지 않는다. 점점 더 단순해지는 것이다.

현실에 대한 비개념적 원초적 지혜를 훈련하기

이 일곱 가지 훈련의 단계에서 롱첸파는 이렇게 말한다.

몸과 마음을 깊은 곳에서부터 이완하라.
눈을 움직이지 말고, 모든 생각의 생성과 소멸로부터
자유로운 상태에서 명상하라.
이런 식으로 명상하면, 주의를 기울이는 대상에
집중할 수 있게 되고,
그 후에는 더 오랜 시간 동안 비개념적인 공간 같은 상태
에서 휴식할 수 있게 된다.
이런 경지에 이르면 이 수행을 완전히 터득한 것이다.
그 과정에서 보리심은 더욱 커지게 된다.

이 명상은 네 가지 적용에 관한 매우 편안한 표현과 함께 진행된다. 구전 전통에 따르면 여기에는 숨을 참거나 배 속의 공기를 회전시키는 등의 노력이 들지 않는다. 그저 편안한 상태에서 호흡 에너지가 하강하면서 배가 확장되도록 허용한다.[193] 물체에 부딪히는 일도 없고, 제한된 부위도 없다. 당신은 그러한 무한함을 방해하는 성향을 희석시켜 신선함과 경이로움을 느낄 수 있다. 이것은 현대 심리학에서 말하는 끊임없이 일어나는 새롭고 놀라운 감각적 변화를 느끼지 못하도록 하는 우리 인식의 특성, 즉 "불변 표상"* 또는 "기대 편향"** 에서 벗어나도록 만드는 신선한 상태이다. 따라서 더 많은 자유, 존재감, 창의력의 가능성이 있으며 이것만으로도 변혁적이다.

지혜는 이미지가 없는 존재 상태이다. 단순하고 장식이 없으며, 어떤 종류의 표현도 없다. 그러나 롱첸파는 꾸밈이 없다고 해서 충분하지 않다고 지적한다. 마음은 공간과 같지만, 공간이 아니라 지혜로 가득 차 있다. 만약 현실이 단지 텅 빈 본래의 순수함이라면, 아무것도 일어나거나 알려지지 않을 것이다.

본질적으로 빛나는 궁극성에 대한 이러한 견해는 인도 중관학파의 수트라와 주석서를 (자신들의 관점에서) 읽은 쫑카파와 다른 겔룩파의 공에 대한 설명에서 강조된 완전한 부재와는 대조적이다.[194] 족첸의 현실관에서는 순수한 자각, 매개되지 않은 순수한 봄의 자발적인 역동성을 통해

* 역자주: 우리의 뇌가 환경의 변화에도 불구하고 물체나 개념을 일정하게 인식하는 경향.
** 역자주: 우리가 과거의 경험이나 학습을 바탕으로 특정한 결과나 패턴을 기대하는 경향.

표현되는 광채가 포함한다. 이러한 역동성은 직메 링파의 귀의와 보리심의 깊은 결의인 움직이는 사랑 만다라를 촉진한다.[195] 이 흐름은 당신 자신의 텅 빈 본질과 빛나는 본성을 결합한다.[196]

이것이 실제 인간에게 어떻게 나타날까? 내가 만난 뛰어난 수행자들, 특히 나의 스승들은 서로 다른 모습을 보여 주셨다. 화도 내고, 장난스럽고, 재치 있고, 진지했다. 수년에 걸쳐 그들을 면밀히 관찰하며 물론 그들의 경험을 모두 알 수는 없지만, 모두 독창적이며 창의적인 것 같았다. 그들이 공통적으로 가지고 있는 특징은 어떤 상황이 닥쳐도 즉각적으로 반응한다는 것이었다. 그들은 모두 상황에 즉각 반응하고, 필요한 만큼 집중하면서도, 전체 환경과 통합되어 무엇이든 받아들이는 듯했다. 또한 내게는 보이지 않지만, 그들은 그들에게는 매우 달콤하고 지속적인 어떤 것으로부터 영양을 공급받는 것 같았다. 외부에서 무슨 일이 일어나든, 내부적으로는 고요하고 변함없는 중심이 있었다.

명상적 경험의 기쁨, 명료함, 비개념성을 기르는 것은 곧 사라질 안개구름을 타는 것과 같다. 집착할 필요가 없다. 오고 갈 것이다. 비개념적인 현실 인식을 통해 언젠가는 접근할 수 있는 어떤 근본적인 동일성이 존재할 것이다. 그것은 덧없는 명상적 경험(nyams)이 아니라 깨달음이다.

명상적 경험은 매우 영향력이 있을 수 있다. 일단 맛을 보면 곧 다시 기쁨이나 명료함을 경험하기를 바라게 된다. 그래서 수행은 실제 경험에 안주하는 법을 배우는 점진적인 과정이 되며, 특별하거나 더 확장된 상태에 대한 기대를 놓아버리는 것이다. 이것은 굶주렸을 때 가장 좋아하는 음식의 냄새를 맡고 달려가지 않는 것과 같다. 이러한 경험에 집착하는 것의 단점에 대해 너무 많이 듣다 보니 때로는 자부심과는 전혀 상관

없는 우리 자신의 감사, 기쁨에 찬 감사를 이야기하는 것조차 조심스럽다. 그러나 이것 역시 현명하지 않다. 아좀 린포체가 주석에서 말했듯이 기쁨은 매우 도움이 되기 때문이다. 기쁨은 우리에게 활력을 불어넣는다. 우리는 종종 반응성이 없는 상태와 그 안으로 다시 들어가는 상태 사이에서 진동하는 자신을 발견한다. 예를 들어 기쁨의 상태를 경험한 후 그것에 대한 저항이나 집착에 빠져 있는 자신을 발견할 수 있다. 이것은 신뢰할 수 있는 영적 친구나 스승과 함께 탐구해야 할 종류의 일이다.

긍정적인 명상적 경험은 요리가 시작될 때 좋은 음식 냄새와 같다. 즐길 것이 있지만, 물어뜯을 것은 없다. 뭔가 일어나고 있고, 명상이 효과를 발휘하고 있다. 그러나 우리의 비개념성이 실제로 현실에 닿지 않는 한, 실제 깨달음의 안정성과 영향력이 부족한 또 다른 덧없는 명상적 경험일 뿐이다. 그것은 태양 앞의 안개처럼 빠르게 사라진다. 우리는 그것을 다시 원하지만, 집착은 우리의 진전을 멈춘다. 반면 현실에 대한 깨달음은 덧없는 것이 아니다. 롱첸파는 이렇게 말했다.

경험과 깨달음을 구분하지 못하면,
습관에 기반한 경험을 깨달음으로 착각할 것이다.
깨달음은 불변하며, 더 좋아지지도 나빠지지도 않는다.
이 훈련을 하면서 좋은 자질이 경험으로 나타날
것이다.[197]

현실은 단순한 비개념성을 넘어선다. 그것은 현실을 아는 비개념적 원초적 지혜(chos nyid rnam par mi rtog pa'i ye shes)이다.[198] 일상적인 생각이 모든 경험의 집이자 근원인 빛나는 하늘 같은 인식의 들판에서 사라질 때, 현실이 드러난다. 이것이 수행이다. 또한 여러분에게 일어날 수 있는 경험에 대한 경험에서 나온 설명이기도 하다.

이 하늘 같은 공간, 즉 우리의 마음 본성은 인과 너머에 있으며 변하지 않는다.[199] 이 공간은 아이디어가 아니라 살아 있는 경험이며, 우리의 마음, 몸, 감각의 완전한 방향 전환이다. 그렇지만 우리의 마음 본성이 하늘과 같다고 해서 곧 하늘인 것은 아니다. 직메 링파는 자서전에서 이렇게 썼다.

> 마음의 본성은 열린 공간과 같지만,
> 지혜도 갖추고 있어 더 뛰어나다.
> 빛나는 명료함은 해와 달과 같지만,
> 물질적인 것이 없으므로 더 뛰어나다.
> 순수한 자각은 수정 구슬과 같지만,
> 막힘이나 덮개가 없어 더 뛰어나다.[200]

셴펜 다와 린포체는 이렇게 썼다.

> 우리의 마음과 기억은 몸 전체에 있는 이러한 미묘한 통로(몸 전체)를 통해 흐릅니다. 우리는 기억이 뇌에 저장된다고 믿지만 사실 기억은 몸 전체를 통해 흐릅니다. 뇌는 엔진과 같고, 미묘한 통로는 우리의 기억이 흐르는 네트워크입니다.[201]

몸에 대한 고찰

자신의 몸을 발견하는 것은 큰 놀라움이다. 나도 거의 17년 동안 머리로만 불교 수행을 해왔고, 몸의 중요한 역할을 전혀 깨닫지 못했다. 수행에서 몸과 감각을 포함하는 것은 인간으로서의 존재를 이해하는 데 필수적이다. 나는 첫 번째 티베트 방문에서 이 사실을 깨닫고, 그 이후로 불교수행의 모든 부분에서 이를 중요한 요소로 여겼다. 수행이 몸에 미치는 영향은 특히 채널-바람(기맥) 수행에서 뚜렷하게 나타나지만, 사실 모든 수행이 호흡 관찰부터 무상함 탐구, 가슴에서 우러나오는 사랑을 느끼는 도전에 이르기까지 몸과 마음을 통합한다.

이것은 매우 중요한 문제이기 때문에, 나는 또한 서양의 관점을 통해 몸을 바라보는 것도 도움이 된다고 생각한다. 이는 21세기를 살아가며 우리의 모든 부분을 최적으로 통합하여 수행에 임하고자 하는 시도이다. 우리는 여기서 덴마크의 족첸 교사인 예스 베르텔센으로부터 시작할 것이다. 그는 고대와 현대 세계 전반의 명상 수행과 관련이 있다고 설득력 있게 주장하는 다섯 가지 영역 중 하나로 신체를 포함시킨다. 그런 다음 무게감, 주체성의 경험, 그리고 의미 있는 세부사항을 희생하면서 일반화하려는 광범위한 경향에 관한 과학계의 관찰을 제시할 것이다. 이는 정밀성과 세부사항에 전념하는 과학자들 사이에서도 나타나는 현상이다.

다섯 가지 관문: 몸, 호흡, 심장, 창조성, 의식

예스 베르텔센은 보편적 역량의 다섯 가지 영역을 설명한다. 그의 요점은 모든 인간이 이러한 역량을 가지고 있으며, 이는 전 세계 문화권의 다양한 관행에서 다양한 형태로 발견되기 때문에 의미가 있다는 것이다.[202] 각각은 관문이다. 호기심 많은 독자로서, 이제 자신의 경험에 비추어 볼 때, 당신과 모든 사람이 가지고 있는 역량의 다섯 가지 영역은 무엇인지 스스로에게 물어볼 수 있다. 원한다면 계속 읽기 전에 잠시 생각해 보라. (힌트: 이것은 훈련이 필요하지 않은 기본적인 역량이다.) 동시에 훈련은 그것들을 크게 향상시킬 수 있다. 몸, 숨, 마음, 기본적인 창의성, 의식은 모든 사람에게 열려 있는 다섯 개의 관문이다. 각각은 일곱 가지 훈련에서 자리를 차지한다. 베르텔센은 이렇게 쓴다.

몸의 의식은 그저 자신의 온몸을 감지하는 능력으로 구성되어 있다. 온 몸에 고르게 주의를 집중시키는 능력이다. 경험에 따르면, 이 훈련을 하는 사람들은 계속해서 자신의 몸을 완전히 채우는 이미지로 돌아온다. 몸은 의식이 편안하고 완벽하게 들어앉을 수 있는 형태라는 것이다. 대부분의 사람들에게 처음에는 몸이 이완되고 휴식을 취할 때 몸을 더 완전히 감지하는 것이 가장 쉽다. 하지만 시간이 지나면 동적으로 훈련하는 것, 즉 움직일 때도 몸과의 접촉을 유지하는 것이 중요하다.[203]

몸과 숨, 그리고 상상력은 일곱 가지 훈련에서 매우 중요한 측면이다. 예를 들어 배에 숨을 참거나 회전시키는 것, 경험한 육체적 몸을 빛으로 바꾸는 것, 심장에 빛나는 주의를 기울이는 것 등 일곱 번째 훈련에서 특히 중요한 의미를 갖는다.

족첸 전통에서는 우리가 가슴 중앙, 즉 우리 몸의 중앙에서 가장 직접적으로 지혜에 접근한다고 말한다. 사랑, 신뢰, 감사의 감정도 이 중심, 즉 가슴의 한 가운데, 수행의 심장부에서 가장 쉽게 감지된다. 심장은 다시 배꼽 센터, 우리 신체 존재의 뿌리에 의해 지지된다.

의식은 모든 경험의 장이다. 모든 사람이 자신의 의식에 대해 무언가 알고 있듯이, 모든 사람이 자신의 호흡, 심장, 표현 방식에 대해 무언가 알고 있다. 족첸 수행에서 의식은 (일상적인 것부터 순수한 기본적인 앎에 이르기까지) 점점 더 친숙해지며, 마침내 너무 투명해져서 그 본질을 스스로 드러내게 된다. 그 사이에 마음과 몸의 투명성은 서로를 지지한다.

마음의 자연스러운 투명성을 안다는 것은 일반적으로 생각의 내용에 초점을 두는 게 아니라는 것을 의미한다. 오히려 의식 자체에 주의를 기울인다. 마찬가지로, 직메 링파의 핵심 수행과 일곱 번째 훈련의 비개넘적 명상에서도 마음의 내용이 아니라 마음의 어조 또는 상태가 중심이다. 마음이 무엇을 담고 있는지가 아니라 마음이 어떠한지에 관심을 가지는 것은 인식의 중요한 변화이다.[204] 생각은 불가피하게 떠돌아다닌다. 그것들은 우리의 끊임없는 창의성의 일부이다. 우리는 그것들을 내버려두고 인간 경험의 다섯 가지 관문 모두가 만나는 곳에 앉는다.

기본적인 창의성은 우리 주변의 모든 것에 대한 우리의 반응에 재료가 된다. 족첸은 현실을, 그리고 진정한 인간의 본성을 무한히 창조적이며 끊임없는 경이로움과 놀라움의 원천으로 본다. 밀라레파와 아좀 린포체 같은 깨달은 스승들은 즉흥적인 심장의 노래로 유명하다. 족첸 리트릿은 전통적으로 영감을 받은 참여형 공연으로 마무리되는데, 이는 리트릿의 공식적인 절차가 끝난 후에 다함께 즐길 수 있는 노래, 춤, 재치 있는 말 등을 포함한다.

무게, 촉감, 빛

우리 몸의 운동감각은 우리가 접촉하는 모든 것의 느낌에 민감하며, 특히 무게 또는 접촉에 민감하다. 최근 연구에서 이러한 감각과 다른 촉각적 요인이 우리의 인식과 경험에 어떤 영향을 미치는지 명확하게 밝혀지고 있다.[205] 여기서 가장 중요한 것은 기본적인 촉각 감각이 고차원적인 사회적 인지 처리에 영향을 미친다는 것이다.[206]

일곱 번째 훈련은 모든 탄트라 기반의 수행처럼 새로운 종류의 운동 감각 경험, 즉 무중력의 여러 색의 빛으로 이루어진 몸을 체험하게 한다. 이러한 수행은 자기 인식과 분리된 감각이 몸의 감각과 불가분하게 얽혀 있기 때문에 강력하다. 무게의 가벼움과 빛의 조명이 결합되어 평범한 자아 경험의 견고함과 경계가 해소되는데, 오랜 기간 수련된 이 수행을 통해 자기 인식의 감각이 변하게 된다.

그러나 몸은 매우 견고하고 실재처럼 느껴진다. 그럼에도 불구하고 우리는 그것이 그렇지 않다는 것을 안다. 이는 매우 놀라운 일이다. 그것이 어떻게 가능한가? 우리의 습관적인 경계가 있는 견고한 몸에서 경계가 없고 파도와 같은 몸으로 전환하는 것이 객관적이거나 과학적인 관점에서 의미가 있는가?

두 명의 현대 과학자인 닐 타이즈의 세포 이론과 래리 바살로의 '명사의 부덕'이라는 개념을 통해 이러한 전환이 왜 우리를 혼란스럽게 할 수 있는지 알 수 있다. 특히 이것은 '앎'에 관한 인간의 엄청난 능력에 새로운 관점을 보여 준다. 그리고 그들이 발견한 것은 다니엘 스턴이 우리가 유아로 처음 세상을 접했을 때 세상을 어떻게 보았는지에 대한 설명에 의해 더욱 증폭된다.

닐 타이즈의 세포 이론

유럽-미국 의학의 기초 패러다임은 세포 구조이다.[207] 몸이 세포로 구성되어 있다는 개념은 물질적 세포를 의미한다. 그러나 이는 끝이 아니다. 닐 타이즈는 세포 이론을 더 큰 맥락에 두어 우리에게 우리의 마음이 얼마나 자의적인 범주에 집착하는지를 가르쳐준다. 불교 수행자로서 이러한 집착을 피하는 요령을 찾는 관점에서, 우리는 이것을 더 많이 이해할수록 좋다.

타이즈는 세포가 정의 가능한 경계를 가진 영역으로 보였기 때문에 'Cell-세포'라고 불렸다고 관찰한다. 'Cell'은 수도원이나 감방 같은 공간을 의미하기 때문이다. 그러나 고대 그리스인들은 인도와의 문화적 대화에 영향을 받아 몸을 세포로 나누거나 그것들에 의해 구성된 것으로 보지 않고 끝없는 유동성으로 보았다.[208] 유사하게 탄트라 시스템, 특히 일곱 번째 훈련은 몸을 감각 정보를 운반하는 전류의 조직된 개방된 경기장으로 본다.[209]

서양 과학에서 세포 이론은 도전받고 있다. 이는 세포의 경계를 정의하는 많은 부분이 외층에서 발생하는 상호작용과 관련이 있기 때문이다. 그러나 층은 단지 분자들의 집합체일 뿐이며, 현대 의학은 골수의 세포를 간 세포로 바꿀 수 있다. 두 세포를 '같은' 연속 세포로 간주할 수 있는 유일한 방법은 그들의 유전체를 추적하는 것이다. 타이즈는 이를 가장 잘 설명한다.

나나 내 동료들 누구도 골수의 세포가 간 세포로 변했다는 말을 하는 데 어려움이 없었다. 이는 이식 과정에서 세포의 표현형과 분자적 측면 대부분이 변했음에도 불구하고 마찬가지였다. 우리가 그것을 '같은 세포'라고 말할 수 있는 유일한 방법은 유전체를 표시하는 것이었다. 다시 말해, 그러한 이식 실험에서 세포는 유전체에 의해 정의되었다.[210]

세포의 고유한 세부 사항 대부분이 변했다. 그렇다면 이제 세포의 정의적 경계성은 어디에 있다고 할 수 있을까? 연속성의 이야기는 세포 자체가 아니라 세포의 게놈과 다른 요소에 달려 있다. 타이즈는 다음과 같이 관찰한다.

> 게놈을 관점으로 삼으면 세포는 구조적으로 경계가 정해진 상자가 아니라 공간과 시간의 분자 조직화의 장으로 정의된다..[211]

세포의 식별 경계를 구체화하면 상자와 같다. 세포의 경계를 구체화하지 않으면 세포의 주변부가 가변적이며 시간이 지남에 따라 변할 수 있다는 것을 인식할 수 있다. 타이즈의 추가적인 요점은 세포 이론 자체의 패러다임, 즉 의학의 발전에 중요한 역할을 한 이 패러다임조차도 다른 패러다임에 기반한 치유 메커니즘에 대한 이해를 방해 할 수 있다는 것이다. 그는 맥락에서 도움이 되는 구체화에 대한 뿌리 깊은 경향이 이해의 성장을 방해 할 수도 있음을 지적하고 있다. 예를 들어 침술은 몸을 상호 연결된 지점들의 복잡한 장으로 본다. 장은 세포와 다르다. 파동은 입자와 다르다. 에너지는 물질과 다르다. 주체는 객체와 다르고, 자기는 타자와 다르다. 이 쌍의 각 요소는 서로 의미 있는 방식으로 다르지만, 다른 관점에서 보면 이 쌍의 요소는 서로 분리할 수 없다. 예를 들어 객체는 주체가 존재할 때만 존재한다. 파동으로 나타나는 물리적 현상은 입자로도 나타날 수 있다. 그리고 오늘날 신경과학의 중심에 있는 뇌세포 이야기는 뇌 내부, 즉 신경과학의 주요 관심사였던 영역뿐만 아니라 예를 들어 미주신경을 통해 뇌와 몸이 통신 네트워크처럼 긴밀하게 연결되어 있다는 사실을 받아들이고 있다.

우리는 이미 화려한 에너지 흐름의 움직임이 탄트라 수행의 핵심 요소라는 것을 알고 있다. 이러한 에너지의 경험은 우리가 더 익숙한 몸, 더 견고한 몸, 더 실체적인 자아 감각에 반한다. 이는 몸이 경계 없는 장이라고 설명하며 이 새로운 패러다임을 기존의 세포 이론에서 받아들이기를 요청한 타이즈의 도전과 다르지 않다. 과학과 명상 수행에서, 그리고 일반적으로 삶에서 익숙한 구조에 대한 편견은 극복하기 어렵다. 수행의 일부는 우리의 저항을 허용하고 인정함으로써, 수행이 향하는 방향의 재조정을 방해하는 편견과 구체화가 무엇인지 인식할 수 있도록 하는 것이다.

우리의 일상적인 체화 경험에는 공허함(빈속), 유동성(마시고, 침 뱉기), 고체성(앉고, 서기) 등이 포함된다. 탄트라 수행에서는 또한 공허함, 흐르는 빛, 빛의 형태가 빛나는 체화로 안정화되는 것도 포함된다. 한 차원에서의 이러한 차별화는 다른 차원에서의 상호작용을 방해하지 않는다. 파동과 입자 모두 존재하며, 어느 하나도 부정할 수 없지만, 둘 다 실제 상황의 유동성을 포착하지는 못한다. 함께 있을 때만 단순한 연속성에 대한 생각에 도전할 수 있다. 그러나 족첸에서는 이러한 다면적인 현상이 유래하는 원천을 인식하는 것이 가장 중요하다. 그 자체로 보면, 경험적으로 알려진 전체성의 상태를 인식론적으로만 인식하는 것이 아니라, 경험적으로 인식하게 된다.

우리는 여러 면에서 우리의 경험과 단절되어 있으며, 따라서 그 경험이 보여주는 전체성과도 단절되어 있다. 생각만으로는 전체성을 완전히 또는 직접 경험할 수 없다. 우리의 생각은 우리를 강력하게 사로잡아서 생각을 느낌과 혼동하기 쉽다! 하지만 생각은 느낌, 감각, 그리고 삶과는 매우 다르다. 생각은 우리에게 정확하게 느껴지지만, 사실은 그렇지 않다! 정신적 이미지나 언어화된 생각은 일반화를 다루고, 우리의 관심을 사로잡아 다른 사람들의 경험을 감지할 수 있는 능력을 포함하여 경험의 뉘앙스를 알지 못하게 한다.

디지털 세계는 어떤 면에서는 생생하고 정확하지만, 모든 감각을 통해 전해지는 생생한 경험, 우리 자신의 상상력을 통해 나타나는 경험, 그리고 우리 주변의 세상에 의해 완화되는 경험의 전체적인 주변 환경을 제공하지 않는다. 탁 트인 공간에서 가만히 쉬는 단순함도 제공하지 않는다. 이 모든 것이 우리가 전체성에 대한 족첸의 초대에 직면하는 방식에 영향을 미친다. 다음은 우리가 그 초대에 어떻게 저항하는지에 대한 또 다른 흥미로운 설명이다.

명사화*의 폐해

불교 철학과 현대 과학은 사물과 감정의 견고함을 과장하는 우리의 경향이 깊게 뿌리박혀 있고 여러 형태로 나타난다는 데 동의한다. 좋은 것과 나쁜 것에 대한 판단, 감정이 섞인 평가, 정체성을 어떤 원인, 깃발, 기업 문화 또는 좋아하는 색깔에 연관시키는 것 등은 모두 실체화의 예이다. 이는 우리가 의견, 관계, 또는 목적을 가져서는 안 된다는 것을 의미하지 않는다. 우리의 정체성을 이러한 것들 중 하나로 국한시키지 않아야 한다는 것이다. 불교 관점에서 보면, 우리의 존재는 더 큰 범위를 포함할 수 있으며, 실제 국지화된 정체성은 이를 가릴 수 있다.

각자의 정체성을 형성하는 역사적, 유전적, 기타 요인들은 생각을 초월한 이야기이다. 이러한 정체성에 빠지는 것은 불교 전통 전체에서

● 역자주: 현상을 명사로 단정지어 부르는 행위, 실체화로도 번역.

삶의 고통의 핵심 원인으로 간주되며 이는 욕망, 증오, 질투, 자만심 등 무한한 형태로 나타난다. 이를 뿌리 뽑는 것이 불교 수행의 중심 목표이다. 반면 현대 심리학은 정체성의 일관성이 중요하다는 점을 지적한다. 불교 전통도 이를 암묵적으로 동의하며, 대부분의 가르침은 일관된 자아로 생각하고 행동하는 사람들을 대상으로 한다. 그러나 이조차도 번뇌의 원인이 된다.[212]

오류가 있더라도 실체화는 본능적으로 매력적이다. 이는 우리를 강력하게 느끼게 하고, 우리가 독립적이고 자주적인 개인이라는 기만적이지만 부인할 수 없는 감각을 지지한다. 우리의 행위는 우리를 무겁고, 실재하며, 존재하는 것으로 느끼게 한다. 이는 매우 안심이 되고 현실적으로 느껴진다. 이러한 환상은 광범위한 관조적 훈련을 받은 후에도, 또는 날카로운 과학적 도구로도 사라지지 않는다.

이러한 환상이 왜 이렇게 지속될까? 이는 실체화를 선호하는 우리의 편향이 단순화와 일반화에 대한 편향과 맞물려 있기 때문이다. 이 두 과정은 다르지만, 둘 다 우리가 갈망하는 견고함의 감각을 지지한다. 예를 들어, 특정 집단에 대한 편견은 단순화와 일반화의 잔인한 결과이다. 그러나 이는 강력하게 느껴지는 잘못된 확실성 감각과 일치하기 때문에 널리 호소력을 가진다. 이런 잘못된 확실성은 중립적으로 관찰된 사실에 완전히 반박되더라도, 사람들로 하여금 통제감을 느끼게 한다. 이러한 편견은 개인과 사회에 큰 해를 끼친다.

우리가 이러한 환상에 빠져드는 이유 중 하나는 래리 바살로의 말처럼 "메커니즘을 단순화하고 객관화하는 본질주의적 사고 방식"[213]에 끌리기 때문이라고 한다. 바살로의 연구는 우리가 지갑, 시계, 감정, 아이디어와 같은 것을 실재하는 것으로 고수하려는 강력한 충동이 불교에서 자아에 대한 잘못된 생각으로 여겨진다고 제안한다. 전 세계의 역사는 특히 스트레스가 많은 시기에는 복잡한 것을 단순화하고 선악의 견고함을 강화하는 것이 훨씬 더 쉽다는 것을 보여준다.

바살로는 왜 이런 단순화 편향이 정밀함과 맥락에 대한 감수성을 추구하는 과학자들 사이에서도 나타나는지 궁금해 했다. 과학자들도 인간이기에 더 일관된 큰 그림을 얻기 위해 무의식적으로 세부사항을 포괄하고 일반화하는 경향이 있었다.[214] 이는 구멍 난 전체, 일종의 의사 전체성이라고 볼 수 있었다. 이러한 편향은 과학적 탐구의 방향과 정확히 반대되는 것처럼 보였다. 그렇다면 이는 어디서 오는 것일까? 바살로는 이런 경향을 "과정을 명사 개념으로 강제하는 더 일반적이고 기본적인 현상"[215]과 연결 지었다. 그는 이것이 이미 어린 시절부터 존재하는 성향에서 비롯된다고 제안했다.

그는 발달 심리언어학의 증거를 들어, 명사와 관련된 종류의 대상 범주가 일반적으로 동사와 관련된 과정 범주보다 인생의 더 이른 시기에 습득된다고 지적했다. 동사는 행동이나 물리적, 정신적 사건을 묘사하는 단어들이었다.[216] 그는 우리가 어린이로서 가장 쉽게 배우는 단어들이 추상이나 과정보다는 구체적이고 특정한 사물을 지칭하는 명사라고 언급했다.[217]

동사는 과정을, 명사는 대상을 가리킨다. 바살로는 대상과 달리 과정에는 명확한 형태나 경계가 없다고 지적했다. 이로 인해 과정은 분류하기가 더 어려워진다. 마치 견고하게 정의된 세포 형태의 패러다임이 더 역동적인 유전체 구조의 인식을 가리는 것과 같다.[218] 우리의 감각 경험에서 교차하는 미묘한 느낌은 쉽게 명사화되지 않는다. 그것들은 '사물'이 되지 않았고, 따라서 그로부터 나오는 자아 감각은 안정적이지도, 실체화되지도 않는다.[219] 그러다 어느새 우리는 스즈키 로시가 말한 "얼는 생각(우리에게 더 견고하고 믿을 만한 종류의 '나라는 느낌'이라는 인상을 주는 생각)" 쪽으로 움직인다.[220] 스즈키 로시는 심지어 "인간이 되는 것은 부처가 되는 것"이라고까지 말한다. 이는 우리를 다시 양자에 대한 질문의 수렁으로 던져 넣는다! 또한 이는 양자의 투사된 견고함과 분리성을 깨뜨린다.[221] 이렇게 안정적이고 구체적이며 윤곽이 뚜렷한 자아가 우리의 살아 있는 경험의 핵심이라고 우리는 보통 상상한다. 그러나 우리가 이를 행하는 몸짓들은 여전히 우리 인식의 가장자리에 머문다.[222]

이 몸짓들, 우리를 안심시키는 방식으로 우리를 함께 묶는 것처럼 보이는 바로 그것들이 더 깊고 자연스러운 편안함을 방해한다. 우리는 이 과도하게 실체화된 핵심을 발판 삼아 우리가 원하는 것에 기울고 원치 않는 것을 밀어낸다. 이 당기고 미는 움직임은 우리를 반응적이고 불안하게 만드는 패턴으로 각인된다. 그것들은 우리의 분리감을 지지한다. 타인과 자연 세계뿐만 아니라 우리 자신의 존재에 관한 경험까지도 분리감을 느끼게 한다.

핵심 수행은 이러한 자아화 몸짓들을 경험으로 가져오는 데 도움을 준다.[223] 그것들을 통해 우리가 기르는 알아차림으로, 명사화의 전체 구조가 가벼워질 수 있다.

우리의 첫 번째 통합된 세계

우리 인간은 스스로를 진짜로 존재하고 분리된 개체로 구조화하려는 경향이 강하다. 이로 인해 '나'와 모든 다른 것들 사이에 끊임없는 경계가 만들어지며, 이는 확장된 존재 상태를 방해한다. 많은 요기, 신비가, 성인들은 분리와 고정됨에 맞지 않는 인식 방식을 설명한다. 흥미롭게도 대니얼 스턴은 유아에 관한 유명한 연구를 바탕으로, 우리가 어린 시절에 그랬던 것처럼 주변 환경을 끊임없는 활력의 춤으로 경험할 수 있는 능력이 결코 완전히 사라지지 않는다고 상기시켜준다.

스턴은 유아들이 정보를 전체적으로 처리하는 방식을 가지고 있으며, 이러한 능력이 성장하면서 감소하지만, 그럼에도 불구하고 평생 동안 유지된다는 것을 설득력 있게 이야기한다. 그는 이러한 방식의 인식에 관한 설명이 "솟아오르다", "사라져가다", "덧없는", "폭발적인", "점점 빠르게", "점점 느리게", "폭발", "늘어진" 등과 같은 역동적이고 운동적인 용어로 가장 잘 "포착"된다고 말한다.²²⁴ 이러한 활력들은 시각이나 청각과 같은 어떤 한 감각 경로 또는 양식에 고정되어 있지 않다. 스턴은 이를 탈양식적(a-modal)• 이라고 부른다. 우리에게는 이러한 활력들이 생각을 뒷받침하는 방법, 긴장을 푸는 방법, 움직임이 어떤 느낌인지를 관찰하는 새로운 렌즈를 제공한다. 이는 핵심 훈련의 핵심 요소이다.

스턴은 유아들이 이러한 역동성을 "내부의 질"로 경험한다고 지적한다. 외부에서 오는 것이라기보다 자신의 감각 경험의 일부로 느껴진다는 것이다. 유아들은 엄마나 돌보는 사람이 기저귀를 잡거나 담요를 가져올 때, 이를 특정한 의도나 목적으로 이해하기보다는 "급함", "밀침" 같은 다양한 생명력의 신호로 느낀다. 이는 감각에 강하게 영향을 미치지만, 분리의 서사나 주체성을 초월한다. 그러나 이러한 경험은 엄마를 공간에서 움직이는 독특한 방식으로 인식하게 한다.

핵심 수행이나 이야기 명상을 통해 나타나는 경험은 이러한 생명력 감각의 예민함을 되살릴 수 있다. 이러한 경험은 항상 우리 일부인 광활함에서 비롯된 듯하다. 많은 신비가와 명상가 또는 예기치 않은 통찰이나 직관을 경험한 사람들은 이에 동의할 수 있다. 이는 인간적 자아와 붓다와 같은 자아 사이에 열린 소통의 통로를 암시할 수 있다.

스턴의 연구는 우리의 수행에서 중요한 중간 지점을 강조한다. 일반적인 경험은 종종 우리가 손에 잡거나 이해할 수 있는 것에 무게를 둔

• 역자주: A-modal은 특정 감각 양식(modality)에 국한되지 않는 경험이나 정보를 의미, 즉 하나의 특정 감각(시각, 청각, 촉각 등)에 제한되지 않고 여러 감각을 넘나들거나 통합하는 특성을 가짐.

다. 즉, 우리는 명사로 표현할 수 있는 지식을 좋아한다. 핵심 수행은 이러한 견고함을 해체하여 우리의 삶을 신선하고 유연하게 흐르게 할 수 있다.[225] 이는 몸과 깊은 관련이 있다.

일곱 번째 훈련은 몸의 깊은 내부에 대한 인식을 통해 깊은 휴식의 능력과 연결된다. 감각과 에너지가 더욱 미묘하고 선명하게 경험되는 미묘한 변화를 만나게 된다. 우리는 몸을 통해 흐르는 바람이나 흐름을 느끼고 또한 변화시키는 훈련을 하고 있다.

일곱 번째 훈련의 상상과 운동 의지의 결합은 시간이 지남에 따라 이원적 경험의 기반이자 모든 종류의 개념적 여정을 뒷받침하는 견고한 것처럼 보이는 자아감을 녹여낼 것이다. 아좀 린포체는 이 책의 세 번째 장에서 일곱 번째 훈련의 핵심으로 복부에 조심스럽게 간직하고 중앙 상체를 통해 흐르는 신체적으로 감지된 프라나(prāṇa)•를 설명한다. 이 움직임의 느낌은 수행자의 훈련된 상상력에 의해 촉진된다. 롱첸파와 직메 링파가 설명하는 전통적인 훈련을 통해 우리의 미묘한 내면에 몰입할 수 있는 능력이 연마된다. 또한 직메 링파의 핵심 수행은 이러한 상태와 관련된 새로운 주관적 뉘앙스를 준비시켜 전체성과 만날 때 우리의 경험을 향상시키는 방식으로 준비시킨다. 이 모든 것은 몸을 통한 전체성에 이르는 길을 제공한다.

족첸이 포용하는 전체성의 관점에서 볼 때, 우리의 이원성에 대한

• 역자주: 산스크리트어로 호흡, 숨결을 의미하는 단어. 인도 철학에서는 인체 내부의 생명력, 중국 철학에서는 기(氣)와 동의어이다.

인식은 환상이다. 그것은 우리가 실제로 존재하는 방식을 숨긴다. 지혜 수행은 이 환상을 녹이기 위해 준비되어 있다. 우리가 이러한 수행에 저항감을 느끼는 것은 당연하다. 그것들은 심지어 우리의 자기 중심성에 더 집착하고 싶게 만들 수도 있다. 직메 링파는 그의 지혜의 대화에서 이를 아름답게 표현한다.

> 이 견해는 말하거나 생각하거나 표현할 수 없다.
> 생각을 넘어서 진정으로 보게 되면,
> 두려움을 느끼게 되고 그래서
> 애를 쓰고 또 쓰며,
> 조이고 또 조인다.
> "이것이 진정한 길이다"라고 생각하지만,
> 광기와 이단의 방향으로 빠져든 것이다.[226]

분리됨은 우리를 두렵게 한다. 우리는 그 사이에 다리를 놓고 싶어 한다. 그것은 또한 우리에게 힘의 환상을 준다. 우리는 그 사이를 지배하고 싶어 한다. 어느 쪽이든, 즉 그 사이의 거리를 느끼거나 혹은 이으려고 할 때, 우리는 편안하지 않다. 진정으로 만족스러운 전체성에 이르는 길은 우리가 우리의 평범한 얼굴을 똑바로 바라볼 때까지, 우리의 지혜가 우리를 응시하고 있는 것을 찾을 때까지, 우리의 평범한 얼굴을 똑바로 바라보는 것이다. 우리는 스승 린포체의 눈을 바라보며 도움을 청하고, 핵심과 이야기 수행이 우리에게 소개하는 우리 본성의 충만에 녹아듦으로써 이를 상징적으로 행한다. 롱첸파는 가르침의 구성에서 매우 초기에

취하는 영지주의적 지혜로의 전환을 통해 이러한 종류의 통찰을 위한 길을 닦는다. 이것이 다음 장에서 우리가 취할 전환이다. 핵심 수행은 우리를 그것에 연결해 줄 것이다.

명상적 휴식

세 번째 핵심 수행

행복이든 고통이든 무엇이든 떠오르는 그 순간에
그것의 맨얼굴을 있는 그대로 보아라.
의식이 본래의 상태로 가라앉는다.[227]

6. 깨어남과 지혜로의 전환

더 나은 것에 대한 우리의 갈망은 업의 서사에 내재되어 있다. 그러나 지혜의 서사에 관한 근본 패러다임은 "더 나은 것이 이미 여기 있다"는 것이다. 이는 우리의 일상적인 마음에는 말이 안 되지만, 순수한 앎에는 등불과 같다. 롱첸파의 훈련은 어떻게 큰 완전함으로 이끄는가? 업의 서사는 어떻게 지혜의 이야기로 녹아들며, 두 이야기가 항상 하나의 무한한 완전함의 일부였다는 것을 우리는 어떻게 알게 되는가?

이 책의 앞부분에서 롱첸파는 지혜로 전환하는 방법을 추적했다. 우리는 이 전환을 '영지적 전환'이라고 부른다. 왜냐하면 이는 형식적인 족첸 수행에 도달하기 훨씬 전에 수행자를 족첸의 독특한 관점과 일치시키기 때문이다.

이 전환은 모두 다르마다투(법계)의 고요한 영역과 관련이 있다. 이는 롱첸파의 가장 유명한 족첸 저서 중 하나인 『귀중한 법계 보물』의 중심이기도 하다. 우리는 보살의 길을 묘사하는 롱첸파의 설명에서 족첸으로의 전환을 시작한다. 고전적인 인도 텍스트는 자비와 사랑을 배양하여 보리심에 이르는 것을 중점으로 한다.

보리심의 맥락에서 다르마다투를 강조하는 롱첸파의 선택은 중요하다. 왜 이렇게 중요한지 논의한 후, 롱첸파의 원칙이 직메 링파의 구차제 귀의(Jigme Lingpa's nine-vehicle refuge)와 보살의 깨달은 마음의 틀에도 핵심임을 보여준다. 직메 링파의 핵심 수행법은 이원적인 주고받음의 감각에서 자유로운 상태에서도 자비의 표현을 가능하게 한다.

직메 링파의 수행, 이야기 명상, 그리고 다섯 가지 핵심 수행은 길의 전체 범위를 포함한다. 수트라 전통에서 보리심은 우리가 성취해야 하는 것이다. 족첸에서는 이미 모든 것의 본질에 포함되어 있다. 마치 양자 이론에서의 파동과 입자처럼, 이 두 상태는 다르지만 동시에 다르지 않다.

수트라 수행자에게 보리심은 업의 정글에서 벗어나는 방법이다. 족첸에서 보리심은 단순히 존재의 방식이며, 당신 마음의 본질로서 발견될 준비가 되어 있다. 모든 것의 실제 본질로서 보리심은 다르마다투와 깊이 관련이 있다. 다르마다투는 모든 것의 넓고 결백한 근원이다.

업의 서사에서의 보리심

샨티데바의 『입보리행론(Guide to the Bodhisattva's Way of Life)』은 보리심을 개발하기 위한 네 가지 방법을 가르치며, 궁극적으로 모든 존재의 이익을 위한 깨달음을 추구하는 마음을 형성한다. 그의 사랑과 자비에 관한 설명은 티베트의 유명한 통렌(Tonglen) 실천의 원천이 된다. 통렌은 '주기(통)'와 '받기(렌)'의 리듬을 중심으로 하며, 직메 링파의 이야기 실천에서도 이러한 리듬이 고스란히 녹아 있다.

인도 기반의 보살도 수행은 사랑이나 자비를 배양하는 방법에 중점을 둔다.[228] 모든 이는 "지혜는 붓다의 특성을 개발하는 어머니이다"[229]라고 한 아상가(Asaṅga)의 말에 동의할 것이다.

통렌 실천은 자비가 궁극적으로 지혜와 통합될 때 우리를 완전하게 만드는 방법을 잘 보여준다. 우리는 어떤 것을 밀어내지도, 무언가를 얻기 위해 쫓아가지도 않는다. 우리는 그저 숨 쉬듯 자연스럽게 내어주고 받아들인다. 한 걸음 한 걸음, 우리는 사랑과 자비를 배양하여 실제로 깨어난 마음을 발견한다. 지혜와 결합된 궁극적 보리심은 우리를 업의 소용돌이로부터 해방시킨다.

지혜의 서사는 초기 인도 불교에서도 발견된다. 예를 들어, 유명한 「빛나는 마음의 경(Pabhassara Sutta)」은 다음과 같이 말한다.

> 빛나는 마음, 비구들이여, 이 마음은 외부의 오염으로 더럽혀진다. 잘 배우지 못한 평범한 사람은 이것을 있는 그대로 보지 못하므로, 나는 말한다. 잘 배우지 못한 평범한 사람에게는 마음의 발전이 없다.

> 빛나는 마음, 비구들이여, 이 마음은 외부의 오염으로부터 자유로워진다. 잘 배운 고귀한 제자는 이것을 있는 그대로 깨달으므로, 나는 말한다. 잘 배운 고귀한 제자에게는 마음의 발전이 있다.[230]

이것은 업의 서사에서 강조되는 나쁜 습관과 싸우는 것만으로는 충분하지 않음을 시사한다. 우리는 이미 내재되어 있고 자연스럽게 존재하는 것을 드러나도록 허용해야 한다. 4세기에 아상가는 유사한 관점을 제시했다.

> 마음은 언제나 본질적으로 빛나고 있다는 것을
> 우리는 안다.

오염은 단지 우연적인 결함일 뿐이다.[231]

만약 그렇지 않다면 수행은 성공할 수 없을 것이다. 자연스럽게 빛나는 마음은 우리 생명체에 자연스러운 과정으로 깨어나는 것을 의미한다. 마음은 공간과 같지만, 공간과 다른 점은 그것이 자각을 가지고 있다는 것이다. 마음은 생각을 일으킨다. 생각이 일어나면 마음은 어떻게 될까? 그 본성이 변할까? 생각은 마음에 대해 물고기와 물의 관계와 같을까? 바다에서 녹는 얼음 같을까? 태양의 광채 같을까?

직메 링파의 세 번째 요점 수행은 생각과 그 출처의 관계를 탐구했다. 이 수행에서 우리는 단순히 의식이 가라앉도록 놔둔다. 그러한 가라앉음이 어떻게 느껴지는지, 놓아주거나 차분해지는 것과 어떻게 다를 수 있는지 궁금해한다. 그리고 무엇이든 새롭게 떠오르는 것을 직접 바라본다, 그것이 기쁨이든 고통이든. 이상적으로 우리는 그것을 명명하지 않고 단지 느껴본다. 그러한 감각 행위의 경험 방식에 어떤 변화가 일어날 수 있다. 오랫동안 함께 수행해 왔던 한 수행자는 이 수행을 처음 접한 후 나에게 이렇게 말했다.

"기쁨과 고통을 직접 바라보면서, 그것이 기쁨이든 고통이든 모든 경험이 하나의 통합된 경험의 장으로 녹아들어가는 경향이 있음을 발견하고 있습니다. 다른 말로 어떻게 설명해야 할지 모르겠습니다."

특정한 기쁨이나 고통의 경험이 예상치 못한 친밀한 통합감으로 귀결된다는 것을 발견하는 것은 작지만 큰 일이다. 이것은 롱첸파가 보살의 길을 소개하면서 다르마다투(법계)의 포괄적인 완전성을 설명하는 이유를 이해하는 데 도움이 된다. 다시 말해, 그는 찬드라키르티, 샨티데바 또는 쫑카파처럼 목표를 설명하거나 사랑과 자비의 중요성을 강조하는 것으로 시작하지 않는다. 롱첸파는 보살에 관한 설명의 끝에 가까워질 때까지 자비에 대해 언급하지 않는다. 그의 첫 번째 우선순위는 깨달음을 가능하게 하는 자연적인 잠재력에 주목하는 것이다. 그는 이 잠재력 또는 깨달음을 위한 유산이 수행을 위한 중요한 지원임을 강조하면서 시작한다.

> 이 본질적인 성향(천성)이 자신과 타인에게 자발적으로 존재한다는 것을 이해하면, 마음이 해방되는 것을 막을 것이 없다는 것을 깨닫고 열정을 느끼게 된다.[232]

이 근본은 원인도 필요 없고 이미 완벽하다. 롱첸파가 이 자연적 능력을 길의 중요한 지지대라고 부르는 것은 그의 『귀중한 법계의 보물』 전체의 흐름과 일치하며, 그는 보리심을 "모든 것을 포함하고 모든 것의 진정한 본성"[233]이라고 부르며, 이것이 모든 것의 실제 근본(기)임을 보여준다.[234] 그리고 그는 아상가의 『숭고한 마음의 흐름(Asaṅga's Sublime Mindstream)』에서 다음 구절을 인용한다.

> "온갖 것을 두루 비추는 마음의 본성은 바뀌지 않는다. 마치 허공과 같다."[235]

여기서 롱첸파는 법계를 자신의 필연적인 상속(相續)으로 이해하는 것을 강조하고 있다. 그는 우리에게 보리심이 우리의 불성에 내재되어 있다는 것을 설명하기보다는 깨달음에 대한 타고난 잠재력을 보라고 초대하며, 이것이 인간으로서 우리의 존재를 새롭게 평가하는 방법임을 분명히 한다.[236] 중관 철학의 맥락에서 그가 설명하는 이 법계란 본질적으로 순수할 뿐만 아니라 궁극적인 진리이며, 그 자체로 원초적 지혜가 샘솟아난다.

> "… 때가 묻으면 '영적 상속', '존재의 기본 구성 요소', 또는 '불성'이라고 한다. … 때가 묻지 않았을 때는 '깨어났다' 또는 '진여로 갔다'고 한다."[237]

이 변치 않는 본성은 있는 그대로 완전하고 완벽하다. 여기서 족첸의 관점으로 쉽게 전환할 수 있는데, 법계는 모든 것의 근원 공간으로서 원초적 지혜와 분리될 수 없다는 인식이 롱첸파의 시적인 족첸 표현과 그의 화려한 주석에 중심을 이룬다.[238]

이와 동시에, 롱첸파는 이미 경전의 맥락에서 지혜를 사물의 실제 본질로 명명한다. 이는 법계를 중도파의 궁극적 진리로 명명하는 것과 거의 같은 맥락으로, 티베트에서 공(emptiness, 空)을 그 학파의 궁극적 진리로 강조하는 압도적 경향과 대조된다. 이 두 가지 점은 다시 족첸으로의 강력한 전환을 이루는데, 이는 지혜가 길의 목표가 아니라 그 자체로 길임을 직접적으로 드러내기 때문이다. 족첸에는 독특하게도 티베트적인 것이 많이 있지만, 그 뿌리는 인도 대승불교에서 찾을 수 있다. 이를 풍부하게 하기 위해 롱첸파는 다시 아상가의 『숭고한 마음의 흐름』에서 인용한다.

이 본질에서 제거할 것은 아무것도 없으며, 조금이라도
더할 것도 없다.[239]

먼지는 거울을 바꾸지 못하고, 구름은 태양을 바꾸지 못한다. 그와 꼭 마
찬가지로, 우리의 번뇌는 변하지 않는 본성을 바꾸지 못한다. 우리가 번
뇌를 제거하는 이유는 그것이 누구에게도 좋지 않기 때문이다. 그리고
그것들이 우리의 본성에 영향을 끼치지는 않지만, 지혜의 빛이 우리 눈
을 가리는 것을 막기 위해서다.

핵심 수행은 우리에게 무엇을 경험하라고 결코 말하지 않으면서도
종종 붓다의 본성에 공명하는 경험을 이끌어내는 것처럼 보인다. 거울
은 그 반사와 분리되어 있지도 않고, 그것에 의해 오염되지도 않는다. 당
신의 슬픔과 기쁨은 그것들이 나타나는 바탕과 분리되어 있지 않다. 혹
은 아상가가 말했듯이, 티 없이 맑은 붓다의 자질과 연관된 지혜는 정신
적 번뇌를 가진 평범한 사람의 상태와 분리될 수 없다. 그리고 이 지혜는
상상할 수 없다고 덧붙인다.[240] 롱첸파에게 이 점은 족첸으로 직접 연결
되는데, 여기서 근원적인 지혜는 일반적인 마음과 명확히 구분되며 이미
모든 마음 상태에 존재한다고 인식된다.

롱첸파가 보리심과 보살을 이해하는 데 있어 이 점이 왜 그렇게 중
요한가? 롱첸파는 다시 아상가에게로 돌아간다.

만약 당신에게 그 중요한 붓다의 요소가 없다면, 고통에
불만을 느끼지도 않을 것이며, 그로부터 자유로워지기를
추구하거나 관심을 갖지도 않을 것이다. 자유를 향한 열

망조차 없을 것이다.²⁴¹

우리 마음의 본질적인 완벽성은 우리의 엉망진창이고 실수투성이 일상에 기초한다. 이것이 바로 또 다른 매우 중요한 사실이다. 나는 이 사실을 모르고 내가 곧 붓다가 될 수 있다는 생각을 얕잡아 봤다. 나는 그때만 해도 모든 것이 지혜이거나 혹은 지혜라는 본성으로부터 나왔다는 것을 들어보지 못했을 때였다. 아좀 린포체의 '빛나는 마음 정수 사이클(Luminous Heart Essence cycle)'에서 우리를 구루 린포체로 상상하는 수행은 이런 내용을 담고 있다.

> 잘못된 관념과 삼사라의 한 복판에서
> 나는 깨어난 마음과 귀의의 합일을 불러 일으킨다.²⁴²

우리의 두 얼굴, 즉 고단한 일상과 내면의 안녕은 처음부터 떼어놓을 수 없다. 모든 수행 과정은 덧없음에서 시작해 현실을 깨닫는 것으로 끝난다. 이 과정에서 우리는 두 얼굴을 모두 인정하고 받아들여야 한다. 결국에는 두 개의 얼굴이 실제로 존재하지 않지만, 그것을 깨닫기 전까지 우리의 경험에서는 존재한다. 마침내 우리의 지혜로운 얼굴은 우리의 일상적인 얼굴에서 자신을 본다. 우리의 일상적인 얼굴은 자신의 진정한 상태를 보고 지혜의 거울 속으로 녹아든다. 이 두 얼굴 사이에는 첫 만남이 없다. 그들은 내내 서로 안에 있다. 우리는 항상 세상 속에 있지만 완전히 세상의 것은 아니다. 그리고 우리의 책임, 우리의 사랑과 자비는 우리 자신과 다른 사람들의 인간적인 필요와 깨어날 가능성을 모두 포함한다.

이 이야기-명상들의 궁극적인 메시지는 바로 이것이다. 소멸함으로써 우리는 그저 사라지는 것이 아니라, 세상에서 의미 있는 행동으로 돌아온다. 그러나 이것은 여느 행동과는 다르다. 지혜는 보통의 마음과는 다르기 때문이다. 지혜는 덜 방해받고, 더 민첩하며, 내재적으로 초월적이다. 우리의 일상적인 마음으로는 이것을 완전히 이해할 수 없지만, 더 확장된 시각을 가질 수 있는 가능성은 있다.

지혜는 반응하는 것이 아니라 응답하는 것이다. 지혜는 우리의 일상적인 마음과 함께 있지만, 그것과는 다르게 행동한다. 우리가 수행의 길을 가면서 실제로 지혜에 무슨 일이 일어나는 것은 아니다. 우리는 그저 지혜와 더 친숙해질 뿐이며, 그것이 모든 차이를 만든다. 이것은 길에서 가장 사랑하는 친구를 알아보는 것과, 찾고 있던 바로 그 사람을 그냥 지나치는 것의 차이다. 인식하지 못하면 혼자이고 포위당한 느낌이 든다. 친구가 옆에 있다는 것을 알면 모든 것이 달라진다. 지혜는 그런 친구이며, 가장 사랑스러운 친구다. 이것이 수피들이 친구를 진정한 앎이라고 말하는 이유이며, 다른 전통들도 신이나 자신의 영혼을 영원한 연인, 마음의 궁극적인 신부라고 말하는 이유일 것이다. 태양처럼 사랑스러운 지혜는 당신의 하늘을 밝힌다. 구름이 지나간다 해도 이것은 모순되지 않는다. 인간의 경험 속 모든 것은 지혜의 표현이며, 잠재적으로 지혜에 이르는 길이다.

그래서 롱첸파는 닝마파, 즉 옛 학파만의 독특한 패러다임인 두 가지 순수성의 원리를 소개한다. 첫 번째 순수성은 본디 순수한 하늘인 우리의 본성이며, 두 번째 순수성은 세상에 대한 우리의 반응성과 불순한 반응을 나타내는 모든 구름이 우리의 확장된 법계(法界)로 녹아 들어갔을 때 성취되는 순수성이다.

법계에 관한 우아한 설명도 좋지만, 롱첸파가 모든 사람이 이해하기를 바라는 것은 우리 자신이 이 법계를 인식할 수 있다는 점이다. 이 인식의 가능성이 (롱첸파가) 우리에게 보살도에 대해 알려주고자 하는 핵심이다. 법계를 인식하는 게 가능하다는 것을 강조하기 위해 그는 인도의 지혜, 특히 아상가의 『숭고한 마음의 흐름』에 의존한다.

> 보물과 열매를 맺는 나무처럼,
> 이 영적인 혈통은 두 가지 측면을 가지고 있다.
> 시작도 없고 자연스럽게 머무는 측면과
> 고귀하게 성숙한 측면이다.[243]

직메 링파의 『지혜로운 대화(Wisdom Chat)』에 붙은 부제 "두 순수함을 소유하는 부의 풍요(The Wealth of Possessing the Two Purities)"는 우리와 항상 함께하는 태초의 순수함, 두 순수함 중 첫 번째 순수함을 이해하는 것의 중요성을 강조한다.

> 궁극적인 족첸의 가르침은 결과를 길로 삼는 것이다!
> 그래서 원초적 진리는 원인과 결과의 연속인가?
> 아니면 거부와 치료를 초월한 현실인가?
> 그것은 완전히 청정한가?
> '처음부터 청정하다(gdod nas dag pa)'라는 용어는
> 원초적 청정성의 주제에 대한 변주를 가르친다.[244]

원초적 순수성에 관해서는 더할 것도 뺄 것도 없다. 아좀 린포체의 '빛나는 마음 정수 사이클(Luminous Heart Essence cycle)'에서 밝혀진 또 다른 족첸 수행법인 예세 초갈을 중심으로 한 다키니 기초 수행법은 현실과 어떻게 관계를 맺는 것이 최선인지를 알려준다.[245] 우리는 "지우지도 놓지도 말고 쉬라"는 요청을 받는다. 우리의 본성에는 더할 것도 새로 놓을 것도 없다. 우리는 있는 그대로 깨어난다. 우리의 생각과 행동 중 많은 것이 혼란스러울 정도로 건강에 해로운 성격을 띠고 있다는 점을 감안하면 이것은 놀라운 전망이다.

태초의 하늘은 언제나 밝혀지기를 기다리고 있고, 태양은 언제나 그것을 비추기 위해 존재한다. 이러한 우주적 힘 앞에서 구름은 무엇인가? 우리의 태양은 구름에 가려 있지만 줄어들지는 않는다.[246]

두 가지가 같지 않지만, 평범한 마음도 지혜와 다르지 않다. 태양 같은 빛나는 역동성은 우리의 본성의 일부이다.[247] 이 역동성을 인식하지 못하면 이원성의 틈과 우리를 고통스럽게 하는 여러 문제가 발생한다.

물론 우리는 고통에 투명해지기를 기대하지 않는다. 그러나 그런 가능성이 있다는 것을 알 수 있다. 이는 우리가 세상을 위해 할 수 있는 모든 것을 하게 만든다. 병은 병이고 슬픔은 슬픔이다. 그것들은 거기 있다, 결코 무시되어서는 안 된다. 그러나 그것들은 더 이상 우리 이야기의 끝이나 우리의 본질을 정의하는 것이 아니다. 우리는 더 큰 지평을 엿본다. 참을 수 없는 슬픔을 경험하는 한가운데서도, 우리를 감싸는 다른 무엇인가, 일종의 쿠션이 있다. 이 비유할 수 없는 쿠션을 찾는 데에는 많은 연습과 인내가 필요하다. 이 도전 앞에서, 그리고 우리가 이루는 모든 진전 앞에서 우리는 매우 겸손하다. 고통이 전부가 아님을 알게 될수록, 고통을 겪는 모든 이에게 더 큰 연민을 느낀다. 우리는 다른 이들의 고통을 무시하지 않는다. 오히려, 그것이 환상이라는 점에서 더 통렬하다.

두꺼운 유리 너머로 아이가 엄마를 찾아 비명을 지르며 작은 몸이 두려움에 떨리는 모습을 본다고 상상해보라. 엄마가 방 안에 있는 커튼 뒤에 있다는 것을 아이에게 전달할 수 없는 상황이다. 우리 주변의 고통을 더 많이 이해할수록, 모든 인간과 생명체의 고통을 더 애틋하게 바라보게 된다. 이렇게 지혜는 우리 안에 불을 지펴 도움을 주고자 하는 열망을 키운다. 우리가 현명해져 밝게 응답할 수 있기를! 그때까지는 우리가 할 수 있는 모든 방식으로 돕는다. 평화롭게 행진하고, 모두가 함께하는 집단에 참여하며, 억압과 불의의 고통을 더욱 참을 수 없게 여긴다.

이미지는 우리에게 큰 영향을 준다. 위대한 이미지, 예를 들면 태양과 하늘 같은 것은 수천 마디의 말을 대신한다. 루미가 말했듯이, "태양은 내일이 없다." 앞으로 50억 년 동안, 이 땅을 걷는 어떤 생명체든 오늘 우리가 보는 것처럼 태양을 볼 것이다. 때로는 그 얼굴이 숨겨지고, 때로는 더 밝게 빛날 것이다. 하지만 여전히 우리의 태양이다. 두 얼굴, 두 순수함, 두 상황, 그리고 그 사이의 모든 것. 하지만 태양은 항상 빛난다. 아무것도 변하지 않아서가 아니라 모든 변화를 통해 빛나기 때문이다.

우리 마음의 본성을 공(emptiness, 空)보다는 지혜라고 이름 붙이는 것은 이 불변하는 광대한 햇살을 떠올리게 한다. 지혜를 사물의 중심에 두는 것은 롱첸파가 중관(中觀)에서 족첸의 위대한 완전성으로 전환하는 핵심이기도 하다.[248] 지혜는 경험 전체에 스며든다. 이것에 머무는 것은 전체성에 머무는 것이다. 진정한 휴식은 우리가 결국 아무 곳에도 도달할 곳이 없다는 것을 인식하는 것이다. 바로 여기에 있다. "다른 곳을 찾

지 말라!"라고 롱첸파는 말한다.[249]

변화는 불변하는 것을 가리지만 그것을 바꾸지는 않는다. 우리가 보는 모든 것은 실재 자체에 의해 생명을 얻는다. 이것은 교리로서가 아니라 가슴에서 우러나온 오랜 세월의 수행자들의 깊은 경험에서 나온 메시지로 제시된다. 직메 링파의 『위대한 어머니, 대광명왕(Great Mother, the Great Bliss Queen)』에 대한 주석은 이렇게 말한다.

> 태어남이 없는 곳에서 태어남이 있기 때문에
> 중생들은 미혹에 빠진다.

태어남은 움직임과 변화다. 태어남이 없는 것은 고요하다. 끊임없는 생명력이 거기에서 나온다.[250] 직메 링파의 첫 번째 핵심 수행은 그 둘 사이의 춤을 알려주는데, 족첸은 이를 명시적으로 다룰 것이다. 두 번째 핵심 수행에서는 의식을 대상에 집중하지 않고 이완시키는 연습을 한다. 세 번째에서는 고통과 행복을 직시하고 바로 그 자리에서 우리가 통과할 수 있는 투명성을 찾는 법을 배운다. 네 번째 핵심 수행에서는 고통과 기쁨을 일으키는 행위를 조사하여 둘 다 아니면서 동시에 둘 다와 친해지는 열린 지평에 도달한다. 다섯 번째 핵심 수행에서는 모든 생각의 씨줄과 날줄인 실을 끊어내고,[251] 첫 번째 수행에서처럼 깨어있고 근본적으로 열려 있지만 이제는 어떤 특정 대상도 없이 존재하게 된다.

이 모든 것은 불가능해 보이는 모순, 즉 태어남이 없는 곳에서 태어남을 다루는 데 도움이 된다. 그러나 이것은 모든 인식이 태어나지 않고 끊임없는 것이 서로를 가능하게 하는 더 큰 차원을 잊을 때만 모순일 뿐

깨어남과 지혜로의 전환

이라는 것이 밝혀진다.

족첸에 관한 롱첸파의 글에는 법계에 스며드는 본초불성에 대한 묘사가 많이 담겨 있으며, 이 법계를 모든 유동성과 초점, 태어남과 소멸의 궁극적인 무대라고 묘사한다. 롱첸파의 족첸에 대한 더할 나위 없는 표현인 『귀중한 법계 보물(Precious Dharmadhātu Treasury)』의 첫 번째 장은 이를 이렇게 표현한다.

소용돌이와 평화는 스스로 깨어나,

고요히 머무는 터전(법계)을

결코 떠나지 않는다. 그것이 바로 그들의 원천이다.[252]

윤회(끝없는 움직임)와 열반의 평화(태어난 적 없는 고요함)는 역설적이거나 양립할 수 없는 것처럼 보이지만 함께 춤을 춘다. 일곱 가지 훈련과 다섯 가지 핵심 수행은 우리를 이 춤으로 열어준다. 수행자들은 스스로 이것을 찾아야 한다.

법계와 그 안에 스며든 태초의 지혜는 태어남이 없다. 모든 것이 그들에게서 일어난다. 직메 링파의 핵심 수행은 차례대로 무엇이 고요하고 무엇이 움직이는지, 혹은 행복과 고통 혹은 이 모든 것의 근원 혹은 그저 내버려두는 것을 관찰하라고 하는데, 때로는 이 모든 것이 참여하는 전체성에 대한 경험을 불러일으킨다. 모든 요점 수행이 족첸이 가리키는 바와 정확히 일치하지는 않지만, 명확한 분리감을 서서히 없애기 시작한다. 이렇듯 지혜 자체가 자비이며, 보살도의 핵심이다.

롱첸파 관점에서의 핵심 수행들

롱첸파의 전환은 모든 경험의 가장 친밀하고 신선하며 영감을 주는 출발지인 법계로 향한다. 이는 그가 대승 보살 수행의 맥락에서 소개하며, 그의 족첸 저술에서 항상 빛나는 마음의 공간, 진정한 휴식의 장소로 묘사된다. 그보다 덜한 것은 우리의 중요한 유산을 외면하는 것이다.

이를 염두에 두고 직메 링파의 세 번째 핵심 수행을 다시 고려해본다. 그는 차가운 고통의 지옥을 목격하고, 그곳의 주민들을 위해 그들의 모든 고통을 자신이 대신 겪어 자유롭게 하겠다는 강렬한 자비를 느끼라고 격려하는 구루 린포체의 이야기 명상 후에 이를 삽입한다.

이러한 근본적인 자비심에 눈뜨면, 당신은 즉시 다른 사람들을 해방시키는 안내자가 된다. 그리고 바로 이 순간, 인간의 상상력을 고통스런 지옥 감옥에서 자유의 정점으로 옮겨놓은 직메 링파는 긍정적인 경험과 부정적인 경험의 본질을 그저 관찰하면서 마음을 자연스럽게 쉬게 하라고 제안한다.[253] 우리의 본성을 보는 것은 그저 존재하는 평온한 개방성으로 흘러 들어간다.

직메 링파가 "단순히 관찰하라"고 말할 때, 그는 잡거나 밀쳐내지 않는 존재 방식을 제안한다. 일어나는 모든 일에 투명해지는 것은 롱첸파가 때때로 마음이 자신의 침대에서 쉬고 자신의 둥지에서 편안하게 쉬는 것으로 묘사하는 진정한 휴식을 찾는 한 부분이다.[254]

지혜의 본질은 자비심이다. 우리가 겉모습에 속아서 우리의 단순한 감각으로 달이 호수에 빠진 것처럼 보일 때, 우리는 결코 안식을 찾지 못한다. 주체와 객체 사이의 미해결 공간, 즉 분리의 공간은 불가피하게 분쟁의 공간으로 경험된다. 우리는 그 공간을 얼마나 통제할 수 있을까? 집착과 증오가 끓어오르며, 우리가 원하는 것을 얻고 원하지 않는 것을 제거하려고 한다. 불교 우주론에 따르면 우리는 욕망의 세계에 살고 있다. 우리가 그토록 탐욕스럽게 무엇인가를 필요로 하는 이유는 우리의 마음이 불안하고 산만하기 때문이다. 직메 링파의 보리심 함양에 관한 게송• 의 결론은 "모든 중생이 맑은 마음의 구체에서 쉬도록"이라는 다르마다투(법계)이다. 이런 식으로 수행자는 업보에서 지혜의 궤적으로 전환한다.

많은 불교 수행은 생각을 관찰하고, 마음이 마음을 관찰하도록 초대한다. 유명한 초기 경전인 『염처경』은 호흡에 집중한 후 마음의 여러

• 　역자주: 게송은 불교에서 붓다의 공덕이나 가르침을 찬탄하는 한시 형식의 노래이다. 범어에서 나온 '게'와 한시의 '송'을 합하여 '게송'이라 한다. 한국민족문화대백과사전 참조.

측면에 집중하는 것을 가르친다. 이것은 상징적인 불교 수행이지만, 직메 링파가 그의 핵심 수행에서 초대하는 투명한 관찰과는 다르다. 초기 불교의 마음챙김은 대상과 떨어져서 주의 깊게 관찰하는 것이다. 직메 링파의 핵심 수행들도 관찰하는 것으로 시작하지만 궁극적으로 마음의 거리두기 메커니즘을 내려놓고, 생각을 놓아주고, 개방성에 쉬며, 실을 자르도록 초대한다. 즉, 여전히 우리의 시야를 방해하는 허술한 집의 모든 부분을 해체하는 것이다. 그 빛 속에서 우리는 다시 한번 직메 링파의 핵심 관찰에 주목한다.

> 아이야, 마음이 마음을 관찰하는 것은
> 앎의 본질에 대한 자각이 아니다.
> 아이야, 그러한 앎을 꾸미지 말고
> 흩어지지 않게, 그저 존재하라.[255]

핵심 수행들은 직메 링파가 위의 구절에서 설명한 대로, '마음이 마음을 관찰하는 것'과 순수한 자각의 얼굴인 '릭파(rig pa)'에 단순히 쉬는 것 사이에서 명상적 오아시스를 제공한다. 변화나 개념 없이, 단순히 자신의 앎의 본성에 머무는 것이다. 나머지는 모두 장식일 뿐이다. 장식은 생각을 의미하며, 족첸에서 생각은 항상 노력을 동반하는 것으로 본다. 지혜는 본질적으로 장식이 없다. 관찰자와 피관찰자의 구분은 친밀하면서도 확장된 앎의 열린 상태로 사라진다.

직메 링파의 특별한 수행인 핵심 수행은 단순해 보인다. 나는 그것을 매우 즐긴다. 그것들은 다른 종류의 경험을 열어주며, 보는 것과 아는 것의 방식을 주목하게 한다. 대상은 그들이 머무는 확장과 상관없이 생생하게 알려질 수 있다. 앎 자체에 쉬는 것은 어떤가? 고통은 기쁨과 구별되지만, 앎은 어느 쪽에도 갇히지 않는다. 그것은 모든 것이 발생하는 방해받지 않는 마음의 공간을 찾는다.

첫 번째 핵심 수행에서, 움직임과 고요함에 대한 자각에 머무는 것은 법계의 전조인 더 큰 마음의 공간을 느끼게 할 수 있다. 거울에 반사된 이미지에 집중하지 않고 거울 자체를 보면 그 안으로 들어가게 되는 것처럼. 그러나 우리는 보통 반사된 이미지에 너무 집중해서 거울을 놓친다. 궁금한가? 거울에 얼굴 이미지가 아닌 전체 반사를 볼 수 있는 감각으로 응시해보라. 이것은 단지 비유에 불과하다. 하지만 직메 링파의 가르침이 위대한 완성의 관점으로 어떻게 수행자들을 향하게 하는지를 보여준다. 감각하는 모든 것이 자기 경험의 거울 같은 영역 밖에 있지 않다는 그 관점으로 말이다.

이미 우리에게 알려진 것처럼 롱첸파에게 즐거움, 고통, 그리고 모든 지각의 참 본성은 지혜이다. 여기서부터 "깨달음의 마음은 모든 것의 실제 바탕이다"[256]라는 것을 인식하는 것은 쉬운 전환이다. 그 쉼터는 언제나 이용 가능하며, 우리의 행동에서 비롯된 도발로부터 우리를 자유롭게 한다. 업과 업의 서사는 그곳에서 단순히 소멸될 수 있다. 수행을 통해 새로운 체감이 가능해진다.

롱첸파의 천재성은 14세기 티베트에서 역사적이고 심오한 비전을 제시하는 족첸의 지평을 열었다. 그는 초기 족첸 탄트라와 구루 린포체 및 비말라미트라와 관련된 족첸 계보를 포함한 방대한 문헌에서 영감을 받아 그의 유명한 네 단계 심장 에센스 컬렉션을 조직화하고 주석을 달았다. 18세기에 직메 링파는 이 문헌을 참고하고 확장했다. 롱첸파와 직메 링파는 모두 인도 출처를 인용했으며, 중국 텍스트를 인용하지 않았다. 그러나 8세기 초기에 중국 선(禪)과의 대화도 족첸의 초기 발전기에 일부였다. 여기서도 롱첸파의 중요한 영지적(靈智的) 전환과의 공명을 찾을 수 있다.

선의 초기 형성 문서인 『육조단경』에서 우리는 육조 혜능 대사의 깨달음 이야기를 만난다.[257] 이 가난하고 문맹인 승려는 미래의 계승자로 여겨졌던 신수(神秀)의 시적인 노력을 능가한다. 그는 업의 서사에서 벗어나 지혜의 서사로 직행하는 시를 읊는다. 마음의 거울을 닦아야 하는가, 아니면 그것이 이미 지혜로 밝음을 인식해야 하는가? 도(道)는 지식에 관한 것인가, 지혜에 관한 것인가? 두 시를 비교해보자. 당시 중국 선종의 후계자로 기대받던 수좌승 신수는 이렇게 썼다.

마음은 맑은 거울 같으니
항상 이를 닦아
먼지가 쌓이지 않게 하라.[258]

그러나 그의 시는 인정받지 못했다. 문맹이었던 미래의 육조 혜능은 다른 승려에게 받아 적도록 하여 이렇게 썼다.

마음은 보리수(菩提樹)와 같고,
몸은 거울 받침과 같다.
거울은 본래 깨끗하고 순수하니,

어디에 먼지가 끼어 더럽혀질 수 있겠는가?[259]

티베트에서는 이러한 두 가지 입장이 수트라의 길과, 이미 그 본질에 깨달음의 마음과 근본적인 지혜가 존재한다고 강조하는 족첸 또는 탄트라의 길 사이의 차이에 반영되어 있다.

우리 인간의 경험으로 볼 때, 지혜의 이야기가 카르마적인 이야기 (역자주: 업의 길, 즉 수트라의 길)에서 완전히 분리되는 것은 아니며, 족첸의 관점에서 볼 때 우리의 번뇌가 지혜로서의 본성에서 분리되는 것도 아니다. 이것이 직메 링파의 핵심 수행에 관한 친숙함이 시사하는 바이다. 누군가가 당신에게 거칠게 말을 해서 슬픔이나 분노를 느꼈다고 가정해 보자. 이해할 수 있는 일이다. 하지만 그 슬픔이나 분노를 들여다보면, 그 자체가 슬프거나 분노하는 것은 아니다. 그리고 슬픔이나 분노는 바라보는 것과 분리되어 있지 않다.

존재하는 순수한 앎에 집중할 수 있게 되면, 그 앎이 우리의 반응이 아니라 가장 근본적인 경험이라는 것을 (지적으로가 아니라) 우리를 놀라게 할 수도 있는 생생한 경험을 통해 발견할 수 있을 것이다. 이것이 순수한 앎, 즉 릭파(rig pa)가 우리가 무지라고 부르는 알지 못함을 뒷받침하는 것이라는 의미의 일부이다. 그러나 무지는 릭파를 뒷받침하지 않는다. 따라서 지혜의 순수한 관찰자는 무지가 무너질 때 무너지지 않는다. "마치 집이 파괴되어도 땅은 그대로 남아 있는 것처럼."[260]

족첸의 깨달음이 이미 존재하는 지혜의 충만한 경험으로 꽃피우기 위해서는 많은 인내심이 필요하다. 그래서 일곱 가지 훈련이 필요하다. 그 훈련들과 관련이 있지만, 구별되는 기초적인 수행들은 모두 추구하는 지혜가 바로 여기에 있다는 점점 깨닫는 데서 출발한다.

이것이 그렇다는 우리의 확신은 우리가 지금 완전히 붓다라고 믿거나, 우리가 단지 인간일 뿐이며 처음부터 길을 발전시켜야 한다고 믿는 것에서 오는 것이 아니다. 가장 중요한 것은 자신의 마음 본성이 붓다라는 확신, 즉 자신의 시스템이 이미 붓다의 본성을 가지고 있다는 점을 아는 것이다. 이것은 명상가들에게 매우 유용하며, 이 본성을 명상 초점으로 도입하기 쉽게 만들어준다.[261]

아상가가 『숭고한 마음의 흐름』에 주석을 달아 지적했듯이, 우리 같은 평범한 사람들에게도 번뇌와 불가분인 지혜와 관련된 긍정적인 자질이 있다.[262] 대부분의 사람들은 이것이 나타나기 전에 훈련이 필요하다. 그래서 발달 경로라고 한다. 느린 것이 종종 더 빠른 것이다.

티베트 종교사를 연구한 초기의 학자들은 대체로 10세기경에 족첸이 독자적인 수행 형태로 등장했다는 데 동의한다.[263] 직메 링파가 7가지 훈련 중 처음 세 가지 훈련에서 설명하는 수행은 현재 족첸 수행자들의 전통적인 경로를 따르고 있다. 인간으로서의 상황, 즉 기회와 짧음, 불확실성과 고통을 성찰하면서 동시에 개인적인 스승과의 진심 어린 관계를 통해 항상 지니고 있던 마음의 본성을 인식하는 것이다.

파드마삼바바가 저술한 것으로 알려진 한 작품은 탄트라 수행을 창조, 완성, 대완성 또는 족첸의 세 단계로 나눈다.[264] 족첸은 한편으로는 본존수행의 완성 단계의 한 단계이자, 존재하는 강력하고 간단한 방식이기도 하다. 수행 과정에서 순수한 현존이 일종의 구루 요가의 정점으로 나타나며, 돌이켜 보면 결국 항상 존재해 왔음을 알게 된다. 모든 신성 요가는 또한 구루 요가이다.

샘 반 샤이크는 9세기 텍스트인 『바즈라사트바의 질문과 대답』에서 본존수행을 수행하는 올바른 방법은 다음과 같이 설명되어 있다고 지적한다.

궁극의 본존수행에서는 주체나 객체가 인식되지 않는다. 어려움이나 노력이 없기 때문에 그것이 최고의 본존수행이다.[265]

아좀 페일로 린포체의 '빛나는 마음 정수(Luminous Heart Essence)' 수행법은 여러 차례 진정한 또는 진실한 스승을 실재 자체로 묘사한다. 이를 염두에 두고 우리는 다시 한번 직메 링파가 이야기 명상을 마무리하는 방식이 족첸의 친밀한 실재와의 직접적인 만남을 떠올리게 한다는 점에 감사하게 된다.

족첸이 말하는 삼중 본성, 즉 텅 빈 본질, 빛나는 본성, 모든 것을 감싸는 사랑의 일부인 사랑스러운 반응성은 의도적으로 사랑과 자비를 키움으로써 카르마적 이야기 속에서 드러난다. 본질적인 무언가가 드러나도록 허용한다고 느끼는 것과 자비로운 마음을 처음부터 쌓아 올린다고 느끼는 것에는 낮과 밤처럼 미묘한 차이가 있다. 대립되는 것으로 제시되지만, 실제로는 이러한 관점들이 서로 얽히고 서로를 뒷받침한다. 마찬가지로 9가지 수레(역자주: 티베트 불교의 9가지 길)도 서로 보완한다.

귀의의 아홉 가지 길: 전체성으로의 여정

닝마파의 아홉 가지 길을 거치며 지혜의 서사가 점점 더 두드러진다. 롱 첸파가 철학적 저술에서 보살의 길과 중도를 제시할 때, 족첸으로 향하는 전환점은 직메 링파의 길 관점에 대한 배경을 제공한다. 이야기 명상에 이어 직메 링파는 응집된 탄트라적 이야기와 완성 수행을 제공한다. 여기서 수행자는 구루 린포체와 하나가 된 후 공간 속으로 녹아들고, 직메 링파의 핵심 수행을 통해 족첸 영역으로 넘어간다. 이런 식으로 각 이야기 명상과 전환부의 묘사는 생각에서 점점 더 미묘한 지혜의 총체적인 경험으로 나아가며, 전체 아홉 가지의 길을 통과하게 된다.

이 포용성은 족첸의 개방된 상태, 현실에 대한 관점, 그리고 그곳으로 인도하는 수행법의 특징이다. 모든 것은 방향성이 없으며, 이는 다른 방향을 배제하지 않고 어느 한쪽으로 치우치지 않는다. 이것이 바로 완전성의 모습이다. 이 용어는 또한 편견이 없음을 의미하며, 직메 링파는

티베트의 열린 마음과 비분파적 운동을 주창한 선구자이기도 했다.[266]

직메 링파의 『해탈로 가는 계단』에서 사만타바드라(보현보살)에 바치는 초기 찬사는 포용성의 중요성에 대해 이야기한다.

> "가르침의 완성은
> 모든 수행과 경전과 탄트라의 교리가 한 자리에서 이해될
> 때이다.
> 노력이나 긴장 없이 법신의 지혜와 하나가 되는 것,
> 이는 족첸, 대완전의 독특한 풍요로움이다."[267]

직메 링파는 수트라에서 족첸에 이르는 아홉 가지 경로의 모든 수행을 포괄적인 전체로 본다. 사다리의 낮은 단계는 높은 단계로 올라갔다고 해서 사라지지 않으며, 계속해서 오르고 내릴 수 있도록 지지한다. 이와 마찬가지로 낮은 단계의 수행이 높은 단계의 수행을 한다고 해서 사라지는 것이 아니다. 직메 링파에게 계단이나 사다리는 모든 것이 그 자리에 있다는 표현이다. 이는 그가 귀의 수행을 이해하는 방식이기도 하다.

위에 인용한 간결한 글에서, 직메 링파는 길의 모든 단계를 포함하는 귀의처를 제시한다. 모든 아홉 가지 훈련 단계에서 귀의처를 찾는 것은 족첸과 각 수행과의 관계를 나타낸다. 아홉 가지 훈련은 일반적으로 계층 구조로 제시되며, 수행자는 하나에서 다른 것으로 이동하지만, 수행의 만다라 내부에서는 족첸이 중심에 있고, 다른 여덟 가지 훈련이 이를 둘러싸고 있는 홀로그램의 이미지가 더 가깝다. 각 수행은 족첸으로의 문이며, 족첸은 그 모든 것을 자신의 관점으로 향기롭게 한다. 마치 산

전체가 꼭대기로 가는 통로인 것처럼.

롱첸 랍잠(=롱첸파)은 그의 『귀중한 법계 보물』의 마지막 전 장에서 중요한 수행의 중심에 세 가지 주요 요점이 있다고 말한다.[268] 본질, 본성, 그리고 진심 어린 반응성 이 세 가지는 직메 링파의 유명한 귀의처 구절의 핵심이기도 하다.[269]

> "삼보에, 세 뿌리인 축복받은 존재들에,
> 채널, 바람, 밝은 구체-이 보디심에
> 본질, 본성, 움직이는 사랑의 만다라에
> 완전한 깨달음에 이를 때까지,
> 나는 귀의처를 구하리라."[270]

귀의처는 우리가 필요할 때 안정, 안전, 도움을 제공하는 것을 의미한다. 일상 생활에서 우리는 두려움으로부터 우리를 보호해줄 더 크고 강력한 무언가를 찾는다. 가족, 정치, 명성에서 우리는 일종의 귀의처를 찾지만, 이들은 모두 일시적이다. 불교도들은 안정된 것에서 귀의처를 찾도록 훈련한다.

삼보는 불, 법, 승으로 이는 첫 세 가지 훈련 방법을 실천하는 이들의 귀의처다. 외적 탄트라에서 불교도들은 구루, 데바, 다키니에서 귀의처를 찾는데, 이들은 각각 축복, 힘, 활동의 원천이다. 내적 탄트라의 수행자들은 몸의 경락, 에너지, 밝은 구체의 잠재력에서 귀의처를 찾는다. 이는 매우 미묘한 요소로, 수행을 통해서만 인식할 수 있다. 족첸 수행자들은 위의 모든 것에 피난처를 둘 뿐만 아니라 항상 우리와 함께 있는 파괴할 수 없고 상상할 수 없을 정도로 친밀한 본성, 즉 자신의 순수한 앎의 존재에도 피난처를 둔다. 다시 말해, 자신의 순수한 앎의 존재에 피난처를 두는 것이다.[271]

이 네 가지 피난처는 순차적이고 누적적이다. 첫 번째와 마지막의 차이는 아름다운 일몰을 바라보는 것과 그 색깔이 내면에서 빛나는 것을 느끼는 것과 같다.

족첸은 순수한 앎인 릭파(rig pa)를 공한 본질, 빛나는 본성, 어디에나 존재하고 응답하는 자비의 세 가지 측면을 가지고 있다고 이해한다.[272] 이러한 삼위일체적 실재에 대한 중요한 출처 중 하나는 『일체를 창조하는 왕(All-Creating Majesty)』[273]이다.

> 나의 본성은 구하지 않아도 저절로 거기에 있는 것이니,
> 그것은 모든 장엄한 존재들의 핵심인 세 가지
> 붓다의 차원이다.
> 나의 조작되지 않은 본성은 순수한 붓다의 차원이며,
> 나의 조작되지 않은 본질은 풍부하게 부여 받은
> 기쁨의 차원이다.
> 나의 분명하게 존재하는 응답적 자비는 발현의 차원이다.
> 나는 이 세 가지가 구함을 통해 이루어지는 것이
> 아님을 보여준다.
> 모든 것을 창조하는 장엄함인 나는 세 붓다의
> 차원을 포함한다.
> 모든 현상의 본성은 그것이 어떻게 나타나든 간에

조작되지 않은 삼위일체, 즉 본성, 본질, 응답성이다.
나는 이 세 차원이 나의 진여임을 보여준다.[274]

세 개의 본질, 광명, 흐르는 자비는 각각 순수한 형태, 밝은 형태, 형성된 형태라는 붓다의 차원으로 무르익는다. 마음의 본질에 내재한 자비로운 반응성인 움직이는 사랑은 공한 본질과 광명의 본질이 결합하여 발산된다. 이것은 귀의 게송 세 번째 줄에 설명되어 있는데, 여기서 우리는 자비를 뜻하는 티베트어 표준어(툭스 체, 카루나-thugs rje, karunā)를 찾을 수 있다. 그러나 여기서는 발현 차원 붓다들의 자연스러운 활동인 자발적인 상태의 반응을 의미한다. 붓다들은 무엇을 도와드릴까 묻지 않는다. 개념과 이분법에서 자유로운 붓다의 자비는 그저 어디에 필요한지 알고 그곳으로 흘러간다.

게다가 롱첸파의 『귀중한 법계 보물』과 아좀 페일로 린포체의 '빛나는 마음 정수 사이클(Luminous Heart Essence cycle)'에서 명확히 밝히고 있듯이[275] 공, 광명의 본질, 움직이는 사랑과 그것들이 무르익는 세 가지 붓다의 차원은 존재하는 모든 것의 진정한 원천이자 본질이다.

깨어남의 인간성

이런 방식으로, 직메 링파의 귀의 게송은 수행자의 외적, 내적, 비밀스러운 앎의 근본적인 DNA를 가르쳐준다. 그 시와 멜로디는 자신의 본성에 대한 친밀한 광활함 속에 깊이 자리 잡는다.

이 게송은 모든 수준의 수행자에게 귀의처를 제공한다. 우리의 일상적인 경험이나 수행의 단계가 무엇이든, 우리는 깨어남과 통합되어 있다. 점점 더 우리의 인간적인 눈과 붓다의 눈은 서로에게 거울처럼 비춰져 하나의 무한한 봄으로 녹아내릴 수 있을 때까지 서로를 바라본다. 그들은 처음부터 서로 안에 있었다.

안과 밖의 경계가 부드러워지는 광활함, (신비주의자들은 종종 이렇게 말하지만) 이것은 신비주의자들만을 위한 이야기가 아니다. 실제 내용, 영향, 이미지는 크게 다르지만, 다양한 유형의 사람들이 때때로 매우 개인적인 인식의 문이 열려 전에는 알지 못했던 앎을 얻었다고 느낀다. 예를 들어, 직관은 명백한 원인 없이 일어나는 것처럼 보이는 앎이다. 이런 식으로, 그것은 족첸의 관점과 유사하다.[276]

"예상치 못한 아이디어의 출현"에 관한 글과 실시간 인터뷰를 바탕으로 클레어 페티맹은 예술가, 과학자, 그 밖의 다른 사람들에게 직관 내용이 매우 다를 때에도 직관 경험은 놀라울 정도로 유사하다는 사실을 발견했다. 그녀의 선구적인 연구는 직관의 구조, 즉 직관이 어떻게 일어나는지에 초점을 맞췄다. 그녀는 사람의 행위감이 변화하는, 즉 '나'라는 뚜렷한 느낌이 직관이 일어나기 직전에 "가벼워지고" 심지어 사라지는 경우를 여러 건 발견했다. 그들은 "아이디어가 떠오르고 있다"거나 "주어져 있다"고 말하지 "내가 아이디어를 가지고 있다"고 말하지 않는다. 이것은 이야기 명상을 하면서 우리에게 일어난 일처럼, 몸이 빛으로 녹아들어가기 전 '가벼워진다고' 느끼는 것과 비슷하다.

직관이 일어나기 직전에 인터뷰한 많은 사람들은 또한 자신과 외부 세계 사이에 더 큰 투과성을 느꼈다고 보고했다.

"그런 순간에는 나와 사물 사이에 더 이상 장벽이 없습니다. 마치 내가 더 이상 피부를 가지고 있지 않은 것 같습니다."

자아와 외부 또는 타인을 구분하는 경계가 부드러워진다. 이것은 다양한 유형의 명상에서 꽤 흔한 경험이다. 직관이 일어나기 직전에 흔히 나타나는 공간적인 요소도 있는데, 마르셀 주우스가 묘사한 것처럼 그 순간 그의 몸은 내면에서 자연의 움직임을 느끼는 "유연하고 살아 있는 거울"이 되는 것이다.

나는 내 몸 속, 내 몸통 안에서 강물이 흐르는 것을, 혹은

미루나무가 하늘을 향해 곧게 서 있는 것을 아주 잘 느낄
수 있다. 나는 내 안에서 강물이 흐르는 것을 느낀다. 나
는 미루나무가 곧게 서 있는 것을 느낀다.

선(禪) 스승 헨리 슈크만은 최근 선이나 명상에 대해 들어보기도 전인 열
여덟 살 때 아르헨티나 해변에서 그를 놀라게 한 경험을 떠올렸다. 그는
너무 어렸고 너무 놀랐기 때문에 자신의 일기장에서 자신을 3인칭으로
밖에 언급할 수 없었다.

한 청년, 해변, 물 위의 배… 어떤 세기의 어떤 청년이든
어떤 물이든 바라볼 수 있었을 것이다. 그리고 물은 매혹
적이었고 눈이 부시게 하얀데도 완전히 어두웠다. 어둠
위에 빛나는 비늘이 미끄러져 두꺼운 무광 검은색과 눈부
신 빛 사이를 오갔다. … 그는 실제로 무엇을 보고 있었을
까?
이 질문을 곰곰이 생각하던 중, 갑자기 그 광경은 더 이상
그의 앞에 있지 않았다. 그것은 그의 안에 있었다. 아니면
그가 그 장면 속으로 걸어 들어가 그 일부가 된 것처럼 그
가 그 안에 있었던 것이다. 그는 더 이상 안과 밖을 구분
할 수 없었다. … 그는 우주 전체와 똑같은 천으로 만들어
져 있었다. 그가 그 안에 속해 있다고 말하기에는 충분하
지 않았다. 그가 바로 그것이었다. 그가 그것이었다.[277]

경험은 신비주의자와 수행자들이 평생 갈고 닦는 것들이 인간 존재에게 자연스럽다는 것을 보여준다. 그래서 붓다를 비현실적이거나 너무 이질적인 존재로 여겨 친근하게 대하거나 모방하지 못하는 것은 안타까운 일이다. 이는 우리가 논하는 인간의 잠재력을 이해하는 중요한 방법이다. 동시에 독특한 구조로 얽힌 수행들은 이러한 일시적인 경험의 문을 크게 넓힌다.

롱첸파는 현재의 경험과 깨달음을 머리카락 한 올의 차이로 묘사한다. 그 차이는 자신의 불성을 어떻게 보는가에 달려 있다. 만약 우리가 불성을 자신의 근본 본성에서 인식하지 못하면, 평범한 마음이 지배하게 된다. 반대로, 있는 그대로의 불성을 인식하면 우리는 깨달음을 얻는다. 그 차이가 유일한 차이이다! 첫 번째 경우 우리의 본성은 우리의 평범한 경험에 의해 가려지고, 두 번째 경우 우리는 붓다가 된다. 그러나 원칙적으로 우리는 둘 다 아니다. 이는 우리 안의 인간성과 불성이 서로를 상쇄하지 않는다는 점을 생생히 상기시켜 준다. 사실 우리 길의 일부는 본성에 관한 명확성과 혼탁성 사이를 오가면서 나아가는 것이다. 둘 다 법계의 본성이다. 그런 의미에서, 그것들은 다른 우주를 차지하지 않는다. 붓다도 인간이었다. 이는 우리가 아직 불자의 모습을 갖추지 않았더라도 의미 있는 방식으로 이미 붓다가 될 수 있음을 명확히 하는 데 도움이 된다. 내가 고등학생 때 이 글을 읽었더라면 좋았을 텐데!

본질적으로 비어 있음을 어떻게 인식할 수 있는가? 스승들로부터, 핵심 수행으로부터, 수행 안팎에서의 다양한 경험을 통해, 심오하면서도 쉬운 시작은 단순한 이완이라는 것이 분명해진다. 편안함은 편안함을 더해준다. 특히 내가 원하는 수많은 것들을 움켜쥐고 싶어하는 타고난 충동과 그것들을 원하는 나 자신을 풀어준다. 편안함은 이 답답한 긴급함을 쉽게 누그러뜨린다. 편안함은 확장의 친구다.

좀 더 편안한 상태에서는 집착도 가라앉는다. 내가 끊임없이 내 앞길을 가로막는 수많은 몸짓을 스스로 하고 있다는 것을 인식하게 되면 조금 창피하기도 하고 큰 안도감이 들기도 한다. 이러한 '지지'는 편안함과 훈련을 통해 더욱 투명해진다. 이러한 것들을 꿰뚫어 보는 것이 가능하다면, 공간이 조금이라도 열릴 수 있다면, 문제 자체 안에서 바로 나타나는 그 공간에서 실제로 살아갈 수 있어야 한다.

내가 그의 생애 마지막 12년 동안 가능한 많은 시간을 함께 보낸 존경받는 게셰 왕걀은 보살을 '진정한 세계인'이라 불렀다. 세계인은 자신의 길만이 유일한 길이 아님을 알고, 오늘의 자아는 단지 그 자체일 뿐 영원한 고정물이 아님을 안다. 편협한 습관을 버리고, 마음과 관심사에 모든 사람을 포함하면 자기 자신과 다른 이들과의 우정이 시작될 수 있다.

티베트의 모든 의식 행위와 마찬가지로 피난처는 인지적, 상상적, 신체적, 청각적, 헌신적, 그리고 다른 정서적 상태를 포함하며, 친절하고 포괄적인 지평을 향해 열린다. 산 정상에서 계곡을 내려다보는 전망을 열망하며, 우리는 이미 이 계곡이 높은 곳에서 어떻게 보이는지 감지하면서도 아래에서 정상을 바라본다. 이것이 본질적으로 직메 링파의 이야기 명상에서 일어나는 일이다. 대담한 여행자로서 우리는 죽음과 깨달음을 모두 포함하는 풍경을 새롭게 인식한다. 마침내 우리는 우리가 작지도 않고 혼자도 아니라는 것을 깨닫는다. 이것은 모든 것을 변화시키고, 길은 합쳐진다.

핵심 수행들은 우리의 경험 속에서 전 우주를 아우르는 인식을 불러온다. 이러한 순간에 이 앎은 실로 우리가 아는 모든 것의 바탕처럼 느껴진다. 마치 우리가 경험하는 모든 것의 진정한 본성이 '말로 표현할 수 없고, 상상할 수 없으며, 형언할 수 없는' 지혜인 것처럼, '혼란스럽지 않고 진정한 마음의 상태'인 것처럼 말이다.[278] 그 순간에는 저 밖에 있는 어떤 대상을 바라보는 것이 아니다. 완전한 깨달음은 아직 손에 잡히지 않을 수도 있지만, 우리 인간의 상태가 더 확장된 상태와 융합되는 것은 충분히 가능하다는 느낌을 준다.

맑은 밤하늘을 바라보는 것은 즉각적으로 확장성으로 이어지는 통로를 제공한다. 이 광대한 우주의 일부임을 느끼며, 우리의 도전은 이전처럼 우리를 완전히 소진시키지 않는다. 그것들은 우리의 바다에 이는 잔물결일 뿐이다. 직메 링파는 『해탈로 가는 계단』의 서두에서 사만타바드라에게 이렇게 말한다.

당신이 분명히 보여주는 바탕은 물에 비친 달과 같다.

물속에 선명하게 비치면서도 달은 물속에 없다. 이것이 모든 것의 실상이다! 때로는 마음이 조금씩 깨지며 실상을 드러낸다. 이것은 단순한 관념이 아니라, 있는 그대로의 실상을 보는 것이며, 그 실상을 바탕으로 우리는 다만 겨우, 마음을 놓고 춤을 즐길 수 있다. 실상을 안다는 것은 편안함에 이르는 것이다.[279] 편안함이란 다른 사람의 고통에 마음을 여는 것이다. 직메 링파는 바로 이러한 자비의 에너지를 풀어내기 위해 이렇게 쓴다.

물속의 달처럼, 풍경은 우리를 속인다.

우리는 영원히 순환의 사슬에 묶여 떠돈다.

모두가 맑은 마음의 구(球)에서 쉴 수 있도록,

나는 네 가지 끝없는 상태를 통해 깨어난다.[280]

달은 하나뿐이지만 달빛 속에 사는 방법은 여럿이다. 달을 외면하라는
것이 아니라, 달이 떠오르는 우리 자신의 맑은 마음의 구(球), 다르마다투
(법계)인 실제의 물속에서 쉬라는 것이다. 진정한 휴식은 거짓된 자신감
의 무거운 갑옷과 꾸미는 노력을 놓아주는 것이다. 꾸미는 것은 연결되
고 싶은 소망으로 움직이지만, 결국 더 외롭게 느껴진다.

사물의 존재 방식을 인식하지 못하는 나의 실패(환상을 움켜쥐고 있는)
는 나의 본래 본성에 내재된 보리심을 가린다. 습관적인 패턴과 빠르게
지나가며 주의를 분산시키는 반복되는 굴레를 알아차리는 정도만큼 자
비심은 흘러나올 수 있다. 샨티데바는 『입보리행론』에서 자신의 헌신을
표현했다.

공간이 존재하는 한, 세상이 존재하는 한,

모든 존재의 고통을 해결하기 위해 나도 여기에 그렇게

오래 머물기를.[281]

다르마다투는 지속되는 공간이며, 롱첸파에 따르면 모든 것의 원천이자
무대인 본질적인 영역이라고 한다.[282] 이와 같은 실재하고 공허한 무대는
또한 우리의 일상적이고 혼란스러운 감성의 원천(원인은 결코 아님)이기도

하다. 그 원천으로 거슬러 올라가면 다름 아닌 순수한 붓다의 모습, 즉 법신(法身) 자체에 이르게 된다.[283] 롱첸파는 이것이 보살들이 다루어야 할 것임을 처음부터 우리가 알기를 원한다.

배가 고프거나 피곤할 때 거슬리는 것들은 휴식을 취하고 궤도에 오르면 종종 중요하지 않다. 나의 짜증은 외부적인 원인보다는 나 자신의 상태에 더 의존한다. 그리고 정확히 내 안의 무엇이 그것에 의존하는가? 습관과 역사가 영향을 미치지만 상황은 정적이거나 주어진 것이 아니다. 나는 변화하는 조류의 바다이다. 움직임이 있고 고요함이 있다. 기쁨과 슬픔이 오고 간다. 앎은 계속된다. 그리고 거울 속의 맑은 빛처럼 앎에는 밝음이 있다. 내 마음의 공간은 미리 구성되어 있지 않다. 본질적으로 열려 있고 비어 있다. 내 몸조차 부드러워진다. 내부/외부는 더 이상 내 경험의 핵심 구조가 아니며, 대상은 다른 곳에서 오는 것이 아니라 내 감각 바로 안쪽에서 열린다. 이전보다 관대함과 인간적인 연결이 더 자연스럽게 흐른다.

롱첸파의 글을 읽고 되새기다 보면, 수행에서의 내 반응이 무작위적인 것이 아니라 내가 어떤 종류의 유기체이고 모든 인간이 그런 것의 기능이라는 것을 깨닫게 된다. 그의 글은 내 경험에 빛을 비추고, 내 경험은 그의 말에 빛을 비춘다. 때로는 수행에 필요한 '알지 못함'이 불편해서 순진하게 확실성을 요구하기도 한다. "이 경험이 맞는 건가? 제대로 한 건가?"

"무엇이 일어나야 하는가?" 일어나야 할 일은 우리가 실제로 일어나는 것을 들여다보는 것이다. 그것이 수행이다.

예를 들어, 다르마다투에 관한 설명, 특히 모든 것을 아우른다는 롱첸파의 강조는 장벽이 녹아내리는 듯한, 광대하면서도 친밀감이 느껴지는 지평이 열리는 듯한 초기 감각과 일치한다. 작은 조각의 하늘을 보는 것만으로도 무한의 한 조각을 드러내듯, 우리의 더 깊은 본성을 잠시 맛보는 것만으로도 형언할 수는 없지만 감지하기 쉬운 방식으로 얼마나 든든하게 지탱되고 있는지를 보여준다. 완전히 실체가 없고, 절대적으로 침범할 수 없으며, 나의 지루한 자기회전에서 벗어날 수 있을 만큼 충분히 매력적이다. 귀의처 같은 느낌이 든다.

이 이완은 명료함으로 들어가는 것이다. 호흡을 따르는 것은 그러한 편안함으로 가는 훌륭한 방법이다. 자비심을 여는 것도 또 다른 방법이다. 직메 링파의 첫 번째 핵심 수행은 의식적으로 자유로운 상태, 즉 마음이 어떤 것에도 걸리지 않는 상태로 들어가는 것이다.

삶에 성찰의 공간이 있다는 것은 결코 작지 않은 일이다. 내 경우에는 평생의 다르마 동반자를 찾고 안정적이고 만족스러운 일을 찾는 게 큰 도움이 되었다. 하지만 그것만으로는 충분하지 않았을 것이다. 나는 내 시야가 멈추는 곳에서 멈추지 않고, 말과 몸짓으로 자신의 지혜와 능숙한 수단을 아낌없이 나누어 주는 현명하고 자비로운 스승들과의 긴밀한 연결이 필요했다.

점차, 사실은 매우 느리게, 내 마음이 이완되기 시작했다. 족첸에서 불성에 관한 가르침을 만났을 때쯤 나는 더 열려 있었고, 무엇보다도 이제 이 가르침은 경험 속에서 이 말의 의미를 아는 살아 있는 인간들로부터 왔기에 나는 그들과 이에 대해 끊임없이 이야기할 수 있었다. 그들은 내 본성과 내면의 결점을 마치 거울 보듯 분명하게 보았다. 그렇게 전체적으로 보이는 것은 치유가 된다. 게셰 왕걀은 나를 많이 꾸짖고 떠나라고 하면서도 절대 실망시키지 않았다. 몇 년 후 대학원을 계속 다니기 위해 떠나려 할 때, 그는 내가 보는 앞에서 다른 학생에게 "처음부터 나는 항상 그녀를 좋아했다"라고 가볍게 말했다.

롱첸파의 네 번째 훈련은 살아 있는 스승 또는 스승들의 중요성을 강조한다. 그것이 나의 경험이고 불교의 전통적 유산이다.

많은 수행자들의 사례가 보여주듯이 수행은 인종, 종교, 민족적 경계를 넘어 우리를 연결해 주는 어떤 것에 닿는다. 우리는 모두 다르다는 점에서 같다.

이러한 깊은 동일성의 자각은 친절하고 희망적이 되려는 결심에 힘을 실어주며, 우리의 인간적인 삶을 위한 일에 힘을 실어준다. 정의를 추구하고, 우리에게 불리하게 작용하는 습관을 버리고, 우리의 안녕과 환경을 훼손하는 제조 및 통치 관행을 거부하는 것이다. 우리 자신의 경험의 변화와 소멸 속에서 때로는 덧없음이 우리 편이라는 것을 깨닫는다. 우리의 고통도 변할 수 있다.

롱첸파와 족첸 전통이 이해하는 것처럼, 이러한 더 큰 관점에서 보면, 원초적 지혜는 사물의 있는 그대로의 모습이다. 이것은 우리가 보는 모든 것이 부인할 수 없는 우리 앎의 일부이기 때문에 1인칭 경험에서 비롯된 진리이다. 그늘을 만드는 궁극적 존재가 빛인 것처럼 무지한 앎에 대한 궁극적인 지지는 지혜이다. 우리의 궁극적인 얼굴은 이원성에서 벗어난 자유, 주체와 객체로 깨지지 않는 근본적인 경험의 통일성이다.[284]

우리의 앎이 이원성에서 벗어날 때만 이원성에서 자유로운 상태를 알 수 있다. 이것은 '영어'를 '언어'로 소통하는 사람들에 의해서만 이해될 수 있는 것과 마찬가지로 지혜로만 이해될 수 있다. 위대한 조각가들은 이미 돌 속에 자신의 작품이 있다고 말하며, 다른 사람들이 그것을 보는 데 방해가 되는 것을 제거하기만 하면 된다고 한다. 이것이 롱첸파가 보통의 존재와 그들의 불성을 바라보는 방식이기도 하다. 서로의 내면에 줄곧 존재해 왔다.

많은 면에서 불교는 삶이 가르치는 것을 가르친다. 삶은 주의를 기울이는 게 유익하고, 친절함을 통해 치유되며, 눈에 보이는 것 이상의 무엇이 있다는 점을 가르쳐준다. 우리가 설명한 수행법과 족첸의 내적 수행법도 우리의 눈을 열고, 우리가 안다고 생각했던 것을 잊고, 우리가 알지 못했던 것이 이미 우리의 앎의 일부라는 것을 새롭게 보는 방법이다.

근본적 지혜는 끊임없이 주어지는 선물이다. 이는 원인에 의한 것이 아니다. 이로 인해 지혜와 업의 이야기가 충돌하는 것처럼 보일 수 있지만, 사실 우리는 이제야 우리가 향하고 있는 지평선의 변화를 이해하게 된 것이다.

얼마나 놀라운가! 얼마나 진정으로 놀랍고 훌륭한가!
모든 완전한 붓다들의 비밀은
모든 것이 태어나지 않은 것 안에서 태어난다는 것이다.
그러나 태어남의 바로 그 행위 속에는 태어남이 없다…[285]

모순되는 것들은 서로를 배제한다. 그러나 모순이 마지막 말이 아니다. 논리는 뜨거움과 차가움, 검정과 흰색이 서로 공존할 수 없다고 가르친다. 그러나 삶은 이것이 전적으로 사실이 아니라는 것을 가르쳐준다. 예를 들어, 움직임과 고요함이 우리 자신의 마음을 생동감 있게 하는 창조적인 동반자라는 것을 스스로 깨닫게 되면 세상을 보는 더 넓은 지평을 열어 줄 것이다.

이 모든 것들은 주의를 강화한다. 주의는 사랑의 시작이다. 각각의 수행은 우리를 궁극적인 사랑인 보리심으로 이끈다. 첫 세 가지 훈련은 강렬한 직접성으로 이를 행한다. 우리의 유한성과 더 많은 고통을 만들어내는 데 짧은 삶을 소비하고 있었다는 사실을 인식하는 것은 가능한 모든 곳에서 고통을 해결하고자 하는 마음을 열어준다. 모든 것이 소멸하는 이 불안정한 세상에서 이보다 더 의미 있는 것이 무엇이겠는가?

중간 훈련은 이러한 목적을 위한 자원을 모으고, 학습하는 방법을 배우며, 훈련에 전념하도록 하고, 마지막 일곱 번째 훈련에서 핵심 실천이 드러내는 바를 우리 스스로 직접 보게 한다. 우리의 마음과 몸이 더 큰 자비와 지혜를 위한 자질을 가지고 있다는 것을 깨닫게 한다. 보리심은 모든 것을 관통하는 줄기다. 지혜의 이야기 속으로 더 깊이 들어갈수록, 탈출하고자 하는 욕망보다는 경이로움에 이끌려 새롭게 발견한 편안함과 신뢰와 사랑에 빠지게 된다. 왜 계속하지 않겠는가?

명상적 휴식

네 번째 핵심 수행

움직임과 고요함을 일으키는 행위자를 살펴보라.[286]

7. 열린 비밀, 열린 만다라

족첸의 비밀은 벌거벗은 앎이다. 아무것도 그것을 방해하지 않으며 앎은 언제나 가까이에 있기 때문에 그것은 공공연한 비밀이다. 직메 링파의 네 번째 핵심 수행에서 창시자나 "행위자"를 살펴보면, 가슴 한가운데 무한하고 경계가 없는 곳에서 멈출 수 없는 무언가를 발견하는 것 같다. 루미가 "당신의 가슴속에는 신선한 샘이 있다"고 말할 때, 아마도 이것이 그가 말하는 것일 것이다. 이 신선한 영속성은 모든 시대를 통틀어 가장 진실하고 사랑받는 연인이다. 나는 이것을 바라보는 느낌이 너무나 친밀하여 '바라본다'는 표현조차 어울리지 않는 느낌 사이를 오간다. 평소의 '나'는 녹아내릴 지경이지만 더 큰 무언가로 확장되고 있기 때문에 그리워하지 않을 것이다.

　이것들은 수행에서 일어날 수 있는 열림의 한 가지 예일 뿐이다. 그것들은 그저 여정의 풍경일 뿐이며, 우리는 이런 종류의 특별한 경험을 찾는 것이 아니라 지속적인 깨달음을 찾고 있다. 하지만 이러한 일이 일어날 때 어떤 움직임이 일어나고 있다는 것을 인정할 수 있다. 그렇다고 해서 다른 사람들도 이런 식으로 경험해야 한다거나 경험할 것이라는 말은 아니다. 이러한 경험은 이러한 수행이 얼마나 풍요로울 수 있는지를 암시하기 위한 것일 뿐이며, 앞으로 더 많은 것이 올 수 있는 선구자로서의 역할을 할 뿐이다. 수행은 수행자마다 다르게 영향을 미치며, 그것이 우리 자신의 특정한 상황에 대응할 수 있는 스승이 필요한 이유 중 하나이다. 적절한 시기에 적절한 말은 깊은 변화를 일으킬 수 있다.

스승을 찾고, 그들과 대화하며, 경험을 털어놓고, 그들에 대한 집착을 버리고 그들이 앞으로 나아가는 등불이라는 영감을 얻어라.

이러한 관점에서, 자신의 마음을 관찰하는 게 자신의 가장 깊은 본성에 대한 순수한 인식이 아니라는 직메 링파의 통찰은 일상적인 이원적 관찰을 그대로 받아들이지 않도록 하는 강력한 지지와 힘이 된다.

자신의 앞에 현존하는 친밀함은 수년간 사랑에 대해 읽은 후 마침내 사랑에 빠지는 것처럼 중독적일 수 있다. 하지만 어떻게 이런 일이 일어날까? 여기서 다시 한번, 나는 종종 족첸의 직메 링파와 비슷한 지혜를 반영하는 수피즘 시인 루미로부터 기쁨과 위안을 얻는다.

첫 사랑 이야기를 들었을 때,
나는 그것이 얼마나 맹목적인지 알지 못한 채
당신을 찾기 시작했다.
사랑하는 사람들은 마침내 어딘가에서
만나는 것이 아니다.

그들은 내내 서로의 안에 있었다.[287]

지혜가 스스로를 아는 것처럼 있는 그대로 자신을 비추는 거울의 친밀함이 바로 위대한 완전함이라고 롱첸파는 말했다.[288] 순수한 자기 인식(rang rig)은 완전한 붓다의 경지이다.[289]

이러한 관점은 나에게 그랬듯이 낯설게 느껴질 수 있다. 오늘날, 나는 다르마다투(법계)를 찬양하는 나가르주나(용수)의 유명한 말을 떠올린다. 롱첸파는 이를 보살의 접근법과 연결지어 인용한다.

그들이 어떻게 구성되는지 듣지 못하고,
자신을 과소평가하는 결점 때문에,
마음이 약한 자들은
깨달은 마음을 일으키지 못한다.[290]

우리가 무엇으로 이루어져 있는지, 또는 우리가 얼마나 단순히 만들어졌는지 모를 때, 이러한 웅장한 전망은 이상하게 보일 수 있다. 나가르주나는 그것을 이해한다. 그래서 약간의 격려가 필요하다. 소심해지지 마라! 교만하지 마라! 그저 잘 살펴보고 네가 아는 것을 알아라.

현상 유지에 대한 진정한 대안을 찾지 못하면 우리는 동기부여가 되지 않는다. 그래서 불교 전통, 특히 티베트에서는 이미 가지고 있는 잠재력과 기회에 대한 깊은 감사에 수행의 뿌리를 내리라고 강조했다. 이것이 바로 모든 사람에게 그런 기회가 점점 더 많이 주어지는 세상을 위해 우리가 노력해야 하는 이유이기도 하다.

우리의 타고난 본성은 보살의 길에서 떼어놓을 수 없는 측면이자 일곱 가지 훈련과 모든 대승불교 수행의 강력한 원동력이며, 족첸의 핵심이다. 위대한 길의 모든 스승과 제자들은 보리심과 그 사마야, 즉 수행과 수행자들을 위한 안전한 보금자리를 만들고 유지하기 위한 약속에 묶여 있다.[291] 자신의 순수성을 본다는 것은 모든 존재의 본질, 본성, 반응성에 깨어 있는 것을 의미하며, 이미지와 이야기를 벗어던진 것을 의미한다. 이는 심지어 가장 폭력적인 살인자조차도 이러한 본성을 가지고 있지만, 본성에 접근할 수 없을 뿐이라는 것을 인식하는 것이다.

순수성을 볼 수 있는 능력은 내면의 앎에 대한 신뢰가 필요하다. 우리가 삶의 다른 영역에서도 신뢰를 쌓아왔다면 도움이 된다. 친구를 믿는가? 가족을 믿는가? 동료를 믿는가? 누구를 믿는가? 냉소주의에는 지혜가 있지만, 그것이 우리의 신뢰 능력을 부식시킨다면, 우리의 전체적인 성장 능력을 제한한다.

마음이 순수하면 모든 사람이 붓다고,
마음이 불순하면 모든 사람이 범부이다.[292]

인도 및 티베트 불교 전통 전체와 그 계보를 잇는 오늘날 스승들의 지지를 받으며 롱첸파는 '그렇다, 나는 이것을 할 수 있다'고 느낄 수 있는 완전한 권한을 부여하고 있다. 나는 완전한 깨달음의 태양에서 몇 가닥의 빛을 보았다.

범부의 마음은 무지에서 비롯된 습관 패턴 때문에 잘못되어 있으며, 이 습관은 말 그대로 인식의 실패이다.[293] 지혜로 가득한 무대이자 궁극적인 다르마다투(법계)가 모든 것을 포용하고 있다는 것을 인식할 때까지 항상 그렇다. 다르마다투는 모든 것의 일부이며, 모든 것의 원천이며, 모든 것이 그것에 참여한다.[294] 궁극의 무대이다.

이분법적인 시각으로는 경험의 평온한 무대, 다르마다투 또는 그것을 스며드는 지혜를 알 수 없다. 이것이 궁극적인 것을 말로 표현할 수 없는 이유이다.

지혜는 말과 생각, 이야기 너머에 있다.
태어나지도 사라지지도 않는 본질은
공간의 본질이다.[295]

일곱 가지 훈련은 모든 것이 그 공간에서 발생한다는 것을 인식하도록 준비시킨다. 거울의 명료함에서 모든 이미지가 나타나고, 바다의 파도처럼 모든 것이 나타나고 사라지듯이, 당신이 아는 모든 것은 당신 앞의 일부이다. 지혜가 지혜를 알게 하소서!

마찬가지로, 영화 속 모든 장면은 그저 화면 위의 색채와 형태일 뿐이다. 모두가 이를 알고 있다. 그러나 이 사실을 영화를 보는 경험의 일부로 삼는 사람은 거의 없다. 영화를 망칠 테니까! 바로 그것이 요점이다. 수행자로서 우리는 무의미한 활동에 대한 확신을 버리고 대신 그 본질에 대한 자각을 유지하기로 결심한다.

실제로 숙련된 수행자들에게 있어서, 인식은 영화를 망치지 않는다. 그것은 영화와 모든 것에 대한 유희적인 즐거움을 높여준다. 인식이 망치는 것은 실제가 아닌 것을 실제라고 느끼는 것에 무력하게 빠져드는 것이다. 그 망상을 놓아버리면, 모든 것은 이 경이로운 세상에서 소리와 빛의 유쾌한 놀이이며, 우리의 일상적인 마음이 경험하는 것보다 훨씬 더 즐거울 수 있다.

> 마음의 본성은 깨어난 마음의 본질이다.[296]
> 순수한 앎은 깨어난 마음의 광활함이다.[297]
> 순수한 앎은 태초의 지혜의 공간이다.[298]
> 순수한 앎 그 자체가 붓다의 경지이다.[299]

원초적 지혜는 위의 모든 것을 아우르며, 그것들처럼 군더더기가 없다. 대상이 없다. 어떻게 있을 수 있겠는가? 개념상 대상은 주체와 분리되어 있다. 지혜는 일상적인 마음의 본성과 그 앎의 전부이다. 이것이 아리송하다면 아리송함을 즐겨라! 항상 앎, 특히 일상적인 앎에 중독되지 말라. 일곱 가지 훈련, 다섯 가지 핵심 수행, 모든 수행과 삶 전체가 그만큼 더 즐거워질 것이다.

직메 링파의 이야기 명상 하나하나는 업에서 지혜의 관점으로 흘러갈 수 있는 기회이다. 각각의 핵심은 일곱 번째 훈련의 비개념적 수행처럼 또 다른 기회를 제공한다. 이 모든 것을 통해 우리는 마음의 본질, 깨어난 마음의 정수인 마음의 내밀한 공간에 다가간다.[300] 이 본성은 보는 자와 보이는 것을 연결한다. 따라서 그것은 감각 대상의 중력적 끌어당김에서 점점 더 자유로워지도록 돕는다. 반면에 일상적인 의식은 자유롭지 못하고, 거울이 대상의 모습을 취하는 것처럼 보이는 것에 소유당한다.[301]

이것은 탐구할 만하다. 그러니 원한다면 다시 한번 창문 밖을 바라보며 시선이 무언가에 닿아 그곳에 머물도록 해보라. 나무, 정원, 건물…. 편안하게 시야에 들어오는 한 무엇이든 상관없다. 그것을 보면서, 혹은 어쩌면 그것을 냄새 맡고, 만지고, 맛보면서, 당신은 당신의 감각과 당신이 감각하는 대상을 분리할 수 있는가? 당신은 당신이 보는 나무와 당신의 보는 것을 분리할 수 있는가? 그것들을 분리하기 위해 무엇을 하는가? 시도하면 어떤 일이 일어나는가? 거리감이 변하는가, 그대로인가, 더 강해지는가? 어쩌면 당신은 빈 하늘과 그 속을 채우는 햇빛을 떼어낼 수 없는 것처럼 그것들을 분리할 수 없을 것이다. "다름"이나 "같음" 같은 단어들은 산산이 부서진다.

"비이원성"이나 "전체성"이 실제로 어떤 느낌인지, 혹은 지혜가 모든 것의 실제 본성이라고 어떻게 불릴 수 있는지에 대해 완전히 아리송할 때, 멈출 수 없는 호기심으로 또다시 나를 부르는 이 놀라운 탐구의 매력을 떨쳐버릴 수 없다.

우리가 가장 열렬하게 찾는 것은 이미 우리 자신의 것이다. 그러나 우리는 우리가 볼 수 있는 곳을 보아야 한다. 루미는 이에 대해 다시 이렇게 말한다.

그것이 진정한 길임을 알았다면,
나는 모든 두리번거림을 멈췄을 것이다.
그러나 그 앎은
두리번거리는 데에 들인 시간에 달려 있다![302]

바라보는 것은 알지 못함의 달콤한 상태이다. 우리는 무엇을 발견할지 모른다. 얼마나 흥미로운 일인가. 우리는 신선함을 즐긴다. 명상 수행은 삶과 마찬가지로, 아직 알지 못하는 자신 안의 모든 부분과 친구가 될 때 번영한다.

우리의 두 얼굴, 즉 카르마와 지혜의 이야기들은 삶, 학문, 그리고 수행이 이루어지는 다양한 내면의 풍경을 암시한다. 일곱 가지 훈련 각 각은 이러한 급진적으로 다른 풍경을 통과하며, 마침내 그것들을 둘러싼 불가역적인 경계를 초월한다. 이 주제에 대한 개인적 및 문화적 변형은 많다.

16세기 수필가 미셸 드 몽테뉴는 이성적 판단에 대한 과도한 충성이 우리의 자유, 특히 탐구의 자유를 제한한다고 썼다. 유럽 계몽주의는 맹목적인 종교적 순종에서 벗어난 새로운 자유를 찬양하며 이를 이성의 주장에 대한 복종으로 대체했다. 그러나 이는 또 다른 제한적인 감옥이 되었다. 규범을 세우고 깔끔한 정의를 내리는 것을 좋아하는 합리주의적 사고는 변화와 본질적인 광활한 상태를 제한할 수 있다.

16세기와 17세기에는 마음과 정신, 또는 감정과 이성 사이의 철학적 분화가 갈등의 영토를 강화했다. 데카르트의 "나는 생각한다, 고로 존재한다"는 철저히 이성을 조망하였고, 파스칼의 "심장은 이성이 알지 못하는 이유를 가지고 있다"는 그 빛의 한계를 본다. 하지만 마음과 이성은 서로에게 비밀로 남아 있었다.

현대에 이르러 지그문트 프로이트(1856~1939)는 서구 개인의 내적 풍경을 알려진 것과 알려지지 않은 것, 즉 의식과 무의식으로 나누었다. 프로이트는 고통스럽거나 부끄러운 기억과 충동이 눈에 띄지 않을 가능성이 높다고 생각했다. 윌리엄 제임스(1842~1910)는 우리가 인생의 거의 3분의 1을 주변 상태에서 보내며, 그것을 인식하지 못함에도 불구하고 이 주변부가 우리의 전반적인 감정과 판단에 큰 영향을 미친다고 결론 내리면서 비슷한 이야기를 제시했다.[303]

어떤 면에서 프로이트와 제임스는 롱첸파와 직메 링파가 말하는 것과 같은 말을 하고 있다. 즉, 우리는 자신을 잘 모른다는 것이다. 이 페이지 전반에 걸쳐 그들의 관심사와 우리의 관심사는 우리의 진정한 얼굴에 대한 우리의 가슴 아픈 무지이다. 우리는 다른 얼굴과 씨름하지 않고는 볼 수 없다.

족첸의 철저하게 완성된 전체성에서 깨어난 상태는 모든 것을 포함한다. 이 깨어난 마음, 보리심은 수행자 마음의 진정한 본성이다. 롱첸파의 비유에 따르면, 원초적 지혜의 태양을 인식하는 것은 지혜의 빛과 분리할 수 없는 다르마다투의 친밀하고 무한한 공간을 밝힌다. 보리심과 현실의 이러한 수렴은 족첸에서 매우 중요하며 롱첸파의 영지주의적 전환을 완성한다. 이 보리심은 무적이고 돌이킬 수 없으며 어떤 조작도 필요하지 않으며 항상 존재한다. 조작은 그것을 오히려 모호하게 만든다. 그리고 우리가 더 많이 볼수록 우리의 조작이 얼마나 만연해 있는지 더 많이 보게 된다. 늘 '척'하고 있었다는 것을 알게 되는 것이다.

깨달음이 찾아오면, 마치 일출처럼 우리의 경험 속 모든 것이 색을 바꾼다. 롱첸파의 모든 전환은 이를 위해 존재한다. 다섯 가지 핵심 수행도 이를 위한 것이다. 그리고 그것들은 한 방향으로만 가리키지 않는다. 현실은 어디에나 있다. 그저 계속 나타날 뿐이다.

명상적 휴식

다섯 번째 핵심 수행

생각을 엮는 실을 끊어라.
마음챙김과 알아차림으로 제약 없는 열린 상태에서 쉬어라.[304]

밤이 되면 짧은 꿈을 꾸듯이,

우리의 인생은 더 긴 꿈을 꾸는 것 뿐이다.

당신은 당신의 몸 안에

잠시 머무는 손님일 뿐이다.

Part 3

롱첸파의 일곱 가지 마음 훈련에 대한
아좀 페일로 린포체의 해설

일곱 가지 마음 훈련을 통한 순례자의 여정

다음 부분에서는 현재 티베트에서 가장 존경받는 족첸 대가인 아좀 페일로 린포체가 일곱 가지 훈련에 대해 설명한다. 이 과정을 통해 우리는 롱첸파를 비롯하여 수행자들이 업에서 지혜로 관점을 바꾸는 핵심적인 전환점들을 계속해서 깊이 이해하게 될 것이다.

1996년 성스러운 불교의 달 사가다와에, 나는 티베트 최초의 수도원인 삼예에서 삼예 침푸의 초원으로 가기 위해 우리 순례 그룹을 실은 트럭 뒤에서 서 있었다. 나와 옆에 붙잡고 선 젊은 티베트 비구니는 한 수행자의 얼굴이 그려진 핀을 달고 있었다. 나는 그녀에게 그가 누구인지 물었다. 그녀는 그가 위대한 라마로서 지금 침푸를 방문 중이며 우리도 그를 만날 수 있다고 말했다. 그는 최근에 재건된 작은 아니 곰파(수도원)에 머물고 있었다.

트럭은 우리를 곰파 아래 초원에 내려주었고, 우리 그룹은 그곳에

밤새 캠프를 설치했다. 다음 날 아침 우리는 그를 찾아 나섰다. 나는 맑은 공기 속에서 길을 더듬으며 바위길을 올랐고, 산비탈에 평평한 공터에 자리 잡은 작은 수녀원에 도착했다. 우리는 린포체가 있는 방으로 들어갔고, 그는 밤에는 침대로, 낮에는 대화의 자리로 사용되는 목재 플랫폼 위에서 산과 같이 위엄 있게 앉아 있었다.

내가 그룹을 대표해 그에게 가르침을 부탁했을 때, 그는 즉시 "모두를 한꺼번에 만나 가르치길 원하나요, 아니면 한 명씩 만나길 원하나요?"라고 물었다. 나는 잠시 움찔할 수밖에 없었다. 그의 경이로운 관대함에 놀랐기 때문이다. 하지만 나는 마음을 가다듬고 그룹을 대표해 감사의 인사를 전하며 각자에게 시간을 내어 달라고 부탁했다. 그리고 나의 친구 미셸 마틴과 함께 순례 그룹 멤버들 각자 린포체와 개인적인 대화를 나누는 동안 통역을 도왔다. 그는 때때로 말을 멈추고 우리를 바라보았고 그것은 완전히 새로운 경험이었다. 마치 그의 눈빛으로 새로운 가르침이 전달되는 것 같았다.

마침내 그의 개인적 지도가 끝나갈 무렵 내 마음이 부드럽게 변하기 시작했다는 것을 느낄 수 있었다. 그리고 지금도 계속 변하고 있다. 시간이 지나면서 '나는 붓다가 될 수 없다'라는 관점은 부드럽게 변했고 계속 변하고 있다. 더 넓은 지평은 분명히 가능하다. 그리고 그것은 내가 생각했던 것과 확실히 다르다.

2007~2008년 겨울, 아좀 페일로 린포체는 워싱턴의 위드비 섬과 독일에서 일곱 가지 훈련을 가르쳤다. 2010년, 그는 나에게 이 훈련들을 깊이 생각하고, 가르치고, 글로 써보라고 격려했다. "이보다 더 좋은 수행의 기초는 없다!" 그는 힘찬 목소리로 외쳤다. "내 이름을 걸겠다"라고

하며 차가운 공기 속에서 오른손을 힘차게 흔들었다. 이제 그가 직접 이 훈련들을 여러분에게 소개한다. 그의 세심하고 따뜻한 구술 가르침은 우리를 내면의 햇살 가득한 하늘로 인도하며, 롱첸파와 직메 링파가 이 일곱 가지 훈련을 어떻게 우리에게 전해주는지 감상하게 한다.[305]

아좀 페일로 린포체는 일찍이 티베트의 문화 정체성에 중요한 여러 인물들의 화신으로 인정받았다. 그중에는 트리송 데첸 왕, 비말라미트라, 옹아리 판첸, 직메 링파, 그리고 가장 최근의 전생에서는 아좀 드룩파(1924년 사망)의 아들인 페마 왕갸르도 포함된다. 아좀 드룩파는 직메 링파의 '마음 정수 사이클(Heart Essence Cycle)'을 20세기 동티베트로 가져와 자신의 경험을 반영하여 가르침을 퍼뜨리는 데 중요한 역할을 했다. 아좀 드룩파가 서른두 살이 되었을 때, 그는 직메 링파의 빛나는 환영을 보았고, 그를 매우 친절한 사람으로 묘사했다. 많은 해가 지난 후, 직메 링파가 모든 스승들 중에서 자신에게 가장 큰 영향을 준 스승이라고 묘사한다.[306] 비록 환영이나 환생을 믿지 않더라도, 아좀 린포체에 체현된 인물들 사이에서 발견하는 직감적인 연결을 주목할 수는 있을 것이다.[307]

아좀 린포체의 가슴에 바로 와 닿는 성찰 속에서, 우리는 일곱 가지 훈련의 중요성과 구조에 관한 린포체의 힘찬 목소리를 듣는다. 이 훈련들은 듣기 가르침에서부터 무상과 자비에 관한 훈련, 비개념적 행복, 명료함, 그리고 실재에 관한 통찰을 위한 채널과 기를 다루는 비전적인 일곱 번째 훈련에 이르기까지 수행의 모든 부분을 다룬다. 족첸 수행의 주요 요소들은 린포체가 이 일곱 가지 훈련을 통해 결정적으로 나타내는 것에 암시되어 있으며, 그는 이를 전체 수행 경로를 진행하는 데 있어 탁월한 기초로 여긴다.[308]

마음을 훈련하려는 의지

처음부터 기쁨이 중요한 이유는 그것이 마음을 깨끗하게 하기 때문이다. 지금 우리가 티베트의 위대한 스승 롱첸 랍잠(=롱첸파)의 지혜로운 가르침으로 흐릿한 마음을 밝힐 수 있는 기회를 맞이한 것을 기쁘게 여겨라. 롱첸파는 깊은 학문과 수행에서 대단한 성취를 이룬 인물이었다. 그는 14세기 티베트에서 살며 가르치고 글을 썼으며, 그 이후로 그의 같은 인물을 보지 못했다. 이 가르침을 기쁨과 진정한 용기와 강한 마음으로 맞이하라. 열정이 솟아올라 여러분의 보리심(보디치타), 즉 모든 존재에게 이익을 주려는 강한 염원을 더욱 발전시킬 준비를 강화하게 하라. 이러한 의도는 많은 좋은 성품을 낳아 엄청난 이익을 가져다준다. 최선의 경우, 우리는 완전히 꾸밈없는 보리심을 가지게 될 것이다.

왜 보리심이 그렇게 중요한가? 그것은 우리의 마음을 넓고 용감하게 만든다. 이러한 마음을 가진다면, 우리는 나 자신에 대한 집착, 즉 자

아를 붙드는 강력한 습관을 극복할 수 있다. 이 잘못된 집착은 모든 고통
과 괴로움의 근원이다. 보리심은 이를 제거한다. 우리가 어떤 활동을 하
든지 보리심은 항상 필요하다. 보리심은 '나'에 대한 집착의 근본을 흔들
어놓는다. 그 집착이 녹아내리면, 우리의 마음은 쉽게 모든 살아 있는 존
재를 포용할 수 있다. 우리의 모든 행동이 모두를 이롭게 하려는 의도에
의해 움직이도록 하자. 사실, 우리의 모든 수행과 훈련, 특히 롱첸파의 이
일곱 가지 훈련의 목적은 보리심, 즉 깨어난 마음의 번영이다.

우리는 다른 사람들을 이롭게 하려는 순수한 의도를 통해 깨어난
다. 우리의 첫 번째 초점은 살아 있는 존재들의 필요에 맞춰져 있다. 그들
을 위해, 우리는 두 번째 초점인 붓다의 완전한 전지전능한 깨달음에 도
달하는 것에 맞춘다. 이는 우리가 그들의 고통을 해결할 수 있게 한다. 우
리는 다른 살아 있는 존재들과 분리되어 있지 않다! 미륵불이 말했듯이,
보리심의 발전이 우리의 모든 수행과 훈련의 궁극적인 목적이다.

보리심, 깨어난 마음은 궁극적인 열매를 맺는다. 이 성취를 이루기
위한 용기와 결단으로 가득 차면, 우리는 모든 나태함과 장애물을 극복
할 준비가 된다. 우리 모두는 그것을 원한다.

우리는 모두 고통을 피하고 행복을 누리기를 원한다. 하지만 다섯
가지 주요 번뇌가 성숙해지면서 고통이 찾아온다. 이는 우리가 자신의
본성을 직접 알지 못하기 때문에 일어난다. 그래서 우리는 명료함, 지혜,
자비를 키우기 위해 훈련을 한다. 이는 모든 정신적 혼란을 없애준다.

이러한 노력에서 중요한 것은 불교에서 '믿음'이라고 하는 우리의
진심 어린 확신이다. 이 진심 어린 확신은 네 가지 유형이 있다. 명료하게
하는 확신, 깨우고자 하는 확신, 인과에 대한 확신, 그리고 길 위에서 흔

들리지 않는 확신이다.

첫째, 명료하게 하는 확신(dvang pa'i dad pa)이다. 명료하게 하는 확신은 당신을 매우 생생하게 느끼게 한다. 스승을 만나거나 법을 공부하거나 수행할 때, 마음이 생생하고 명확하며 열정적으로 느껴진다. 영감을 받으며, 생기 있고, 명확하다. 이 밝은 확신은 명료함을 가져다주고 정신적 둔함을 제거해준다. 그것은 일상의 의식(kun gzhi, ālaya)을 명확하게 한다. 일상의 의식은 흐릿하고, 밝은 확신을 가리고, 자신의 본성을 인식하지 못하게 한다. 무지는 인식과 일치하지 않는다. 진심 어린 확신은 그 무지의 일부를 제거하고 동시에 진정으로 의미 있는 것을 드러낸다.

간단히 말해, 자신의 본성을 알지 못하거나 인식하지 못하는 의식(ma rig pa, avidyā)이 일상의 의식이다. 이에 반해 길은 어떤 행동을 취하고 어떤 행동을 버려야 하는지를 아는 것이다. 그 결과는 붓다. 이러한 모든 방법에서, 이 첫 번째 유형의 진심 어린 확신은 방해를 제거하는 원인이자 더 발전하는 원인이다. 이를 잘 이해하는 것이 중요하다.

두 번째 유형의 믿음, 즉 깨우고자 하는 진심 어린 확신('dod pa'i dad pa)은 명료하게 하는 확신의 결과로 생겨나는 바람이다. 목표가 명확해야 한다. 이 종류의 확신은 우리를 길로 이끌어준다. 목표가 명확해지면, 마치 안개가 걷힌 길처럼 앞으로 나아갈 방향이 보인다. 길을 성취하고자 하는 욕망이 욕망처럼 보일까? 그리고 그 욕망이 잘못된 것일까? 모든 욕망이 같은 것은 아니다! 모든 욕망을 억제할 필요는 없다. 아슈바고샤는 젊은 고타마가 산책을 하기 위해 즐겁게 길을 나선 욕망을 "모든 욕망을 끝내기 위한 욕망"이라고 부른다. 왜냐하면 이 즐거움을 향해 가는 길에서 그는 늙은 사람, 병든 사람, 시체, 그리고 결국 해탈을 위한 출가를 결심하게 한 기쁜 수도자를 만났기 때문이다.

욕망은 도울 수도 있고 방해할 수도 있다. 여기서 말하는 욕망은 순수한 의도와 다른 사람을 이롭게 하려는 욕망에서 비롯된 욕망이다. 이러한 종류의 욕망은 자신의 욕망과는 전혀 다르다. 다른 사람을 이롭게 하기 위해 무언가를 원하는 것은 깨달음에 이르지 못하는 세속적인 욕망과 완전히 다르다. 원인도 다르고, 그 결과도 다르다. 목표와 욕망을 가지는 것이 중요하고 필요하다. 그렇지 않으면 목적지에 도달할 수 없다. 원인이 없으면 결과도 없다.

수행에 관한 욕망은 다른 사람을 이롭게 할 수 있는 능력의 원인이다. 세속적인 욕망은 자신의 행복에 관한 것이다. 다른 사람을 돕고자 하는 욕망은 당신의 행동에 대한 목적의 제한을 풀어준다. 자신에게만 집중하면 더 많은 고통이 생긴다. 그것은 깨달음으로 이끌 수 없다. 반면, 수행에 관한 욕망은 당신을 포함한 모든 사람에게 행복을 가져올 수 있다. 이것은 큰 차이이다. 그러므로 마음을 이 목적에 집중하고 이를 이루어라. 이러한 의도는 무엇이든 성취하는 데 필요하다. 에너지를 집중시키려는 의도 없이 집을 지을 수는 없다.

세 번째 유형의 진심 어린 확신은 인과에 대한 확신(rgyu 'bras yid ches gyi dad pa)이다. 영적으로나 물질적으로나 우리는 모두 인과의 지속적인 과정 속에 살고 있다. 인과의 힘과 타당성은 그 길이 우리의 소망을 이룰 수 있다는 것을 의미한다. 진정성 있고 올바른 원인은 진정성 있고 올바른 결과를 낳는다. 우리는 이 원리에 대한 확신 있는 이해가 필요하다. 의도와 욕망만으로는 충분하지 않다.

우리는 깨달음을 가져오는 실제 방법을 훈련해야 한다. 이는 길의 과정과 붓다의 기초 가르침인 인과에 대한 확신을 가져다준다. 이것을 조사하고, 질문으로 탐구하고, 과학적으로 살펴보는 게 중요하다. 이것이 우리가 인과에 대한 완전한 확신(nges shes)을 개발하는 방법이다. 이 상호 의존성은 우리가 길로 가져가는 것이며 길이 작동할 수 있게 해준다.

모든 살아 있는 것과 살아 있지 않은 것은 모두 원인에서 비롯된다. 이는 우리 주변의 모든 평범한 현상이 존재하게 되는 방식이다. 이러한 것들은 상대적 진리이며, 서로에게 의존하여 발생한다. 이것이 우리가 다루어야 할 것이다. 이를 잘 아는 것은 우리의 발전을 돕는다. 이와 같이, 자신의 삶이 실제로 이전의 원인에 의한 결과임을 깨닫게 된다. 이는 과거 생의 존재를 드러낸다. 우리는 지금 현재에 있으며, 미래를 향해 나아가고 있음을 인식한다.

네 번째 유형의 확신은 불가역적인 진심 어린 확신(phyir mi ldog pa'i dad pa)이다. 이는 절대 되돌아가지 않는 확신이다. 진정한 앎(tshad ma, pramāṇa)을 얻기 전까지는 경전의 권위에 기초한 추론에 의존한다. 그러나 인과에 대한 진실하고 직접적인 경험을 하게 되면, 더 이상 경전이나 추론에 의존할 필요가 없다. 그 앎은 불가역적이다. 바수반두가 말한 것처럼,

"듣는 것은 어둠을 몰아내는 등불과 같다.
진리를 만나는 것은 선을 증가시키는
최고의 방법이다."[309]

모든 좋은 성품은 훌륭한 앎(shes rab, prañjā)에서 비롯된다. 지혜는 고갈되

지 않으며 완전하다(shes rab mthar phyin pa). 우리는 이를 잘 설명해 줄 훌륭한 스승에게 의존해야 한다. 우리가 듣는 내용을 이해하지 못하거나 그 논리를 알지 못하면, 경전의 권위에 의존할 수 있다. 붓다께서 "내가 잘 말해주겠다"고 하신 것은, 우리의 무지와 번뇌에 대한 임시적이고 최종적인 해독제를 제공하기 위해 잘 말해주겠다는 뜻이다. 이러한 방식으로 축복이 주어지고 가르침이 제공된다. 붓다 자신은 모든 면에서 성취하셨으며, 이러한 성취는 그의 청중에게도 영향을 미쳤다.

우리는 또한 명상으로 훈련한다. 명상에서 나오는 지혜는 가르침의 무한한 표현을 불러일으킨다. 무한한 말이 나타날 수 있다. 하나의 단어에서 새로운 의미의 차원이 나올 수 있다. 가장 숭고하고 놀라운(phun sum tshogs pa, saṃpanna) 지혜는 모든 것을 알고, 모든 앎의 스펙트럼을 포함한다. 이러한 풍부한 인지적 이해가 행동과 결합될 때, 모든 숙련된 방법을 드러내며 우리를 제한하는 모든 오해를 해결할 수 있다. 이 지혜는 통찰력, 의지, 그리고 힘을 가지고 있으며, 고갈되지 않는다. 이것이 듣기 또는 공부와 개인적인 성찰을 통해 일어날 수 있는 것이다.

자비는 공성을 실현하는 최고의 방법이다. 가장 뛰어난 수행자는 다른 살아 있는 존재를 만날 때 그들의 고통을 보고 자비심을 느낀다. 이 자비심이 지혜를 일으킨다. 우리는 공성에 관한 이해를 자비와 결합해야 한다.

붓다는 "잘 듣고, 정말 잘 듣고, 감각적 대상에 집중하지 말라"고 조언했다. 진정한 듣기(tshad dang ldan pa)란 불필요한 생각이 많이 떠오르지 않는 상태에서 주의를 기울이는 것을 의미한다. 이것이 좋다.

붓다께서 잘 듣기를 권장하셨을 때, 세 가지를 강조하셨다. 첫째, 듣는 동안 거친 개념화를 포기해야 한다. 둘째, 우리의 마음, 눈, 그리고 귀를 가르침에 집중해야 한다. 셋째, 그렇게 함으로써 우리는 내용을 쏟지 않고 담을 수 있는 바로 선 그릇처럼 된다. 단순히 가만히 앉아 있는 것만으로는 좋은 듣기를 이룰 수 없다! 뻴뛸 린포체는 그의 책『위대한 스승의 가르침(Words of My Perfect teacher)』에서 이 상황을 묘사했다. "몸은 곧고 정지해 있지만, 마음은 시장으로 달려가 버린다."

잘 듣는다는 것은 잠들지 않으며, 과도한 스트레스를 받지 않는다는 것을 이해하라. 너무 팽팽하지도, 너무 느슨하지도 않게 중도를 유지하라. 마치 랍드론(Majik Labdron, 역자주: 11~12세기 티베트 여성성취자)이 말한 것처럼 "팽팽하게 조일 때는 조이고, 느슨하게 할 때는 느슨하게 하라. 그 안에 견해의 본질이 있다." 이것이 우리가 성찰하고 명상하는 견해이다. 같은 손가락으로 손가락 끝을 만지려고 하면 손가락이 꼬이듯이 불가능한 것을 시도하지 마라. 손가락이 꼬이게 되고 성공할 수 없다.

많은 사람들이 위대한 완성, 즉 족첸에 친밀감을 느끼는 것은 좋은 일이다. 그러나 그 정확한 우수함을 잘 이해할 필요가 있다. 티베트어로 '족(dzog)'은 완전하고 완벽한 것을 의미한다. 기초 수행(sngon 'gro)에서 실제 수행의 기초까지 모든 것이 그 자체로 위대한 완성, 진정한 완성이다.

비행기가 하늘을 날기 전에 지상에서 조립되어야 한다. 마찬가지로, 기초 수행은 우리가 족첸이라는 비행기를 개발할 수 있게 한다. 숙련된 방법과 지혜는 이 비행기의 두 날개이다. 비행기가 완전히 작동하게 되면 우리는 완전히 작동하는 비행기를 통해 불성으로 안내될 수 있다. 이 기초가 없으면, 완전하지 않으며, '족(완성)'이 아니다.

위대한 완성은 모든 아홉 가지 길의 좋은 성품을 포함한다. 모든 유익한 성품이 그것에 융합되어 그것에서 설명될 수 있다. 족첸은 모든 길을 한 번의 빠른 화살처럼 꿰뚫어 완전한 깨달음의 상태에 이를 수 있다. 이 완전한 완성은 "위대하다" 또는 "첸(chen)"이라 불린다. 그것보다 더 위대한 것은 없으며, 더 높은 목적도, 더 광대한 현실도 없다. 족첸의 독특한 실용 수행(man ngag)을 바탕으로 우리는 빠르게 붓다가 될 수 있다, 우리가 적합한 업의 연결을 가지고 있다면. 적은 말로 깊은 의미를 가진 족첸은 연결된 사람들에게 빠른 결실을 쉽게 가져온다. 보편적인 완성의 길은 여러 생을 필요로 한다.

족첸은 깨달음의 상태이며, 모든 붓다의 은혜로운 마음(dgongs, saṃdhāya)이다. 그것은 라마, 특별한 신 또는 이담, 그리고 하늘을 나는 지혜로운 여성들인 다키니의 본질적인 생명의 빛나는 구체(球體)이다.

기초 수행은 우리가 진정으로 위대한 완성의 가르침에 접근할 수 있게 해준다. 어떻게 그렇게 하는가? 접근은 우리 자신이 위대한 완성의 사람이 되어야 한다는 것을 요구한다. 따라서 약간의 준비가 필요하다. 위대한 완성의 자질을 가진 사람이 위대한 완성의 가르침을 만나면, 그것들이 일치하게 된다. 수행이 효과를 발휘한다.

마음을 훈련하거나 정화하는 것은 필요하다. 왜냐하면 지금 우리의 마음은 스스로 집착의 힘에 의해 통제되고 있기 때문이다. 여기서 '마음'이란 우리의 감각과 정신적 인식을 의미한다. 우리의 마음은 대상에 집착하고 그것을 진실로 받아들인다. 그 결과 우리는 욕망, 혐오, 또는 무지를 경험한다. 즉, 우리가 사물을 인식하는 방식이 번뇌를 일으킨다. 그리고 우리의 번뇌는 필연적으로 고통을 낳는다.

성공적으로 훈련하려면 마음의 오류를 이해하고 그것을 바로잡아야 한다. 고통은 본질적으로 우리의 마음에서 비롯되므로, 우리는 고통을 만들지 않도록 우리의 인식 방식을 바꾸기 위해 마음을 훈련한다. 우리는 자신을 새로운 방향으로 재조정하여 고통을 일으키는 과정을 역전시킨다. 붓다는 법의 목적이 깨달음, 즉 완전한 깨달음에 이르게 하는 것이라고 설명했다. 우리는 궁극적인 깨달음의 상태에 이르기 위해, 즉 모든 것의 실제 본성인 최종 공성을 실현해야 한다. 이러한 가르침은 우리를 위대한 완성의 진정한 후보로 만들어준다.

롱첸파가 제시한 이 마음 훈련을 통해 우리는 위대한 완성의 자질을 키운다. 이러한 훈련을 통해 우리는 거친 것에서 점점 더 미세한 것으로 나아간다. 모든 것이 무상하다는 것을 보게 된다. 이것은 매우 분명한 것이므로 그런 의미에서 길에 더 쉽게 접근할 수 있는 부분이다. 그후 우리는 모든 붓다의 궁극적이고 본질적인 깨달음, 그 깨달음의 은혜로운 마음에 연결되는 의미로 인도된다.

라마(스승), 신, 다키니에게 귀의하기

롱첸파는 경의를 표하며 시작한다. "저는 라마, 특별한 신, 그리고 다키니에게 경배합니다." 우리는 이 세 가지 존재들의 위대한 품성을 이해하고 감동받기 때문에 그들에게 경배를 드린다. 우리의 몸, 말, 마음에 대한 축복은 라마로부터 온다. 우리는 우리의 라마에게 몸, 말, 마음을 통해 헌신을 바치며, 그들과 연결된다. 그들의 축복은 우리의 평범한 몸, 말, 마음에 관한 인식을 극복하도록 돕는다. 이 세 가지 문이 깨어난다. 이 축복은 깨어난 존재들의 은혜의 파도로 우리에게 흘러들어온다. 붓다의 자비조차도 우리의 라마, 즉 영적 친구의 자비를 능가하지 못한다.

비밀 만트라에 따르면, 라마는 평범하고 비범한 삼보를 모두 체현한다. 라마는 깨어난 몸, 말, 마음의 화신이다. 그리고 라마의 훌륭한 품성은 붓다의 그것과 동등하다. 더욱이 라마는 바로 여기 우리와 함께 있으며, 개인적인 지도를 제공할 수 있다. 우리에게는 이것이 필요하다. 심지어 붓다들도 영적 친구에게 의지한다. 그리고 붓다 자신이 우리의 영적 친구이다. "미래에, 나는 중생을 돕기 위해 영적 친구로서 자신을 드러낸다."

훌륭한 라마는 다르마에 대해 잘 알고 있고, 지도자로서 명확한 방향을 제시할 수 있으며, 명확하게 소통할 수 있는 능력(btsun)과 자비(thugs rje)와 친절(bzang)로 가득 찬 사람이다. 또한 듣기, 성찰, 명상에 능숙해야 한다.

듣기, 즉 공부는 가르침에 관한 이해를 가져오며, 성찰은 그 말의 의미를 체득하게 한다. 명상은 사물의 본질을 깨닫게 해주며, 이를 통해 가르침, 토론, 그리고 글쓰기를 할 수 있는 능력을 얻게 된다. 이는 학생들의 마음에 혜택을 주고자 하는 영감을 준다. 족첸에 관해서는 우리는 지적 이해와 명상 경험 그리고 깨달음을 얻는다.

라마에게 의지하는 것 외에도 우리는 개인적인 신, 즉 이담(yidam)에게도 의지한다. 이담은 우리의 마음에 진정한 유연성을 가져다준다. 이담에게 의지하면, 우리의 습관적인 마음(phag chags)이 변하기 시작한다. 아주 강한 습관 중 하나는 자신의 몸에 집착하는 것이다. 수행 중에는 우리의 평범한 몸을 이담의 신성한 형태로 대체한다. 이담의 신성한 형상과 특별한 관계를 느끼며 자기 몸을 이담의 신성한 형태로 경험한다. 이렇게 함으로써 자기 자신에 대한 집착의 주요 기준점을 제거한다. 우리는 또한 우리의 평범한 말과 마음을 이담의 깨달은 말과 마음으로 대체한다. 이것이 자기 자신과 평범한 몸에 대한 인식을 정화하는 방법이다.

궁극적인 시디(siddhi), 즉 성취는 깨달음 그 자체이다. 삼사라의 세 가지 수준, 즉 욕계, 색계, 무색계는 우리의 습관적인 경향에서 비롯된다.

이러한 경향은 번뇌로 이어진다. 수행을 통해 우리는 우리의 몸을 신의 형상으로, 우리의 말을 만트라로, 우리의 마음을 명상적 안정으로 경험한다. 이것이 몸, 말, 마음의 불가분의 전체성(lus ngag sems gsum ngo bo dbyer med)을 이루는 방법이다. 이러한 명상은 우리를 세 가지 붓다 차원, 즉 카야(kāya)와 연결시킨다. 이렇게 해서 우리는 붓다의 몸, 말, 마음과 분리되지 않는 성취를 얻는다. 이 궁극적인 성취와 함께 작은 성취도 얻는다.

또한 우리는 우리의 지지자이자 친구인 다키니에게 의지한다. 누구나 이런 친구가 필요하며, 혼자서 성공할 수 없다. 우리는 다키니가 아래와 같은 네 가지 유익한 도움을 준다는 것을 이해해야 한다.

1. 그들은 장애, 질병, 그리고 어두움을 진정시킨다.
2. 그들은 수명, 공덕, 번영과 같은 아직 존재하지 않는 외부의 환경을 불러오고 풍요롭게 만든다.
3. 그들은 마음을 끌어당긴다. 예를 들어 중생들이 집중하지 못할 때, 다키니는 그들의 의도를 강화시킨다. 간단히 말해, 다키니는 중생들의 마음과 기운(rlung)을 통제하며, 방황하는 영혼을 포함한 여러 종류의 느슨한 끝을 모으고 통합하는 역할을 한다.
4. 다른 방법들이 실패할 때, 즉각적으로 무언가를 각성시키기 위해 그 자리에서 무언가를 잘라내거나 꿰뚫어야 할 때, 분노의 활동이 사용된다.

붓다의 깨달은 몸은 화신이나 형성된 형태인 니르마나카야(nirmāṇakāya, 化身), 깨달은 말씀은 풍부하고 찬란한 형태인 삼보가카야(saṃbhogakāya,

報身), 깨달은 마음은 본질의 차원인 다르마카야(dharmakāya, 法身)다. 이 깨달음의 차원들은 모두 라마의 깨달은 형태와 연결되어 있다. 이렇게 해서 결국 우리의 몸, 말, 마음이 라마의 깨달은 몸, 말, 마음과 불가분의 관계임을 발견하게 된다.

　　결과적으로, 우리의 깨달은 몸은 라마, 우리의 깨달은 말은 이담, 그리고 우리의 깨달은 마음은 다키니가 된다. 구루, 데바, 다키니라는 세 원천과의 동일시는 우리의 궁극적인 존경의 표현이다. 우리는 이들과의 불가분의 관계를 인식하기 위해 수행한다.

롱첸파의 일곱 가지 마음 훈련

롱첸파의 첫 번째 완전한 게송은, 이미 살펴보았듯이 몸, 말, 마음을 통해 라마, 이담, 그리고 다키니에게 예를 드리는 것으로 시작된다.

> 몸, 말, 마음의 세 문을 통해 가장 경건하게 예를 올린다.
> 수많은 라마와 이담, 그리고 다키니에게
> 일곱 가지 가르침을 통해 마음을 훈련하는
> 직접적인 방법을 밝힌다.

탁월한 능력을 지닌 독자들은 이 글의 제목과 첫 경의의 글만 읽어도 그 내면의 의미를 깨닫는다. 행운과 업보가 연결된 사람들은 이 글을 바탕으로 깨달음에 이를 것이다.

롱첸파는 이러한 깨달음으로 이끄는 일곱 가지 훈련을 명확히 설명하기 위해 이 글을 썼다. 이 일곱 가지 훈련은 자연스러운 대완성에 들어가기 위한 단계적 길이며, 이를 통해서만 앞으로 나아갈 수 있다. 궁극적인 깨달음을 얻기 위해서는 방법이 필요하다. 이 방법을 실천하는 목적과 롱첸파가 이를 기록한 목적은 모든 잘못된 인식을 뒤집어 그것들이 본래의 모습으로 나타나게 하는 것이다. 우리의 실제 본성이 드러날 때, 우리는 완전히 새로운 삶을 얻는 것처럼 느낀다. 롱첸파는 그의 큰 자비로 여기서 베일을 벗기고 그 의미를 명확히 밝힌다.

경의를 표한 후 롱첸파는 모든 이에게 이익이 되기를 바라는 넓은 마음의 의도를 표현하며, 어떤 작은 목적도 제쳐두었다. 이러한 바람이 모든 것의 기반이다. 예를 들어 자만심은 다른 사람을 돕지 못하게 한다. 마찬가지로 자신의 박식함을 자랑하려는 학자들은 순수한 동기가 부족하다. 그들은 명성과 존경에 관심이 있고, 경쟁심에 사로잡히거나 자신의 경력을 쌓고 다른 사람을 무너뜨리려 한다. 롱첸파는 올바른 원인이 없이는 다른 사람을 도울 수 없다고 언급한다. 순수하고 긍정적인 동기가 그의 글을 강력하게 만든다. 그리고 이러한 가르침을 큰 기쁨으로 듣는 것은 우리의 동요와 졸음을 없애준다. 우리의 마음이 맑아진다. 따라서 우리는 온전히 집중하여 듣고, 배운 것을 다른 존재들을 이롭게 하려는 자신의 의도와 통합할 수 있다. 우리는 이 가르침을 단순히 듣는 것이 아니라 완전히 실천한다.

롱첸파가 "행운을 가진 초심자들을 위해 이 훈련을 제시하겠다"고 말할 때, 이는 이전에 들었던 가르침의 힘으로 이 가르침에 완전히 반응할 수 있는 모든 사람을 의미한다. 이전 훈련의 강도는 길과 더 쉽게 연결되게 도와주며 이미 직접 경험한 순수한 앎, 즉 릭파(rig pa)에 더 쉽게 익숙해지도록 만든다.

여기에 있는 모든 가르침은 네 가지 마음의 정수(Fourfold Heart Essence)의 "귀중한 구리 서신(Precious Copper Letters)" 부분과 일치하며, 그 모음집에 있는 광범위한 주석 가르침에서 더 자세히 설명되어 있다.[310]

첫 번째 마음 훈련: 무상(無常)

무상에 대한 훈련은 붓다의 첫 가르침인 고(苦)의 진리, 즉 첫 번째 성스러운 진리에 관련이 있다. 이 첫 번째 성스러운 진리와 관련된 네 가지 특징은 무상, 고, 공, 그리고 무아이다.[311] 삼사라는 고통의 본성을 가지고 있으며, 무상의 본성을 가지고 있다.

무상은 우리가 직접 볼 수 있는 것이다. 우리가 무상에 대해 명상하면 영속성에 대한 잘못된 집착을 극복할 수 있다. 이러한 명상은 매우 중요하다. 무상은 존재가 불만족스럽다는 것을 우리에게 드러내기 때문이다. 여기에는 세 가지 요소가 있다. 첫째 무상을 이해하기 위해 훈련하는 방법, 둘째 그 성공의 척도, 셋째 결과이다.

무상에 관한 명상은 더 명확하고 외적인, 혹은 거친 형태의 무상에서 가장 미세하고 쉽게 간과될 수 있는 형태로 나아간다. 우리는 거친 형태의 무상을 직접 볼 수 있지만, 더 숨겨진 또는 비밀스러운 형태의 무상은 추론을 통해 접근한다. 이것은 중요한 훈련이다. 결국 우리는 외적, 내적, 그리고 비밀스러운 무상을 실현하려고 한다. 그렇게 함으로써 우리의 감각이 접하는 모든 것이 무상임을 깨닫게 된다. 이 인식은 보통 우리의 주의를 끄는 환상적인 견고함보다 모든 것이 변화하는 본성이 더 설득력 있게 될 때까지 피어난다. 우리는 사물이 외적으로 보이는 것과 실제로 있는 것을 혼동하지 않도록 단련되고 있다.

가장 명확하고 거친 형태의 외적 무상은 우리가 살고 있는 그릇, 즉 우리의 세계 시스템이다. 이 세계 시스템은 수많은 겁(twenty countless eons)에 걸쳐 형성된다. 그것은 존재하다가 다른 수많은 겁(another two countless eons) 동안 소멸되며, 그 파괴 후에는 수많은 겁 동안 완전히 사라져서 오직 빈 공간만 남게 된다.

롱첸파가 주목하는 또 다른 외적 무상의 예는 계절의 변화이다. 매일 아침이 오고, 정오가 오고, 저녁이 오는 것도 무상의 예이다.

낮이 밤을 따라오고, 그 후에는 사라진다. 이와 같이 매 순간도 시작과 끝을 가지고 있으며, 단지 짧은 시간 동안만 지속된다. 바퀴는 항상 돌고 있으며, 모든 것은 항상 변화하고 있다. 아무것도 영원히 남아 있지 않는다.

우리의 몸도 항상 변화하고 있다. 처음에는 수정란이 되어 태아가 되고, 그다음에는 태어나서 삶을 살고, 죽음을 맞이한다. 우리는 언제든 터질 수 있는 비눗방울과 같다. 우리의 몸은 네 가지 요소, 또는 다섯 가지 구성 요소로 이루어져 있다. 이들은 함께 모였다가 다시 흩어진다. 본질이 없다. 숨을 쉴 때마다 숨이 멈출 가능성이 있으며, 그러면 우리는 죽는다. 이것이 내적 무상의 수준이다.

이 명상의 다음 단계는 다른 사람들도 역시 무상하다는 것을 관찰하는 것이다. 우리와 마찬가지로 그들도 조건 지어진 존재로, 삶을 유지하는 조건들이 모였다가 흩어진다. 하지만 그들은 이 삶의 것들을 영구적인 것으로 바라본다! 이를 보고 우리는 그들을 향한 자비심을 기른다. 우리의 자비심은 수행에서 게으름과 미루는 습관을 없애는 데 도움이 된다. 또한 우리를 영원한 상태, 즉 완전한 깨달음의 상태로 향하게 한다.

비밀스러운 무상의 수준은 우리가 사랑하는 사람들과 우리를 분리시키는 모든 변화, 또는 우리가 좋아하지 않는 사람들과 함께 있게 되는 모든 변화를 포함한다. 우리는 오늘 죽지 않을 것이라고 확실하게 선언할 수 없다. 비밀스러운 무상의 수준을 인식한다는 것은 우리의 생각, 기분, 마음이 항상 변하고 있다는 것을 보는 것이다. 그리고 우리는 있는 그대로의 것들을 받아들인다.

석가모니 붓다께서는 고통의 네 가지 강(출생, 늙어감, 병, 죽음)을 마주하면서, 자신의 왕국을 다스리는 것이 무의미하다는 것을 깨달으셨다. 결국 그는 그것을 잃게 될 것이기 때문이다. 그 순간 붓다는 왕국을 포기하셨다. 그는 더 영원할 수 있는 것, 즉 성불(Buddhahood) 상태에 집중하는 것이 더 의미 있다고 느꼈다.

즐거움을 갖는 것은 괜찮지만, 그것을 영구적인 것처럼 정말로 지속될 것처럼 추구하는 데 주의해야 한다. 우리는 무상에 대한 인식이 방해받지 않도록 수행한다. 우리의 마음속으로 계속해서 무상을 인식한다. 무상에 관한 명상이 더 많은 고통으로 이어진다고 느끼지 말라! 그와는 정반대로, 이러한 수행을 통해 우리는 우리의 실제 상황에 대한 확고한 이해(nges shes)로 나아간다.

이 수행에서 우리의 성공을 측정하는 기준은 무의미한 세속적 활동에 대한 집착을 줄이는 것이다. 우리는 열매를 오래 지속시킬 행동에 집중하고, 윤회를 지속시킬 욕망에 집착하는 경향을 뒤집는다. 그 결과, 고통을 증가시키는 원인을 뒤집고, 분노와 같은 번뇌에 대한 중독을 뒤집는다.

우리 모두는 어려움을 일으키는 깊이 뿌리박힌 번뇌를 가지고 있다. 우리는 윤회에서 우리의 고통을 성숙시키는 인과 과정을 되돌리는 작업을 시작한다. 욕망과 증오에 대한 우리의 참여를 줄인다. 윤회와 관련된 인과의 부정적인 경향을 뒤집는다.

두 번째 마음 훈련: 덧없는 행복

일단 우리가 무상함을 이해함으로써 거친 마음에서 벗어나기 시작하면, 행복의 일시성을 되돌아보고 지속적인 행복과 구별하는 법을 배운다. 이 과정에서 숙련된 수행자들은 번뇌로부터 오는 해로운 영향을 줄인다. 카르마가 성숙하여 일시적이거나 어느 정도 안정된 행복을 경험할 수 있을지 몰라도, 우리는 이러한 행복에 집착하지 않는다. 우리는 선과 불선을 구별하며, 불선은 원인 없이 생기는 것이 아니라 우리 자신의 잘못된 마음에서 비롯된다는 것을 인식한다.

낮은 계층의 세계는 분명히 고통의 장소다. 그러나 높은 계층의 세계도 역시 고통을 동반한다. 양쪽 모두 사성제 중 고통의 진리에 따라 영향을 받으며, 이는 윤회의 모든 곳에서 존재하는 고통의 원인이 된다. 두 번째 훈련에서 성공의 척도는 우리가 연루된 모든 것이 고통의 원인임을 깨닫고, 윤회의 높은 형태를 영원히 열망하는 것을 포기하는 것이다.

이는 고통의 원인을 깨닫는 두 번째 성스러운 진리와 일치한다.

　이제 우리는 존재의 순환을 유발하는 원인을 이해한다. 이러한 상황에서 벗어나려는 우리의 결단은 번뇌에 큰 타격을 주고, 그것들을 완전히 극복할 길을 연다. 먼저 우리는 윤회의 번뇌 패턴에서 벗어나기 위한 강한 결의를 통해 그것들과 멀어진다. 마지막으로, 우리는 자아없음을 깨닫는 지혜의 광채로 이 번뇌들을 압도한다. 이는 우리가 정말로 윤회를 떠나려는 결단을 가졌음을 의미한다. 이러한 결단은 필수적이다. 이 방식으로 우리는 소멸의 진리, 즉 세 번째 성스러운 진리를 깨닫는다. 또한 우리는 개방적인 자신감과 자비가 필요하다.

　이 세 가지, 즉 윤회를 떠나려는 결단, 자신감, 자비는 해탈에 필수적이다. 윤회를 떠나려는 우리의 결단은 번뇌를 극복하는 데 도움을 주며, 이는 해탈에 필수적이다. 이 같은 결단은 또한 우리의 길을 안정시키고, 결국 자아없음을 깨닫는 지혜로 인도한다.

세 번째 마음 훈련: 모든 윤회 중생을 위한 자비

우리의 윤회는 끝없는 원인과 조건에 의해 생겨난다. 우리의 마음은 다양한 상황에 영향을 받는다. 이러한 조건들을 마음 훈련에 통합하면, 우리는 그 조건들을 긍정적인 결과로 이끌어낼 수 있다. 우리는 신뢰할 수 있는 방향으로 자신을 향하게 해야 한다. 아직 우리는 윤회의 모든 것이 안정적이거나 신뢰할 수 없다는 사실을 완전히 이해하지 못했다. 이제 우리는 어떤 윤회의 상황에도 휘둘리지 않는 훌륭한 수행자가 되기를 원한다.

우리의 불선한 행위는 번뇌의 경향에 의해 동기 부여된다. 번뇌로 인해 일어나는 세 가지 부정적인 신체 행위는 살생, 도둑질, 그리고 부정한 성행위이다. 말과 관련된 네 가지 부정적인 행위는 거짓말, 험담, 이간질, 그리고 무의미한 잡담이다. 세 가지 부정적인 마음의 행위는 탐욕, 해치려는 의도, 그리고 잘못된 견해이다.

몸과 관련된 선한 행위는 자비를 베풀고, 생명을 보호하며, 청정한 윤리를 지키는 것이다. 말과 관련된 선한 행위는 진실을 말하고, 화합을 이끄는 대화를 나누며, 친절한 말을 하거나 가르침과 만트라를 읊는 것이다. 이러한 훈련은 부정적인 습관을 약화시키고 뒤집는다.

세 가지 선한 마음의 행위는 먼저, 악의 대신에 다른 사람에게 이익을 주려는 마음(편심)을 키우는 것이다. 둘째, 만족 그 자체가 진정한 부임을 깨닫고, 만족을 키우면서 질투를 억제하고 탐욕을 뒤집는 것이다. 셋째, 헌신과 믿음을 키우는 것으로 잘못된 견해를 뒤집는다. 우리는 단지 부정적인 행위를 피하는 것만이 아니라, 긍정적인 행위를 키울 수 있다. 이 세 가지 훈련은 해탈을 위한 큰 지지대이다.

우리 자신이 욕망계, 색계, 무색계라는 세 가지 윤회계를 창조한다. 이 계들은 외부의 신 때문이 아니라 우리의 행위로 생겨난다. 마음 훈련을 통해 우리는 삶의 원인과 조건을 재조정한다. 우리는 앞으로의 윤회와 고통을 야기하는 과정을 되돌리기 위해 훈련하며, 이러한 상황을 긍정적으로 활용하는 법을 배운다. 우리는 다가올 고통의 원천인 번뇌에 휘둘리지 않기 위해 훈련한다. 우리는 윤회를 연장하지 않고, 멈추는 것을 목표로 한다.

롱첸파가 말하듯이, 윤회가 보답할 것이라는 생각은 단지 희망사항일 뿐이다. 숙련된 수행자는 어떤 상황에도 압도되거나 휘둘리지 않는다. 그들은 자기 부정성의 해로운 영향을 쉽게 줄인다.

붓다는 "윤회는 정말로 매우 이상하다. 우리는 우리를 만족시킬 수 없는 것에 희망을 두고, 실제로 실현될 수 있는 것에는 희망을 두지 않는다"고 말했다. 윤회는 예측할 수 없다. 우리는 이유 없이 누군가를 돕고 싶어 할 수도 있고, 어떤 사소한 일로 비난을 받을 수도 있다. 세속적인 활동은 끝이 없다.

욕망과 번뇌는 결코 만족되지 않으며, 끝없이 우리를 몰아세운다. 그것이 바로 윤회의 순환이다. 우리의 번뇌는 우리를 고통으로 몰아넣는다. 번뇌에 의해 동기 부여된 부정적인 행위는 세 가지 낮은 윤회계를 탄생시킨다. 가르침에서는 지혜와 숙련된 방법을 결합하라고 말한다. 지혜는 사물의 진정한 본질에 대한 통찰을 의미하며, 우리는 이 이해를 자비라는 숙련된 방법과 연결한다.

롱첸파는 이렇게 말한다. "윤회에 빠지지 마라! 마음을 해탈로 향하게 하라." 우리가 습관적인 패턴, 즉 자신의 윤회에서 벗어나기 위해서는 번뇌를 무장해제해야 한다. 무아를 깨달으면 잘못된 자아 인식에 큰 타격을 입히게 된다. 지속적인 행복은 바로 이 무아를 깨닫는 데서 온다. 그 전까지는 번뇌가 우리의 인식을 왜곡한다.

우리의 방향성은 중생들에게 이익을 주는 데에 있다. 마음 훈련은 우리가 지속적인 행복, 즉 무상에 흔들리지 않는 행복으로 향하도록 돕는다. 우리가 궁극적인 행복의 불을 가질 때, 우리는 자연스럽게 일시적인 혜택의 연기를 얻는다. 이러한 혜택에는 장애가 줄어들고, 좋은 건강을 얻는 상황 등이 포함된다. 이러한 일시적인 혜택은 과정 중에 얻어지지만, 우리의 초점은 궁극적인 안정된 행복에 머물러야 한다.

동시에 우리는 부정적인 행위와 그 원인을 줄임으로써 윤회에서 벗어날 수 있다는 점을 계속 인식한다. 우리는 열린 마음의 자신감, 모든 중생에 대한 자비, 그리고 윤회를 떠나겠다는 명확한 의도를 키운다. 이 세 가지는 깨달음의 길에 필수적이다.

성공이란 우리의 세속적 업보 인식이 본질이 없음을 깨닫는 것이다. 그럼에도 불구하고 이러한 인식은 우리가 길을 찾지 못하게 하며, 길의 열매를 맛보지 못하게 한다. 따라서 두 번째 유형의 진정한 자신감, 즉 깨달음을 강하게 추구하는 것이 매우 중요하다. 이런 종류의 진정한 공명이 우리에게 근본적이다. 그렇지 않으면 우리는 길을 따라 나아갈 수 없다.

훌륭한 법(法)의 목적은 부정성을 없애고, 모든 좋은 자질을 불러일으키며, 궁극적으로 행복을 찾는 것이다. 이 특별한 가르침을 읽거나 듣는 데서 기쁨을 찾아라. 모든 사람에게 이익을 주겠다는 의도로 배움에 참여하라.

모든 중생은 행복을 원하고 고통을 피하고자 하는 점에서 당신과 같다. 자신과 모든 중생을 위해 붓다의 지속적인 행복을 안정시키겠다는 의도로 수행하라. 이러한 것들이 올바른 견해와 올바른 명상을 발전시키기 위한 핵심 포인트이다.

당신의 의도가 꽃피기 위해서는 가르침의 그릇이 되어야 한다. 가르침 그 자체는 모음과 자음으로 구성되며, 단어들의 조합이다. 가르침의 그릇이 된다는 것은 가르침과의 관계를 발전시켜 마음이 비옥하고 수용적으로 자라는 것을 의미한다. 예를 들어, 당신의 스승을 전지전능한 선하신 분인 사만타바드라(보현보살)로 보고, 자신을 만주스리(문수보살)로 여기는 것이다.

우리의 감각에 나타나는 모든 것은 잘못된 것이다! 사물들은 우리의 습관 패턴과 뿌리내린 경향성에 따라 나타난다. 그것들은 무지로 생겨난다. 이러한 무지, 즉 그것들을 진리라고 여기는 알지 못함(ma rig pa)은 거짓으로 보이는 것을 진리라고 붙잡는 "장애(gti mug)"라고 불린다.

사물들의 겉모습을 진짜라고 느끼는 것은 완전히 잘못 받아들이고 있는 것이다. 이는 우리의 왜곡된 습관에 의해 좌우된다. 강력한 무지의 습관이 우리를 이끌어 우리가 경험하는 모든 것이 견고하고 영구적이라고 믿게 만든다. 그러나 그것은 그렇지 않다. 붓다는 실상을 완전히 다른, 깨어난 방식으로 본다. 덜 깨달은 보살들조차도 아직 약간의 집착과 고정관념을 가지고 있지만, 우리 일반 중생들은 이러한 집착이 엄청나다. 사물을 진실하고 견고하며 지속적인 것으로 보는 우리의 집착은 욕망, 증오, 무지뿐만 아니라 자만과 질투까지도 만들어낸다. 이것들이 바로 우리가 겪는 고통의 원인이다.

우리 훈련의 주요 목적은 우리가 보아온 이 고착된 습관적인 방식을 되돌리는 것이다. 우리는 삶에서 많은 상황을 겪는다. 좋거나 나쁘거나 무관심한 것들이다. 우리가 늘 만들어내는 번뇌는 결코 만족하지 않는다. 우리는 여기서 어떤 이익을 얻을 수 있다고 생각하지만, 대신에 우리가 견고하게 존재한다고 상상하는 물건들의 노예가 된다. 이는 불가피하다. 우리가 보고 만지는 물체들이 잘못되었다는 것을 이해하면, 그 물체들의 인식 주체인 우리 자신도 분명히 오류에 빠져 있다는 것을 알게 된다. 따라서 우리는 이 강력하고 습관적인 경향을 되돌려야 한다.

여기서 중요한 세 가지가 있다. 우리가 보는 또는 생각하는 모든 것은 무상하고, 잘못되었으며, 본질이 없다. 본질이 없는 것은 의미나 목적이 없다. 그러한 것들은 결코 진정한 또는 지속적인 행복을 가져다 줄 수 없다. 따라서 우리는 신뢰할 수 있고 진정한 것으로 마음을 돌려야 한다. 그것들이야말로 진정한 행복의 원천이다.

네 번째 마음 훈련: 무의미한 활동

우리의 세속적인 활동들은 결국 아무런 의미나 목적이 없다. 의미는 진실된 것에 존재한다. 이 삶의 이익에 집중하는 것은 우리의 특정한 자아 감각에 완전히 중심을 둔 기능이다. 우리는 자아에 집착하고 있다! 보살들은 그렇지 않다. 그들은 모든 생명체를 걱정한다.

세속적인 활동은 일시적인 만족을 줄 수 있지만, 그 끝에는 진정한 만족이나 영속적인 행복을 주지 않는다. 보살들은 자기 이익이 아닌 다른 생명체의 이익을 위해 행동한다. 그들은 자아의 한계를 넘어선 넓은 시야를 가지고 있다. 그래서 그들의 행동은 깊은 의미와 목적을 지닌다.

우리는 이 세상에서 많은 일들을 하면서 살아간다. 돈을 벌기 위해 일하고, 명성을 쌓기 위해 애쓰고, 즐거움을 찾기 위해 노력한다. 그러나 이러한 모든 활동은 일시적이며, 궁극적으로는 공허하다. 우리는 자아에 집착하기 때문에 이러한 일들에 매달린다. 자아에 대한 집착이 우리를 세속적인 일에 얽매이게 한다.

롱첸파가 말했듯이, 우리의 세속적 활동은 좁은 이익에 의해 좌우된다. 우리는 사랑하는 이들을 보호하고 적을 이기고자 하며, 사업이나 농업에 종사하기도 한다. 물론 우리는 살아가야 하고 해야 할 일들이 있다. 그러나 문제는 우리의 자기 고정 관념이 이 모든 일을 지배하여, 우리를 끊임없이 윤회의 요구에 종속시키고 다시 사로잡히게 만든다는 점이다. 결국 아무런 보상도 없다. 마치 끊임없는 싸움의 일터에 풀타임으로 고용된 것과 같다.

우리는 명성을 원하고, 모두에게 인정받고 존경받기를 원한다. 그 결과, 우리는 속이 비어 있고 불안정하게 칼날 위에 서 있는 것이다.

사실 대부분의 사람들은 의도하지 않게 집착을 늘리고, 가족과의 관계에 얽매이며, 친한 사람들과 좋은 관계를 유지하려고 노력한다. 또한 혐오감을 키우고 적대감을 조성하며, 적대시하는 사람들로부터 멀리 떨어지려 한다. 이러한 활동 중 어느 것이 우리가 죽음에 이를 때 도움이 될까?

이제 정말로 유용한 것에 주목하자. 우리는 지금 모든 생애를 쏟아부으며 돌보고 있는 이것들이 결코 유용하지 않다는 것을 인식해야 한다. 곧 지나가버리고 기억으로 남을 뿐이다. 그것들은 꿈과 같다. 밤이 되면 짧은 꿈을 꾸듯이, 우리의 인생은 더 긴 꿈을 꾸는 것뿐이다. 그것이 유일한 차이점이다. 당신은 당신의 몸 안에 잠시 머무는 손님일 뿐이다.

지금 우리가 우리의 것이라고 부르는 이 모든 것들(우리의 집, 심지어 우리 몸의 구성 요소들)조차 우리가 죽음을 맞이할 때는 아무런 도움이 되지 않는다. 그런 의미에서 그것들은 무의미하다. 우리는 정말로 의미 있고 유익한 것에 집중하기 위해 마음을 훈련시키고 있다. 윤회 속에서 평생을 보낼 때 아무것도 가져갈 수 없다면 그게 무슨 소용인가? 진정한 이익이 어디에 있는지 매우 신중하게 생각해봐야 한다. 붓다는 동굴에서도 행복하게 수행하실 수 있었는데 부자들은 궁궐 같은 집에 살면서도 불행할 수 있다는 것이 아이러니하지 않은가?

　일반적으로 말해서, 우리는 크게 속고 있다. 붓다가 왕국을 포기한 것처럼, 우리는 이 삶의 속임수 같은 재물을 포기해야 한다. 롱첸파는 마치 마법사에게 속아 완전히 거짓된 "현실"에 빠진 것처럼 느꼈다고 말한다. 그가 이 깨달음에서 깨어났을 때, 그는 깨달음의 노래를 불렀다. 이러한 노래들의 목적은 기쁨을 주고 아름다움을 꽃피우는 것이다. 나 역시 지금 즉시 노래를 불러본다.[312]

　　　광대한 세계는 순수한 형상으로 나타나고,
　　　알려진 모든 것의 거대한 배열이 있네.
　　　흠 없는 정상의 길을 주관하는 자,
　　　당신께 경배를 드립니다, 티 없는 빛이여.[313]

　　　밝은 무지개 형상, 광대한 세계,
　　　그 본질은 변함이 없네.
　　　그곳에 존재하는 모든 것이 완전하도다.
　　　우주 속 모든 존재들이 평안하기를.
　　　언제나 당신과 함께 하기를,
　　　나의 고귀한 스승이시여,

법의 감로를 맛보며.

우리 모두 깨달음을 얻기를.

마치 마법사가 우리 삶의 장면을 만들어낸 것 같고, 우리는 그것에 완전히 몰두한다. 이로 인해 우리는 크게 고통받는다. 이번 생의 모습들은 영원히 우리를 따르지 않는다. 왜 우리는 오류가 있는 윤회의 종이 되어야 하는가? 왜 흠 없는 것을 섬기지 않고 가르침의 본질적인 수행을 따르지 않는가? 이 훈련에서 우리의 성공 척도는 이러한 헛된 추구를 모두 내려놓아야 한다는 것을 깨닫는 것이다.

다섯 번째 마음 훈련: 붓다의 선한 자질에 의지하기

우리는 자기중심적인 마음과 자아에 대한 견고한 집착으로 발생하는 번 뇌 때문에 크게 고통받는다. 깨달은 존재, 즉 붓다는 이를 초월한다. 번뇌 를 제거함에 따라 잘못된 자아에 대한 강한 속박이 줄어든다. 이것은 상 호 의존적인 과정이며, 반대로도 작용한다. 잘못된 자아 정체성을 느슨 하게 하면 번뇌가 줄어들어 더 이상 우리를 붙잡지 못한다. 이와 같은 방 식으로 붓다는 방대한 공덕을 쌓아 서른두 개의 특징과 여든 네 개의 징 후를 갖춘 붓다의 몸을 이루었다.

깨달은 몸, 말, 마음의 선한 자질은 무진장한 선행의 바다에서 비롯 된 다함이 없는 장식의 수레바퀴와 같다. 이러한 사람의 마음은 항상 모 든 존재를 이롭게 하려는 소원으로 가득 차 있다. 이러한 마음은 불변의 순수 본질 차원에서 결코 벗어나지 않으며, 지혜는 끊임없이 흘러나온 다. 붓다의 몸, 말, 마음의 영광은 모든 평범한 존재의 한계를 압도한다.

이 깨달음의 상태는 이러한 훈련의 목적이다. 우유를 버터로 만드는 것처럼, 우리는 붓다의 놀라운 자질을 드러내기 위해 노력을 기울인다.

롱첸파는 우리에게 붓다의 성취를 깊이 생각하고, 이를 위해 도움이 되는 선한 자질을 얻는 데 집중하라고 조언한다. 이를 위해 우리는 명상을 통해 발전해야 한다. 구루 린포체는 "명상 없이 붓다가 되는 이는 없다. 아무런 노력 없이 성취가 이루어지는 것은 아니다"라고 말했다.

위대한 요기들은 엄격한 고행과 철저한 수행을 한다. 이는 그들이 다섯 가지 독을 정화하여 깨달음의 자질을 드러내는 방법이다. 이러한 자질의 발현은 전적으로 수행에 달려 있다. 수행은 동요를 잠재우고 더 많은 수행을 하도록 영감을 준다. 명상은 원인이다. 깨달음, 즉 붓다는 열매다. 우리는 결과를 얻을 때까지 수행에 전념한다. 이 훈련에서 우리의 성공 척도는 진심으로 수행을 추구하고자 하는 마음이다.

여섯 번째 마음 훈련: 스승의 가르침의 중요성

우리가 겪는 고통의 바다는 광대하고 깊다. 우리의 라마(스승)는 그 배의 사공이다. 그 배 자체는 가르침으로 이루어져 있다. 우리는 이 가르침을 배로 삼아 다른 해안으로 나아간다. 스승이 전하는 가르침의 소중함과 중요성을 명상하고자 한다. 우리의 스승은 이 고통의 바다를 건너게 도와주는 사공이다.

스승은 윤회의 베일을 벗겨주는 최고 군주이다. 제자로서 우리는 이 마음 훈련에서 받은 가르침을 수행할 용기가 필요하다. 이는 우리 마음을 다루기 쉽게 만들어 번뇌를 극복할 수 있게 한다. 각각의 마음 훈련은 다른 훈련을 지원한다. 이것이 우리가 라마에게 전적으로 의지하는 이유이다.

성공의 척도는 이번 생의 목적만을 좁게 추구하는 것이 무의미하다는 것을 깨닫는 것이다. 그리고 우리가 의지할 것은 스승의 가르침뿐이다. 우리는 이 가르침을 완벽히 받아들일 수 있는 그릇이 될 때까지 검토하고 성찰해야 한다. 왜냐하면 이번 생에서, 단 한 번의 생에서, 붓다의 위대한 자질과 혜택을 성취해야 하기 때문이다. 그러므로 우리는 무의미한 추구를 포기하고 받은 가르침에 집중한다.

일곱 번째 마음 훈련: 세 가지 생각을 초월한 상태

이것은 미묘한 수준의 훈련이다. 이는 스승이라는 좋은 원인에 전적으로 의지하여 깨달음이라는 좋은 결과에 이르는 능력을 제공한다. 진여, 즉 실재의 본성(chos nyid, dharmatā)은 모든 것의 본질이며, 비개념성은 우리가 이 본성을 스스로 깨닫는 길이다.

비개념성은 사물의 실제 본질, 즉 실재를 인식할 수 있게 하는 방법이다. 그러므로 롱첸파를 의지하고 비개념성 상태에서 행복-공성의 진리를 깨달아라. 비개념성은 우리의 선한 자질이 발생하는 원천이다. 라마는 그 원천으로서 삼보를 구현한다. 행복, 명료함, 비개념성의 순간적인 명상 경험(nyams)은 우리가 점차적으로 실재를 만날 수 있는 방법이다.[314]

첫 번째 비개념적 명상: 분리할 수 없는 행복과 공성

이 명상은 주의를 깊이 몸으로 가져가 중앙 채널을 명확하게 보는 것에서 시작한다. 중앙 채널은 깊은 파란색으로, 본질 차원을 의미하며, 대나무처럼 속이 빈 통로를 형성한다. 이 속이 빈 채널은 몸의 세 주요 채널이 만나는 깊은 배꼽 부위, 티베트인들이 'mdo'라고 부르는 곳에서 시작하여 솟아오른다.[315]

이 채널의 상단은 당신의 정수리에서 열리며, 여기에 콩알 크기의 뒤집힌 흰색 'haṃ' 음절을 상상한다. 이는 방편의 성질을 가진다. 채널의 하단, 배꼽 아래 네 손가락 너비에는 불타는 붉은색 'ah'가 있다.[316] 그 불꽃은 따뜻한 빛의 발광 흐름으로 중앙 채널을 통해 올라가 모든 채널과 차크라를 정화한다.

이 빛은 형상 형태 또는 화현 차원(화신, nirmāṇakāya)과 연관된 대락(大樂) 정수리 차크라에 도달한다. 여기서 따뜻한 기운이 뒤집힌 흰색 'haṃ'

음절을 녹이고, 이로부터 흰색 액체 빛이 이제 내려간다. 이 빛은 밝은 형태 또는 풍성하게 빛나는 차원(보신, saṃbhogakāya)과 연관된 목 차크라를 지나, 순수한 형태 또는 순수한 붓다 차원(법신, dharmakāya)과 연관된 심장의 법륜에 이른다.

그런 다음 자연히 깨어난 차원 또는 완전한 형태(자성신, svabhāvikakāya)와 연관된 배꼽 중심의 현현륜(화신륜, nirmāṇacakra)에 도달한다.

채널이 완전히 감로로 가득 차게 되면 네 가지 응용(sbyor ba gzhi), 즉 끌어들이기, 가라앉히기, 휘젓기, 내보내기를 수행할 수 있다. 먼저, 들숨으로 에너지를 끌어들인다. 두 번째로, 배꼽 아래에 에너지를 가라앉히고, 위에서 조금 눌러주면서 아래에서 끌어올려 횡격막 부위에 숨-에너지 공을 가둔다. 세 번째로, 오른쪽으로, 왼쪽으로, 다시 앞으로 아랫배를 휘젓는다.[317] 숨을 가능한 한 참되, 강제로 하지는 않는다. 네 번째로, 숨을 내쉬어야 할 때는 숨을 내보내며 화살처럼 곧바로 내뿜는다.[318]

다시 말해, 부드럽게 아랫 기운을 끌어올리고 윗기운을 눌러준다. 내쉴 필요가 있을 때는 이완한 후 다시 시작한다. 이 과정을 수행하면서, 심장에 있는 흰색 'ah'에 집중한다. 이 희열을 개발하기 위한 능숙한 방법을 통해 공성의 안정된 깨달음을 이룬다.[319]

이 수행들은 간단하지만, 직접 전달되어야만 이해할 수 있는 미묘한 부분들이 있으므로, 경험 많은 스승의 지도 없이 시도해서는 안 된다. 자칫 잘못하면 해를 입을 수 있다.[320]

두 번째 비개념적 명상: 명료함과 공성의 불가분성

이 명상은 코로 호흡을 하면서 세 번 또는 아홉 번의 숨 정화로 시작한다. 오른쪽 콧구멍으로 증오를 푸른-검은 연기처럼 내보내고, 왼쪽 콧구멍으로 욕망을 어두운 붉은색으로 내보낸다. 양쪽 콧구멍으로 무지를 연기 색깔로 내보낸다. 이 방법으로 호흡을 통해 장애를 정화한다.

즉시 존재하는 모든 것, 볼 수 있거나 감지할 수 있는 모든 것이 빛으로 녹아든 다음 푸른 하늘의 광활함으로 변한다. 이를 들이마시되, 배 안에서 호흡을 회전시키지 않고 이전처럼 용기를 잡은 채 유지한다. 오래 유지할 필요는 없으며, 어색해지기 직전까지 약간만 유지하면 된다.[321] 그렇지 않으면 에너지가 심장으로 올라가 위험할 수 있다.

배의 중간 정도의 호흡을 사용하되, 너무 오래 참지 말고, 자신이 편안하게 느낄 수 있는 한계까지 간다. 몸과 마음을 이완하고 명료함과 공성의 비개념적 상태에 머문다.

만약 당신이 덥다면, 당신의 호흡 에너지가 차갑다고 느낀다. 만약 당신이 춥다면, 호흡 에너지가 따뜻하다고 느낀다. 이는 에너지와 원소들을 다루는 간단하고 매우 적절한 방법이다. 더 자세히 말하자면, 우리는 이렇게 말할 수 있다. 여름에는 화(火) 원소가 지배적일 때 물을 명상한다. 가을에는 풍(風)이 지배적일 때 지(地)를 명상한다. 겨울에는 수(水)가 지배할 때 화(火)를 명상하고, 봄에는 지(地)가 지배적일 때 풍(風)을 명상한다.

그리고 원한다면 현재 계절의 대치제와 관련된 색상으로도 작업할 수 있다. 겨울은 흰색, 봄은 노란색, 여름은 빨간색, 가을은 녹색이다. 또한 예를 들어 열, 추위, 액체 등의 느낌이나 촉감에 대해 명상할 수도 있다.[322]

하지만 공간의 에너지는 항상 존재하며, 모든 원소들이 그 안에 포함되어 있다. 따라서 단순히 뜨거움과 차가움을 가지고 작업하는 것만으로도 충분하다. 롱첸파는 이 수행에 대해 경탄하며 우리에게 오직 이것만을 수행하라고 조언한다.

세 번째 비개념적 명상: 실재의 깨달음

이 명상은 어떤 개념화도 없이 우리의 참된 상태에 들어가는 것이다. 당신의 마음은 일점 집중 상태에서 힘을 얻고 만들어지지 않은 삼매, 즉 실재의 명상 안정 상태에 들어가면서 광대한 공간성을 깨닫게 된다. 이로써 붓다의 원초적 지혜가 당신 안에서 만개한다.

기뻐하라! 당신은 족첸에 대해 놀랍도록 심오한 소개를 받았다. 롱첸파는 "나는 수행자들이 대완성의 매우 심오한 실천에 들어갈 수 있도록 주요 포인트를 담은 이 일곱 가지를 정리했다"고 말했다. 롱첸파의 마음 훈련은 기초 실천에서 족첸까지 아우른다. 그는 우리가 사물의 진정한 의미를 명확히 알 수 있도록 이 훈련을 구성했다. 이 방법은 자연스럽고 위대한 완성에 들어가는 단계를 제공한다. 이는 이해를 발전시키기 위한 점진적인 과정이다.

몸과 마음을 이완하고 편안하게 하라. 눈을 이리저리 움직이지 말고, 움직임 없이 편안히 두어라. 마음을 그냥 두고, 과거의 기억이나 미래의 계획을 생각하지 마라. 이렇게 하면, 마음이 아무것도 쫓아가지 않게 된다. 그저 편히 머물게 하고, 자신을 다스릴 수 있는 능력을 얻게 된다.

이것이 자유다. 이를 통해 당신은 자신의 마음 본성을 인식하게 된다. 당신의 마음 본성은 하늘과 같으며, 공간과 같다. 당신은 공간 속에 있으며, 완전히 벌거벗고 넓게 열린 순수한 인식에 있다. 이것이 사물의 진정한 의미를 인식하는 방법이다. 이 수행의 실천법을 받는 것은 고통으로부터 벗어날 수 있는 훌륭한 방법을 찾는 것과 같다. 실천에 익숙해질수록 더 미묘하고 심오한 차원이 드러난다.

롱첸파의 이름은 광대한(chen) 펼쳐짐(klong)을 의미한다. 그는 맑은 빛의 무지개 몸을 성취하여 그곳에 머물고 있다. 우리가 최고 경지의 견해와 자발적 현존을 성취할 수 있기를. 우리의 모든 삶이 스승과의 이 연결을 유지할 수 있기를. 모든 존재가 이 만다라에서 깨어나기를….

롱첸파는 슉셉 수도원 위의 백골산에서 이것을 썼다. "흰색"은 다른 사람을 이롭게 하려는 의도를 나타낸다. 그리고 산은 많은 좋은 자질의 원천을 의미하며 수행을 나타낸다. 수행은 당신이 세음트리(semtri) 또는 마음안내(sems khrid)를 받기 위해 준비시켜주며, 추가적인 가르침을 받을 수 있게 한다. 마음안내는 깨달음에 이르는 고속도로다. 마음수행이 외부 단계로, 모두에게 도움이 되는 다이어트 요법과 같다면 마음안내는 각 개인마다 고유하게 이루어진다. 각자 의사로부터 받는 조언이 다르듯이 개인적이고 일대일 과정인 것이다. 우리가 수행을 시작하면 씨앗을 심는 것과 마찬가지로 깨달음을 이끌어낼 수 있는 조건을 만든다. 모든 이가 이로부터 이익을 얻기를…. 이것이 나의 가장 깊고 진심 어린 소망이다.

불교의 원칙인 연기, 전체성, 그리고 광활한 마음을 생각할 때 나의 감사는 무한히 확장된다. 지난 50년 동안 그리고 그 이후에도 이 전통과 그것을 이해하는 데 도움을 준 모든 위대한 존재들에게 경의를 표한다.

나는 그 세대 최고의 티베트 학자들과 수행자들을 만나고, 어울리고, 무엇보다 깊이 공부할 수 있는 행운을 얻었다. 특히 겔룩파의 게셰들이 그러했다. 1970년 내가 불교 공부를 막 시작했을 때 위스콘신 대학교 매디슨 캠퍼스에서 가르쳤던 규메 켄수르 나왕 렉덴(1900~1972)을 시작으로, 곧이어 다람살라에서 만난 게셰 랍텐과 게셰 나왕 다르계, 버지니아 대학교의 라티 린포체와 덴마 로초 린포체, 그리고 인도와 버지니아 양쪽에서 처음부터 끝까지 함께한 위대한 로셸링 켄수르 예셰 툽텐이 있었다.

버지니아 대학교의 창립 디렉터이자 여전히 활발한 불교학 프로그램의 제프리 홉킨스는 이들 스승 중 몇몇을 개별적으로 우리와 함께 연구하도록 초청했고, 수년 동안 티베트 경전을 우리와 함께 꼼꼼히 읽으며 다른 모든 것을 가능하게 했다. 그는 매주 개별 주제에 대해 모든 대학원생과 개별적으로 읽고, 각 주제에 대해 더 잘 이해할 수 있도록 광범위하게 읽으면서 회의를 진행했다. 게셰 왕걀은 내내 나의 시금석으로서 이 모든 문제를 자신만의 독특한 방식으로 밝혀주었다.

이 시기 동안 나는 롱첸 닝틱 수행을 소개해 준 족첸 마스터들도 만났는데, 특히 티베트에서 수련을 마치고 인도와 네팔로 망명하기 전의 케춘 상포 린포체와 1974년부터 2009년 그가 세상을 떠날 때까지 가능할 때마다 만났다. 1980년대 캘리포니아에서 수년간 가르친 암도 출신의 라마 곤포 체텐, 그리고 1980년대 중반에 만나 여러 해 동안 가능한 많은 수련회를 함께 했던 초걀 남카이 노부 린포체도 만났다. 이 모든 위대한 존재들은 이제 세상을 떠났다.

1996년부터 첫 만남에서 나에게 법명을 내려주고 2010년에 도르제 로폰[Dorje Lopön, 역자주: 공인된 바즈라야나(금강승) 마스터]라는 칭호를 내려준 족첸의 마스터 아좀 페일로 린포체는 내 족첸 학습의 중심이었으며, 케춘 린포체의 뛰어난 족첸 제자이자 학자인 라마 텐진 삼펠의 가르침도 정기적으로 구두로 번역해 왔다. 나와 던 마운틴(Dawn Mountain) 커

뮤니티는 12년 동안 롱첸파의 저술을 중심으로 족첸 문헌을 정기적으로 연구해 왔다.

데이비드 제마노의 족첸 이니셔티브 동료인 족첸 학자와 수행자들의 학문적인 모임과 대화는 많은 배경 지원을 제공했으며, 특히 이 책에서 논의된 핵심 수행에 대한 규르메 로도 갸초(켄포 예쉬)의 성찰은 매우 명료하게 밝혀주었다.

라이스 대학교 인문학 연구 센터의 펠로우로 활동할 수 있는 기회를 통해 논문들을 작성하고 인문학 전반에 걸쳐 있는 동료 펠로우들과 논문 일부에 대해 논의했으며, 라이스 대학교 종교학과 대학원생들과 동료들에게 연구의 일부를 두 차례의 영지주의, 탄트라, 신비주의(GEM) 세미나에서 발표할 수 있었다. 그리고 라이스 대학교의 제안 개발 사무국장인 필리스 채널브라이드 박사의 능숙한 시각과 격려에 깊은 감사를 드린다.

처음부터 격려와 유용한 수행을 제공해 준 위즈덤의 데이비드 키텔스트롬과 마무리 단계에서 모든 것을 취합하는 작업을 이어받은 메리

페추세비치에게도 감사드린다.

더욱 최근에는 라이스 대학교의 뛰어난 박사 후보생인 러니드 푸트가 초기 버전을 읽고 유용한 의견을 많이 주었다. 덴마크의 베스크센트레에서 예스 베르텔센의 초청과 마르틴 반 비크의 도움으로 수행자들에게 일곱 가지 수행과 요점 지시를 가르치는 동안, 간덴 초코르 스위스에서는 게셰 로드로 툴쿠 린포체의 친절한 환대와 나타샤 켈러-가세르만과 메리 오브라이언의 추가 지원 덕분에, 그리고 던 마운틴에서 진행 중인 족첸 사이클 프로그램을 시작하면서 많은 참가자들과 함께 많은 실제적인 문제뿐만 아니라 철학적인 문제에 대해 생각해 볼 수 있는 기회를 얻었다. 이 책을 바탕으로 한 위즈덤 아카데미 수업을 준비하는 것도 마찬가지였다. 마찬가지로 라이스 학부생들, 특히 티파니 파딜라에게 호기심과 질문에 대해 감사드린다. 우리가 수업 시간에 코르틀랜드 달의 위대한 완성 단계를 읽었을 때, 이 책의 중요한 기초가 된 것은 분명하다. 코르와 마르틴 반 비크는 나에게도 매우 친절한 대화 상대였다.

마지막 몇 달 동안 원고를 마무리하는 과정에서 규르메 로도 갸초와 함께 영향력 있는 대화를 나눌 수 있어 행운이었다. 마지막 편집의 분주함 속에서 BDRC의 수장인 얀 로니스가 중요한 서지학적 도움을 주었고 카르마 공드도 마찬가지였다. 위디와 독일에서 아좀 린포체의 일곱 가지 수행에 대한 구술 가르침에서 나온 노트를 공유해 준 족첸 닝틱 친구들과 매사추세츠주 바레에서 열린 BCBS의 일곱 가지 수행 과정에 참석한 학생들에게 그들의 수업노트와 대화에 대해 감사드린다. 그 과정에는 모세스 모한, 이 책의 한국어 번역자인 유정은, 카라 스나치주크, 멜라니 제인, 이자벨 프레다, 낸시 톰슨, 조셉 헤네시, 패트리샤 크레이언 등이 참가했었다.

그리고 이 책에 대해 논의하지는 않았지만 그들의 빛나는 유쾌함이 분명 영감과 마무리에 에너지를 불어넣는 데 기여한 다른 친구들에게도 고개를 숙여 인사하고 싶다. 라이스 대학교와 그 밖의 학자 친구들 (마르시아 브레넌, 데이비드 제르마노, 빌 파슨스, 니키 클레멘츠, 사라 제이콥, 앤 글리글, 르네 포드, 월터 굿윈, 네이선 리치, 스티븐 타이너) 뿐만 아니라 샤론 잭슨과 던 마운틴과 던 마운틴 티베트 불교 사원의 놀라운 과거 및 현재 이사회 멤버들, 그리고 수년 동안 아좀 린포체의 보물 텍스트 사다나의 던 마운틴 리서치 연구소 출판물을 신중하게 디자인하고 조판해 온 마크 유레비치 박사, 그리고 엘리자베스 월렛의 능숙한 도움에 감사드린다.

마지막으로, 1970년에 만난 이후로 내 삶의 모든 다르마 모험과 그 밖의 모든 중요한 것들을 공유할 수 있게 해준 하비 B. 아론슨, 라마 남걀 도르제에게 기쁨과 무한한 감사를 전한다. 이 사가다와(Sagadawa, 역자주: 티베트력으로 4월이며 붓다가 태어나서 성불하고 열반에 든 가장 상서로운 기간)의 달이 차오르는 날, 마감일에 맞춰 이 원고를 마무리하던 중, 그는 마지막 페이지까지 꼼꼼히 읽고 중요한 제안을 해주기 위해 끝없는 시간과 마음을 내어주었다. 오늘.

사가다와 보름달, 2022년 6월 14일

아좀 페일로 린포체

아좀 페일로 린포체는 1971년 전통 티베트의 캄 지역에
서 태어났다. 그는 직메 링파, 티송 데첸 왕, 비말라미트
라, 나리 판첸 등의 화신으로 인정받았으며, 문수보살
의 언어 현현으로도 여겨졌다. 13세의 나이에 그의 스승
중 한 명의 요청으로 명망 높은 성지인 삼예 침푸에서 파
트룰 린포체의 '나의 완벽한 스승의 말씀'에 대해 강의할
때, 그는 "많은 라마들이 배우러 온 것이 아니라 나를 비
판하러 왔다"고 언급했다. 그렇게 어린 나이에 그토록 심
오한 텍스트를 어떻게 가르칠 수 있겠냐는 의문이 있었
다. 그러나 그의 강의가 진행됨에 따라, 그들은 경의를 표
하며 그에게 절을 했다.

그는 아좀 드룩파(1824~1942)가 설립한 아좀 가르에서 성
장하고 훈련을 받았다. 아좀 드룩파는 아좀 린포체의 전
생인 페마 왕갈 시절의 아버지였다. 현재 그는 주로 거주

하는 곳인 오겐 삼덴 링에서 가르치고 있다. 오겐 삼덴 링은 그가 2000년경에 설립한 수도원으로, 티베트 자치구의 레게 지역에 위치하며, 오래전부터 구루 린포체와 예셰 초갈에게 신성한 장소로 여겨졌던 곳이다.

수년에 걸쳐 그는 티베트 불교의 네 가지 종파와 본교의 수도원 센터에서 가르침을 베풀어 달라는 초청을 받아들였다. 이를 통해 그는 전생인 직메 링파의 비종파적(리메) 성향을 이어가고 확장시켰다. 오겐 삼덴 링에서 그는 전통적인 수도원 교과과정과 족첸 교과과정을 능숙하게 가르치고 전수하며, 제자들과 함께 희귀한 마음의 본성에 대한 지침(셈트리) 계보를 공유했다.

그는 다작의 테르톤(보물 발견자)으로, 텍스트나 보물을 드러내는 이였다. 최근 몇 년 동안 그가 알려준 보물들 중에는 예셰 초갈의 얼굴을 본 후 발견한 '빛나는 마음 정수(외셀 닝틱)', 관음보살의 성지인 포투 섬에서 받은 '연꽃 마음 정수(페마 닝틱 또는 관세음보살 족첸)' 사이클, 그리고 1999년 오대산의 비말라미트라 동굴에서 받은 문수보살 족첸이 포함되어 있었다.

그는 또한 직메 링파의 '광대한 마음 정수(롱첸 닝틱)' 사이클과 아좀 드룩파의 보물 모음인 '광명 금강의 비밀 보고(외셀 도제 상죄)'를 보유하고 있었다. 그는 족첸과 마하무드라 두 계보를 모두 따르고 있다.

그는 티베트 여러 곳의 바위에 발자국과 손자국을 남기는 등 많은 특별한 성취로 알려져 있었다. 아마도 가장 유명한 것은 다르마 수행과 학습을 고무하기 위한 숙련된 방편으로, 8세기에 예셰 초걀과 구루 린포체의 수행처였던 테드롬에 남긴 머리 자국일 것이다.

직메 링파

직메 링파(1730~1798)는 티송 데첸과 비말라미트라의 화신으로, '광대한 마음 정수' 사이클을 계시한 것으로 유명했다. 이 계시는 그가 28세에 수행 중이던 때, 꿈에서 본 구루 린포체를 그리워하며 흘린 눈물 후에 일어났다. 31세에 그는 롱첸 랍잠의 지혜, 몸에 대한 세 가지 순수한 환상을 경험했다. 이 환상을 통해 그는 차례로 롱첸파의 가르침 전수, 롱첸파의 이름으로 가르칠 수 있다는 축복과 가피, 그리고 롱첸파의 지혜를 직접 마음으로 전수받는 축복을 받았으며, 이를 통해 롱첸파의 앎이 그에게 전이되었다.

이후 그는 민드롤링 수도원을 통해 17대 닝틱 탄트라, 비마 닝틱, 라마 양틱 등의 전수를 받았다. 43세에 그는 닝마 탄트라를 25권으로 인쇄하는 작업을 조직했다. 앞서 언급했듯이, 직메 링파는 티베트에서 비종파주의의 초기 주창자로 유명했다. 그의 헌신적인 제자들은 가장 낮은 계급의 사람부터 데르게의 국왕과 왕비에 이르기까지 사회의 모든 계층에서 왔다.

70세에 그는 자신이 설립한 비구니 수도원이 있는 체링 종으로 은퇴했다. 어느 맑고 밝은 날, 그는 백 타라에 대한 가르침을 주었다. 달콤한 향기가 주변에 가득 찼고, 맑은 하늘에서 부드러운 비가 내렸다. 제단에 새로운 공양물을 놓아달라고 요청한 후, 그는 본초적 상태와 하나가 되었다.

롱첸 랍잠

롱첸 랍잠(1308~1364)은 삼예 침푸를 방문하던 중 사망한 티송 데첸의 딸 페마살 공주의 환생으로 여겨졌다. 구루 린포체는 그녀를 잠시 소생시켜 다키니 심요 사이클을 전수했다. 구루 린포체는 그녀가 미래 생에 페마 레드렐찰로 이 사이클을 드러내고, 그 다음 생에 롱첸파로 이를 널리 전파할 것이라고 예언했다.

롱첸파는 깊은 학식과 수행을 겸비한 인물로, 티베트에서 족첸의 가장 중요한 편찬자이자 창의적 해석자로 꼽혔다. 그는 자신의 방대한 저술 외에도 비말라미트라의 비마 닝틱과 파드마삼바바의 다키니 심요를 통합하고 광범위하게 확장시켰다.

27세에 그는 쿠마라자로부터 비말라미트라의 완전한 가르침을 받았고, 쿠마라자는 롱첸파를 자신의 계보 계승자로 임명했다. 이후 롱첸파는 주로 삼예 침푸에서 7년간 수행에 전념했다. 후에 그는 환상 중에 비말라미트라로부터 직접 비마 심요 가르침을 받았고, 이에 영감을 받아 라마 정수 심요(라마 양틱)를 저술했다.

그는 생의 대부분을 은거하며 보냈다. 56세에 다시 침푸에 도착했을 때, 그는 "다른 곳에서 태어나는 것보다 침푸에서 죽는 것이 낫다"라고 말했다. 그는 실제로 그곳에서 입적했고, 그의 스투파는 오늘날까지 계곡 높은 곳에서 숭배의 대상으로 남아있다.

직메 링파와 롱첸파의 전기는 툴쿠 톤둡의 『명상과 기적의 대가들(Masters of Meditation and Miracles)』에 부분적으로 요약되었다.

Part 1

1. '일체를 창조하는 왕': All-Creating Majesty(Kun byed rgyal po)는 롱첸파의 Precious Treasury(귀중한 보물) 200.4–6에서 인용됨. 이 번역은 7음절 티베트 멜로디로 노래할 수 있음. Barron의 훌륭한 번역은 그의 Precious Treasury of the Basic Space of Phenomena, 209쪽 참조.

2. 앤 클라인(Klein)과 왕걀(Wangyal)의 Unbounded Wholeness, 38쪽.

3. 틱낫한, "Real Peace", https://justdharma.org/category/thich-nhathanh/ 참조.

4. https://www.brainyquote.com/quotes/martin_luther_king_jr_115064 참조.

5. 보르헤스(Borges), "The God's Script", 172쪽.

6. 창세기 1:1–5.

7. 바샴(Basham), The Wonder That Was India, 247쪽. 산스크리트 원문은 https://sanskritdocuments.org/sanskrit/major_works/ 참조.

8. 페이글스, Beyond Belief, 140–41쪽.

9. 툴쿠 톤둡의 Masters of Meditation, 77쪽에서 각색.

10. Longchen Rabjam, Commentary on the "귀중한 법계 보물: Precious Dharmadhātu Treasury", 43.8ff. (필자 번역); 배런의 Treasure Trove, 5쪽도 참조.

11. 프티망장, "Anchoring", 1쪽.

12. 여여성(如如性) 또는 실재에 대한 비개념적 깨달음(chos nyid), 알아차림 또는 열린 현존(rig pa), 그리고 광대한 확장(klong chen)은 우리의 논의 전반에 걸쳐 반복될 주요 족첸 용어들임.

13. 이 아홉 가지 경로는 "승(乘, 티베트어: theg pa, 산스크리트어: yāna)"으로 알려져 있는데, 이는 "발판 또는 당신을 지탱할 수 있는 어떤 것"을 산출하는 마음의 상태를 낳기 때문임. Levinson, "Metaphors of Liberation", 84쪽.

14. Longchen Rabjam, Sevenfold Mind Training: Practical Instructions on the Foundational Practices(Sngon 'gro sems sbyong bdun gyi don khrid).

15. 다음은 9음절 티베트 전통 멜로디로 노래할 수 있는 영어 번역임: "Respectful homage through my three doors to lama, yidam, ḍākinī hosts. Seven mind training points make clear how to stepwise enter

their core meaning."

티베트어 sbyong은 "훈련하다"와 "정화하다"를 의미함. 번뇌는
정화가 필요하지만, 당신의 심요(心要)는 그렇지 않다. 마찬가지로,
잘못된 마음(sems)은 훈련이 필요하지만, 당신의 선천적 불성은 그렇지
않다. 따라서 sems sbyong("마음 훈련")은 "마음 정화"로도 번역될 수
있다.

16. "귀중한 구리 서신(Precious Copper Letters)"은 Fourfold Heart
    Essence(Snying thig yabzhi)의 한 부분이며, 그 주제들은 Yangthig
    가르침, 즉 비말라미트라와 구루 린포체의 심요 가르침에
    대한 롱첸파의 주석적 종합에서 더 자세히 설명됨. Fourfold Heart
    Essence의 개요와 그안에서 "귀중한 구리 서신"의 위치에 대해서는
    Dahl의 Entrance to the Great Perfection, 부록 3, 218-29쪽 참조.

17. 여기서 릭파(rig pa)에 대한 언급, 특히 "귀중한 구리 서신"을 언급하는
    맥락에서는 롱첸파가 족첸에 대해 논의하고 있다는 추가적인 지표.

18. 아좀 린포체는 이를 우리 자신의 신체의 무상함으로 해석하며,
    비밀스러운 무상함에는 자신의 생각, 마음, 또는 기분도 포함된다고
    언급.

19. 일곱 가지 마음 훈련에서 "불굴의 의지(bsran tshugs)"의 의미에 대해
    주석(티베트어 텍스트 329.3 및 329.6)하며, 아좀 린포체는 다음과 같이
    설명한다. "예를 들어, 당신이 매우 아프더라도 인내를 기르십시오.
    노력하십시오. 어떤 어려움이 있더라도 개의치 마십시오. 약이 이롭기
    때문에 싫어도 먹는 것처럼, 이 수행도 큰 이익을 가져올 것입니다."
    케춘 상포 린포체의 유명한 제자인 라마 텐진 샴팔은 불굴의 의지가
    노력과 용기를 모두 결합하여 지속적으로 최선을 다하는 것을
    의미한다고 말한다. 집중력은 주의가 산만해지는 것을 피하는 데
    도움이 된다. 예를 들어, 오랫동안 한 발로 서 있으라는 지시를 받으면
    통증을 느끼고 흔들리겠지만, 그래도 계속 견디는 것이다.

20. 이러한 이유들은 이 텍스트나 다른 가르침에서 도출될 수 있다.
    예를 들어, 이 시점에서 당신은 앞서 언급했듯이 실용적인 지침이
    필요한 이유가 그러한 개입 없이는 윤회의 고통이 끝없기 때문이라고
    생각해 볼 수 있다. 또는 윤회를 떠나기로 한 당신의 확고한 결정
    때문에, 또는 가르침의 치유적 특성 때문에, 혹은 이것이 다른
    이들에게 이익을 줄 수 있는 방법이기 때문이라고 생각할 수 있다.
    다시 말해, 여기서 당신은 창의적일 수 있는 허락을 받은 것이다.

21. 직메 링파(Jigme Lingpa)는 여기서 약간 다른 지시를 주며, 이 유지가 감로가 내려오는 동안 (즉, 수행의 더 이른 시기에) 시작된다고 조언한다. 여기서 주로 직메 링파의 수행 방식을 따른 아좀 린포체는 다음과 같이 설명했다. "유지하는 동안에는 들이쉬거나 내쉬지 않지만, 다시 숨을 쉬어야 할 때는 놓아줍니다." (2015년 3월 및 2017년).

22. Khetsun Sangpo Rinpoche, Strand of Jewels, 19쪽: "이들[바람과 원소들]의 기능 측면에서 [10a4], 여름에는 화풍(火風)이 [가장 강하고], 가을에는 풍풍(風風), 겨울에는 수풍(水風), 봄에는 지풍(地風)이 강함. 따라서 [균형을 만들기 위해] 반대되는 것을 명상하는데, 이는 그것의 대치제로 작용함. [예를 들어, 불은 물원소의 대치제임.]"

23. ngöndro(sngon 'gro)라는 용어는 문자 그대로 '전(sngon)에 가는('gro) 것'을 의미함. 이 용어로 지칭되는 수행들은 종종 오해의 소지가 있게 "예비 수행"으로 번역되어 뒤에 남겨두는 것처럼 들리게 함. 따라서 Dzongsar Khyentse Rinpoche는 "소위 예비 수행"이라는 구절을 사용함. "기초적"이라는 표현은 이러한 수행들의 지속적인 중요성을 나타내기 위한 것임. 집은 그 기초만큼 강함. 집에 들어살 때마다 기초가 당신을 지탱하며, 당신은 그것에 의존함.

24. 더 자세한 내용은 Kapstein의 Tibetan Assimilation에서 "Mark of Vermillion" 38쪽, 참조.

25. 이 만남으로부터 아좀 페일로 린포체의 문수보살 족첸이 발전했다. 이는 비말라미트라를 중개자로 하여 문수보살로부터 온 계시된 보물(gter)이다. 린포체는 지금까지 이로부터 단 두 개의 기도문만을 출판했는데, 그 첫 줄은 오대산에서 문수보살로부터 비말라미트라를 거쳐 자신에게 이르는 전승을 나타낸다.

26. Ying의 "Being and Knowing" 참조, 특히 3장과 4장.

27. 특히 주목할 만한 것은 84000의 빠른 진전임. 2010년에 설립된 이 단체는 100년 안에 부처님께 귀속되는 모든 경전(sūtras)을 번역하는 것을 목표로 함. 이미 목표의 10% 이상을 달성함. 지속적으로 업데이트되는 읽기 방은 https://read.84000.co/에서 접근 가능함.

28. Jigme Lingpa는 그의 Padma Garbo에서 전통적인 경로의 단계들을 대원만과 연관시킴. 이는 유명한 수행 텍스트인 Yeshe Lama의 배경 텍스트로, 학생들은 전통적으로 기초 수행을 완료한 후 이에 참여함. 이러한 기초 수행들은 일곱 가지 훈련과 매우 일치함. 이 작품들의 번역은 필요한 배경을 가진 수행자들에게만 제한됨.

29. Longchen Rabjam, Commentary on the "귀중한 법계 보물: Precious Dharmadhātu Treasury", 49!7 (필자 번역; ! 기호는 페이지 하단에서부터 세는 줄을 나타냄; 따라서 49!7은 49페이지 하단에서 7번째 줄임). Barron의 Treasure Trove, 14쪽도 참조.

30. Longchen Rabjam, Commentary on the "귀중한 법계 보물: Precious Dharmadhātu Treasury", 385.3; Barron, Treasure Trove, 437.

31. Nyoshul Khenpo Jamyang Dorje, A Marvelous Garland of Rare Gems, 144. Profound Heart Essence(Zab mo yang thig)는 Fourfold Heart Essence에 포함됨. Dahl의 Entrance to the Great Completeness, 부록 3도 참조.

32. Barks, Essential Rumi, 274쪽.

33. 예를 들어, 시스템 이론에서 설명하는 전체성이나 Francisco Varela의 활성화 접근법에 관한 과학의 사용은 분리성에 대한 왜곡된 확신을 치유하거나 적어도 다룰 수 있다. 더 간단히 말하면, 자신의 인종, 종교, 사회, 성별, 또는 지리적 위치의 우월성을 주장하는 것은 우리와 다른 인종, 종교 등을 가진 사람들로부터의 소외를 표현하고 만들어 낸다. 불교도들에게 이러한 대부분 조사되지 않은 차이들은 (증명할 수 없고 찾을 수 없는) 객관적이고 견고하며 일원론적이고 불가피한 질서에 대한 인정되지 않은 확신에서 비롯된다. King의 Gods of the Upper Air도 참조.

34. Barron의 Treasure Trove, 100쪽에서 각색; Longchen Rabjam, Commentary on the "귀중한 법계 보물: Precious Dharmadhātu Treasury", 115.15.

35. 10세기에 중앙 티베트에서 태어나 인도, 중국, 티베트 문화에 정통한 위대한 불교 대가 Gampopa는 "인격(티베트어: gang zag, 산스크리트어: purusha 또는 pudgala)"이 되는 것은 정의상 능력이나 재능을 가지는 것이라고 언급함. 이 용어는 인간에만 국한되지 않음. Gyaltsen, Jewel Ornament of Liberation, 63쪽. 인격에 대한 다양한 정의에 대해서는 Klein의 Meeting the Great Bliss Queen, 44–47쪽 참조.

36. Dahl, Steps to the Great Perfection, 17쪽.

37. Jigme Lingpa, Treasury of Precious Qualities: Book Two, Vajrayana and the Great Perfection, 85쪽.

38. 롱첸파(Longchenpa)는 네 가지 무량심(평등, 사랑, 연민, 동정적 기쁨)에 대한 논의에서 이를 매우 명확히 함. Longchen Rabjam, Now That I Come

to Die, 41–66쪽; 그리고 Jigme Lingpa, Treasury of Precious Qualities, 8장도 참조.

39. Barron, Basic Space, 32–33쪽; Longchen Rabjam, Commentary on the "귀중한 법계 보물: Precious Dharmadhātu Treasury", 63!4ff를 참조했음.

Part 2

40. Jigme Lingpa, Wisdom Chats, 65번과 66번, 773.4ff. (Anne Klein, 미출판 번역)를 참조했음.

41. Tulku Thondup, Masters of Meditation, 118쪽을 참조했음.

42. Goodman과 Davidson, Tibetan Buddhism, 133쪽을 참조했음.

43. 롱첸파(Longchenpa)의 화신에 관한 다른 목록은 Goodman과 Davidson의 Tibetan Buddhism, 133쪽에서 찾을 수 있었음.

44. Janet Gyatso가 Apparitions of Self에서 번역하고 논의했음.

45. Dahl, Steps to the Great Perfection, 5쪽을 참조했음.

46. Dahl, Steps to the Great Perfection, 16쪽을 참조했음. Jigme Lingpa의 Stairway to Liberation, 141.3에 있는 경의 표현의 티베트어 텍스트를 참조했음.

47. Dahl, Steps to the Great Perfection, 29쪽; Jigme Lingpa, Stairway to Liberation, 144.3을 참조했음.

48. 티베트의 마음 훈련에 대한 포괄적인 관점을 위해 Thupten Jinpa의 Essential Mind Training과 Mind Training: The Great Collection을 놓치지 말아야 했음.

49. Dahl, Steps to the Great Perfection, 25쪽을 참조했음.

50. Dahl, Steps to the Great Perfection, 31쪽에서 각색했음.

51. Jigme Lingpa, Stairway to Liberation, 147.6–148.1 (내 번역)을 참조했음; Dahl, Steps to the Great Perfection, 31쪽도 참조했음.

52. 티베트의 구전 전통에서 종종 "본질적 지침"으로 번역되는 핵심 수행 지침(man ngag)의 중요성에 대해 더 알아보려면 Klein의 Path to the Middle, 서론을 참조해야 했음.

53. 롱첸파(Longchenpa)는 그의 Commentary on the "귀중한 법계 보물: Precious Dharmadhātu Treasury"에서 kha yan("무제한의 개방성")을 두 번 사용했고, glod("편안함")를 열두 번 사용했음.

54. Longchen Rabjam, Precious Treasury, 71.12 ff를 참조했음. 또한

Barron, Treasure Trove, 42쪽도 참조했음.

55. 이는 중심적인 원칙이었음. 마하무드라 맥락에서 Ju Mipham은 마음의 정지, 움직임, 그리고 알아차림(gnas, brgyud, rig gsum)의 삼중주를 활용하는 힘을 찬양했음. Dawn Mountain Center for Tibetan Buddhism에서 2020~23년에 Lama Tenzin Samphel이 구두로 가르친 내용은 이 삼중주를 탐구하는 데 훌륭한 배경을 제공했음. 녹음본은 info@dawnmountain.org로 연락하여 이용할 수 있었음.

56. Barron, 철학 체계의 귀중한 보물: Precious Treasury of Philosophical Systems, 117쪽(Grub mtha', 807.4)을 참조했음.

57. 이러한 명상들은 Antonio Damasio가 종교적 경험의 "신체적 표지자"라고 부르는 것들로 가득 차 있었음. Damasio, "Somatic Marker Hypothesis", 51쪽을 참조했음.

58. Becker, Denial of Death를 참조했음.

59. 무상함과 죽음을 직면하는 것의 심리적 이점에 대해서는 Yalom, Existential Psychotherapy, 특히 2장을 참조했음.

60. Bateson, Steps, 309-37쪽을 참조했음.

61. 이 관찰은 Michael Lewis의 "How I Got into College" 이야기에서 영감을 주는 순간에서 도출되었음. 2013년 9월 6일 방송, https://www.thisamericanlife.org/504/how-i-got-into-college(2022년 6월 28일 접속)를 참조했음.

62. Ghent, "Masochism", 109쪽을 참조했음.

63. Ghent, "Masochism", 214쪽을 참조했음.

64. Ghent, "Masochism", 221쪽을 참조했음.

65. Stern, Interpersonal World of the Infant, 54쪽을 참조했음. Daniel Stern은 그가 "활력 정서"라고 부르는 것에 대해 논의했는데, 이를 "전체적 사고의 확장"이라고 설명했음. 또한 Stern, Forms of Vitality, 10쪽을 참조했음.

66. 이러한 통찰은 Diamond Approach의 유명한 혁신가인 A. H. Almaas의 저작과 그와 관련된 구두 가르침에서도 찾을 수 있었음. 예를 들어, 선임 교사이자 Diamond Approach, 시노드 멤버인 Deborah Ussery와 Morton Letofsky의 가르침을 참조했음.

67. Dahl, Steps to the Great Perfection, 31쪽에서 각색했음.

68. 이런 일은 실제로 일어난다. 등산가이자 비디오그래퍼인 지미 친의 놀라운 실화를 다룬 주목할 만한 영화 〈메루〉를 보라. 그는 티턴

산맥에서 버스와 집을 쓸어갈 수 있는 규모의 엄청난 3급 눈사태에
휩쓸렸다. 그는 '내가 어떻게 죽게 될지 항상 궁금했었지'라고
생각하며 2,000피트에 달하는 산비탈을 굴러 내려갔다.
마침내 낙하 속도가 줄어들고 그는 눈사태의 끝자락에서 튕겨
나와 산기슭의 눈 위에 앉게 되었는데, 전혀 다치지 않았다. 이 장면의
여러 클립들을 온라인에서 볼 수 있지만, 견디어 내고 포기하는 것에
대한 고무적인 이야기인 이 영화 전체의 일부로 보는 것이 가장
좋다. 지미 친과 엘리자베스 차이 바사르헬리 감독의 영화 〈메루:
불가능을 믿어라〉(2015년 뮤직박스 필름즈 제작)를 참조(www.merufilm.com).
클립들 중에는 그의 경험을 설명하는 〈지미 친: 눈사태에 갇히다〉라는
영상이 있다.

69. 여기서도 직메 링파(Jigme Lingpa)가 롱첸파(Longchenpa)의 '철학 체계의
귀중한 보물: Precious Treasury of Philosophical Systems'에서
영감을 받은 것을 볼 수 있었음. "공성에 대한 명상의 초기 단계는
법신 원리였음. 그 맥락에서 본존의 형태에 대해 명상하는 것은
보신 원리였음. 빛줄기가 뻗어 나오고 다시 흡수되는 것을
시각화함으로써 중생들에게 이익을 보장하는 것은 화신 원리였음."
Barron, Precious Treasury of Philosophical Systems, 253쪽
(Grub mtha', 1036)도 참조했음.

70. 이 두 가지 앎의 유형 사이의 차이는 Vimalakīrti Sūtra의 기억에 남는
침묵의 순간과 유사했음. Śāriputra가 질문에 답할 수 없을 때, 그는
침묵했음. Vimalakīrti가 말하기를 거부할 때, 그는 수천 명의
손님들을 지혜를 낳는 깊은 침묵 속에 남겨두었음. Śāriputra의
침묵은 알지 못함에서 비롯되었음. Vimalakīrti의 침묵은 일상적인 말,
생각, 이야기를 넘어선 상태를 전달하기 위해 전략적으로 선택된
순간이었음. Mañjuśrī는 Vimalakīrti의 침묵을 비이원적 지혜에 대한
탁월한 가르침이라고 칭찬했음.

71. 이는 또한 우리가 탄트라의 생성과 완성 수행이 어떻게 족첸 수행자의
가장 좋은 친구가 되었는지를 새롭게 고려할 수 있게 했음(Khetsun
Sangpo Rinpoche, 개인 대화, 2009).

72. Smith, Great Commentary of Vimalamitra, 165쪽을 참조했음.

73. 여기서 일어날 수 있는 일과 깊이 공명하는 구절에서, 선(禪) 교사
헨리 슈크만은 학생 시절 엄격한 선 수행(禪 接心, 선 접심) 중에 겪은
경험을 이렇게 묘사한다. "며칠 동안 고통뿐이었는데, 갑자기 무언가가

일어났다. 무릎 통증은 여전히 있었고, 바람 소리도 여전했지만,
그것들을 경험하는 '누군가'가 없었다. 매우 이상한 일이었다.
'나'라는 것이 없었다. 내 존재의 중심, 내 삶의 핵심이 사라졌다.
내가 사라졌다. 나는 어디로 갔을까? 내게 무슨 일이 일어난 걸까?
내가 있던 자리에는 그저 광활한 열림[기울임체로 표시]만이 있었다.
모든 것은 이전과 똑같이 일어나고 있었고, 실제로 변한 것은
없었지만, 모든 것이 변했다. 왜냐하면 모든 일이 일어나는 대상인
'나'가 없었기 때문이다. … 그 안도감은 말로 표현할 수 없었다. 모든
걱정, 모든 초조함 그리고 내내 '집'에는 아무도 없었던 것이다."
Shukman, One Blade of Grass, 151쪽.

74. Dahl, Steps to the Great Perfection, 31, 36, 43, 45, 49쪽을 참조했음.

75. 칼미크인들은 불교도이며 대부분 겔룩파였음. 역사적으로 성직자들은
칼미크 수도원의 초원이나 티베트에서 훈련을 받았음. 칼미크인들은
몽골 계통이며, 러시아에서는 대부분 러시아 남동부 유럽 지역의
칼미키아 공화국에 살고 있었음. 이 지역은 볼가강과 돈강 사이에
위치하며, 동쪽 경계는 아스트라한 지역, 남동쪽 경계는 카스피해였음.

76. Dahl, Steps to the Great Perfection, 36쪽을 참조했음.

77. Dahl, Steps to the Great Perfection, 36쪽을 참조했음.

78. Jigme Lingpa, Stairway to Liberation, 153.1을 참조했음; 또한 Dahl,
Steps to the Great Perfection, 36쪽도 참조했음.

79. Longchen Rabjam, Commentary on the "Precious Dharmadhātu
Treasury", 194!4ff; Barron, Treasure Trove, 202-3쪽을 참조했음.

80. Lotsawa 웹사이트의 직메 링파의 "Vajra Verses on the Natural State"는
절단을 통한 수행 자체의 특별한 특징을 이해하고자 하는
수행자들에게 도움이 되는 텍스트였음.
https://www.lotsawahouse.org/tibetan-masters/jigme-lingpa/vajra-
verses-on-the-natural-state를 참조했음. 이 제안과 이 단락의 여러
점을 명확히 해준 Gyurme Lodro Gyatso(Khenpo Yeshi)에게 감사를
표했음.

81. Jigme Lingpa, Stairway to Liberation, 1302-4를 참조했음; 또한 Dahl,
Steps to the Great Perfection, 16쪽도 참조했음.

82. 롱첸파(Longchenpa)의 Trilogy of Rest에 대한 Padmakara의 멋진 3권
번역을 참조했음.

83. Bertelsen, Gateways of Empathy, 1-2쪽을 참조했음.

84. Longchen Rabjam, Commentary on the "Precious Dharmadhātu Treasury", 266!3; Barron, Treasure Trove, 296쪽을 참조했음.

85. Longchen Rabjam, Commentary on the "Precious Dharmadhātu Treasury", 113.11-12(필자 번역)을 참조했음; 또한 Barron, Treasure Trove, 99쪽도 참조했음. 족첸에서 무노력성의 중요성과 자발성과의 관계에 대한 더 많은 성찰은 Klein과 Wangyal의 Unbounded Wholeness, 특히 3장을 참조했음.

86. 롱첸파는 이 비유를 Commentary on the "Precious Dharmadhātu Treasury"에서 세 번 사용했음. 61.7, 65.8, 306에서 찾을 수 있었고, 이는 Barron의 Treasure Trove, 29, 34, 345쪽에서 볼 수 있었음.

87. Longchen Rabjam, Commentary on the "Precious Dharmadhātu Treasury", 278!6-5; Barron, Treasure Trove, 301쪽을 참조했음.

88. Dahl, Steps to the Great Perfection, 5쪽을 참조했음.

89. 샨티데바(Śāntideva)의 4단계 방법에 대한 고전적인 출처는 Guide to the Bodhisattva's Way of Life(Bodhisattvacaryāvatāra, 8.90부터 장의 나머지 부분)에서 찾을 수 있었음. 여기서 그는 명상적 안정에 대한 논의에서 깨달음의 마음을 새로운 명상의 초점으로 소개했음(byang chub sems ni bsgom par bya). 이를 이전의 보살 수행의 결로로 이해했고, 특히 자아와 타인의 평등화, 자아 집착의 결점과 타인을 소중히 여기는 이점에 대한 성찰, 그리고 마지막으로 자아 집착을 타인의 행복과 고통으로부터의 자유에 대한 전심전력의 관심으로 교환하는 것에 대한 지침의 결실로 이해했음.

90. 롱첸파와 일반적인 지혜 내러티브에서 이는 수련의 결실이 아니라 (비록 수련이 필요하지만) 자신의 본성의 결실이었음.

91. The Perfection of Wisdom in Eighteen Thousand Lines (Aṣṭādaśasāhasrikāprajñāpāramitā), Gareth Sparham 번역, https://read.84000.co/translation/UT22084-029-001.html(2022년 7월 1일 접속)을 참조했음. 위에서 인용된 구절은 서문, 21장, v.i.71에서 볼 수 있었음. 보살들이 그 칭호를 얻기 전에 많은 수행을 하지만, 깨달음이 그들의 본성에 있다는 점을 주목하는 것이 중요했음.

92. Dahl, Steps to the Great Perfection, 40쪽을 참조했음.

93. Dahl, Steps to the Great Perfection, 40-41쪽을 참조했음.

94. 이 전통적인 자료에 대한 현대적이고 매우 유용한 해석은 McLeod의 Wake Up, 139-42쪽에서 지옥계에 대한 논의를 참조했음.

95. Barron, Treasure Trove, 312쪽; Longchen Rabjam, Commentary on the "Precious Dharmadhātu Treasury", 280.1-1을 참조했음.

96. Jigme Lingpa, Stairway to Liberation, 162.6을 참조했음; 또한 Dahl, Steps to the Great Perfection, 43도 참조했음.

97. Dahl, Steps to the Great Perfection, 42; Jigme Lingpa, Stairway to Liberation, 162.2-3을 참조했음.

98. Jigme Lingpa, Stairway to Liberation, 162.6을 참조했음; 또한 Dahl, Steps to the Great Perfection, 31쪽도 참조했음.

99. Longchen Rabjam, Commentary on the "Precious Dharmadhātu Treasury", 279!1-280.2; Barron, Treasure Trove, 312쪽을 참조했음.

100. Jigme Lingpa, Stairway to Liberation, 165.5를 참조했음; 또한 Dahl, Steps to the Great Perfection, 45쪽도 참조했음. Gyurme Lodro Gyatso(Khenpo Yeshi)는 여기서 'mkhan po'를 "원천" 또는 "발생자"로 해석했음. 이를 고려하면, 이 줄을 "움직임과 정지를 시작하는 행위자"로 읽을 수 있었음(mkhan po는 일반적으로 행위자를 나타내며, Lama Tenzin은 이를 단순히 "행위자"로 읽었음). Cortland Dahl은 이를 "움직이는 것이 무엇이고 정지해 있는 것이 무엇인지 조사하라"로 번역했음. 이 모든 해석은 수행에 유용했고, 모두 주의의 초점이 첫 번째 핵심에서와 같이 움직임과 정지에 있지 않다는 점에 동의했음.

101. 2022년 6월에 이 단락의 핵심 요점에 대한 중요한 논의를 해준 Gyurme Lodro Gyatso(Khenpo Yeshi)에게 감사를 표했음. 그는 Adzom Paylo Rinpoche(그 자신이 Gyurme Thupten Gyatso라는 이름을 가지고 있음)로부터 Gyurme Lodro Gyatso라는 법명을 받았음.

102. Lopez, In the Forest, 29쪽을 참조했음.

103. 직메 링파의 이 무제 시는 Tulku Thondup의 Masters of Meditation, 125쪽에서 인용되었음; 이는 직메 링파의 영적 전기(rnam thar)에 나타났고, Collected Works, vol. 9, 87.6ff, https://library.bdrc.io/search?q=%22%27jigs%20med%20gling%20pa%20rnam%20thar%22~1&lg=bo-x-ewts&t=Etext에서 볼 수 있었음. 이 구절에 대한 성찰을 공유하고 티베트어를 다운로드해 준 Martijn van Beek에게 감사를 표함.

104. Dahl, Steps to the Great Perfection, 49쪽; Jigme Lingpa, Stairway to Liberation, 171.5를 참조했음. Dahl과 마찬가지로,

그리고 두 명의 티베트 훈련을 받은 학자들과의 논의를 바탕으로, 나는 텍스트의 rtogs("깨닫다"를 의미)가 rtog("생각"을 의미)의 오기라고 보고 있음.

105. Longchen Rabjam, Commentary on the "Precious Dharmadhātu Treasury", 1.3; Dahl, Steps to the Great Perfection, 49쪽을 참조했음.

106. Dahl, Steps to the Great Perfection, 55쪽을 참조했음.

107. 생각은 Klein의 Knowledge and Liberation, 1장과 2장에서 직접 지각과 대조되었음. 4장과 5장은 초점 대상이 아닌 모든 것을 제거하는 과정(apoha, gzhan gsel)을 통한 생각의 기능을 논의했음. 텍스트는 Anne Carolyn Klein의 academia.edu 사이트에서 이용 가능함. 경로의 고전적 단계에 대한 개요는 Levinson의 "Metaphors of Liberation"을 참조했음.

108. 개념적 사고(rtog pa, kalpanā)의 기본 원리에 대한 훌륭한 요약은 Napper의 Mind in Tibetan Buddhism을 참조했음. 특히 그녀의 서론 20ff.와 전체에 걸쳐 추론적 인식자 범주 하의 개념적 의식에 대한 논의를 참조했음.

109. 이 본성은 또한 근본적 지혜(ye shes, jñāna), 사물의 본질(gnas tshul), 궁극적 현상의 기본 공간(chos dbyings, dharmadhātu), 열린 알아차림(rig pa, vidyā), 깨달은 마음(byang chub kyi sems, bodhicitta), 그리고 근본적 순수성과 자발적 현존의 결합(ka dag lhun grub bzung 'jug)이라고도 불렸음.

110. Jigme Lingpa, Stairway to Liberation, 147.6-148.1; Dahl, Steps to the Great Perfection, 49쪽을 참조했음.

111. Thānissaro Bhikkhu 번역, Bāhiya Sutta, https://www.dhammatalks.org/suttas/KN/Ud/ud1_10.html(2022년 7월 5일 접속)을 참조했음.

112. 상상력은 또한 고엔카(S. N. Goenka)의 통찰 명상과 같은 현대의 대중적인 테라바다 반복에서도 권장되지 않음. 현재 순간의 순수한 경험에 집중하는 것이 중요함. 테라바다의 최종 목표인 nibbāna는 모든 인지적, 감각적 중첩의 소멸임. 그러나 최근의 학문은 테라바다에 대한 이러한 설명에 의문을 제기하고 시각적 및 기타 감각적 참여를 포함한다고 주장하고 있음. Crosby의 Theravada Buddhism을 참조했음.

113. All-Creating Majesty, Longchen Rabjam의 Commentary on the "Precious Dharmadhātu Treasury", 75!6(필자 번역)에서; 또한 Barron,

Treasure Trove, 47쪽을 참조했음. 이 존경받는 텍스트는 족첸 마음 모음 가르침(sems sde)의 핵심 출처였음. 또한 Neumaier-Dargyay의 Sovereign All-Creating Mind을 참조했음.

114. 우리는 이를 그의 광대한 마음 정수 사이클[Heart Essence of the Vast Expanse cycle(Klong chen snying thig rtsa pod)]에서 크게 볼 수 있었고, Patrul Rinpoche의 Words of My Perfect Teacher와 Adzom Drukpa의 Lamp Lighting the Path(Anne C. Klein과 Elizabeth Napper 번역, 2024년 Wisdom Publications 출간 예정, House of Adzom 시리즈)에서 주석을 달았음.

115. 시각적 명상 수행의 효과에 대한 신경학적 연구는 상대적으로 부족했음. Kozhevnikov et al.의 "Enhancement of Visuospatial Processing"을 참조했음.

116. David Eagleman과 같은 신경과학자들은 이제 현실이 뇌에 의해 수동적으로 관찰되는 것이 아니라 뇌가 적극적으로 인식하는 현실을 구성한다고 제안하고 있었음.

117. Klein, Heart Essence, 65쪽을 참조했음.

118. Klein, "Imagining the Real", 500-513쪽을 참조했음.

119. Stern, Interpersonal World, 40쪽에서 2개월 이전의 유아들이 인간의 목소리에 관심을 보이며 유사한 음높이와 음량의 다른 소리보다 선호하고, 다른 시각적 패턴보다 얼굴을 보는 것을 선호한다고 언급했음. 그는 이 맥락에서 모방에 대한 연구를 논의했음.

120. 이는 널리 언급되었음. 예를 들어, "Secret Life of Babies", https://www.youtube.com/watch?v=ersyQKAIMPI(2021년 6월 28일 접속)을 참조했음.

121. 이 과정은 탄트라 수행의 중심적인 부분이지만 거의 논의되지 않았으며, 특히 아좀 페일로 린포체의 족첸 지향적 계시된 보물에서 가장 섬세했음. 나는 그가 요청한 Luminous Heart Essence 사이클에서 그의 Yeshe Tsogyal 중심의 보물에 대한 주석에서 이를 논의할 예정이었음. 이는 Wisdom의 House of Adzom 시리즈에서 출판될 예정이었음.

122. 신경과학은 정신적 이미지화가 시각 및 공간 능력과 관련된 뇌 영역의 활성화로 이어진다는 것을 발견했다. 지금까지 수집된 증거는 뇌가 복잡한 이미지를 몇 초 이상 유지할 수 있는 능력을 뒷받침하지 않는다. 비록 불교 전통에 걸쳐 많은 모범적인 수행자들이 이러한 능력을 가졌다고 믿을 만하게 귀속되긴 하지만 말이다. 어떤

경우든, 지속적인 이미지화는 여기서 직메 링파의 명상의 요점이 아니다. Kozhevnikov, "Enhancement of Visuospatial Processing", 645-53쪽을 참조.

123. Stern, Interpersonal World, 154쪽; 활력에 대해서는 특히 53-54쪽을, 강도에 대해서는 51쪽과 56쪽을 참조했음.

124. 예를 들어, Barron의 Treasure Trove, 311-15쪽에서 그의 마음 계급의 일곱 가지 관점에 대한 논의를 참조했음. 나는 롱첸파와 Stern이 동일한 경험을 설명하고 있다고 말하는 것이 아니라, 의미 있는 가족 유사성이 있다고 말했음.

125. Gendlin, Focusing을 참조했음. 범주로서의 "살아있는 경험"의 중요성에 대해서는 예를 들어 Petitmengin의 "Anchoring in Lived Experience"와 "Intuitive Experience"; Bitbol과 Petitmengin의 "Science of Mind as It Could Have Been"; Bitbol의 "Is Consciousness Primary?"; Klein의 "Feelings Bound and Freed"를 참조했음.

126. Klein, Knowledge and Liberation, 2장과 3장을 참조했음.

127. 예를 들어, Klein의 Knowledge and Liberation에서 "정신적 이미지(때로는 "일반적 이미지", don spyi로 번역됨)"에 대한 논의를 참조했음. 그리고 Klein의 Knowing, Naming, and Negation, 42-87쪽에서 Dendar Hlarampa의 일반적 특성만을 가진 현상(정신적 이미지와 같은)과 특정 특성을 가진 감각적 대상의 병치를 참조.

128. 이에 대한 고전적인 티베트 겔룩파의 논의는 예를 들어 Klein의 Knowledge and Liberation, 2장과 3장을 참조했음. 또한 Klein의 Knowing, Naming, and Negation에서 Dendar Hlarampa의 생각과 직접 지각의 일반적 및 특정적 특성을 가진 대상에 대한 논의를 참조.

129. Stern, Present Moment, xiii를 참조.

130. 그러나 중관 불교 철학자들, 특히 프라산기카 학파는 우리가 직접 지각으로 보는 것도 완전히 재현적이지 않다고 주장했음. 이는 사물들이 실제보다 더 실체적으로 잘못 나타나기 때문임.

131. 이 불가분성은 특히 유식학파와 중관학파의 불교 철학에서 풍부하게 설명되었음. 이는 많은 수행을 통해 깊이 느껴지게 됨.

132. Toni Morrison, "The Reader as Artist", Oprah.com, https://www.oprah.com/omagazine/toni-morrison-on-reading/all(2021년 6월 28일 접속)을 참조.

133. 이들은 모두 동등하게 중요한 신뢰의 감정과 관련되어 있었음. 이는

롱첸파가 "세 가지 확신"이라고 부르는 것과 관련된 일종의 숭고한 신뢰였음. Barron, Precious Treasury of Philosophical Systems, 362쪽(Grub mtha', 1218.1)을 참조.

134. 이 단락의 일부는 내 논문 'Feelings Bound and Freed'에서 편집되었음.

135. Blang dor bya rtsol med pa'i chos chen ni/ rang jung ye shes byang chub sems nyid kyi/ ⋯ ngo bo thad drang ngang las ma g.yos par/ mngnon du byed pas gzhan du rtsol mi dgos/ rang la bzhag nas gzhan du 'tsho mi byed. Longchen Rabjam, Commentary on the "Precious Dharmadhātu Treasury", 117.4-5; Barron, Treasure Trove, 104-5쪽을 참조.

136. 이들은 다양한 수행 환경에서 일곱 가지 훈련을 실천하는 사람들의 대화에서 나온 익명의 정제된 발언들이었음.

137. Barron, Precious Treasury of the Basic Space of Phenomena, 12-13쪽(티베트 원문, 12)을 참조했음.

138. 이에 대한 흥미로운 관점은 Dachille의 "Body Mandala Debate", 특히 8장을 참조했음.

139. Gill, Native American Religions, 134ff를 참조했음. Gill 교수의 Dancing Culture Religion도 관심을 끌었음.

140. Kapstein, Presence of Light, 특히 서문과 10장을 참조했음.

141. Barron, Precious Treasury of Philosophical Systems, "Vajra Heart-Essence" chapter, 344쪽(Grub mtha', 1188.4)을 참조했음.

142. Barron, Precious Treasury of Philosophical Systems, 345쪽(Grub mtha', 1189.4-5)을 참조했음.

143. Barron, Precious Treasury of Philosophical Systems, 341쪽(Grub mtha', 1183.1)을 참조. 롱첸파는 계속해서 "심장 중심('현상의 진정한 본성의 궁전')에서 시간을 초월한 인식의 본질, 자연스럽게 발생하고 완전히 투명한 것이 굳건히 존재한다"고 말했음(345; Grub mtha', 1189.4). 여기서 롱첸파는 지혜가 중심 채널에 거주한다고 이해하는 채널-바람(기맥) 수행의 패러다임과, 롱첸파가 지혜를 신체 전체에 있는 것으로 설명하는 족첸의 독특한 생리학을 연결하는 것으로 보인다. 아좀 린포체는 그의 Luminous Heart Essence 사이클의 Becoming Guru Rinpoche에서 신체적 충만을 시적으로 언급했다. 여기서 수행자는 구루 린포체가 되어 "바즈라로 가득찬 도시"로 언급된다. 이는 신체가 단순히 바즈라 같은 부처들로 가득 차 있다는

의미이다. 이러한 관점들은 서로 모순되기보다는 전통의 다른 부분에서 유효한 견해를 표현한다고 볼 수 있다. 채널-바람[기맥(rtsa rlung)] 수행에 대해 논의할 때는 매우 구체적인 매개변수가 있었고, 아비달마나 중관을 논의할 때와 마찬가지로, 예를 들어 마하요가 탄트라에서 가르치는 무한한 순수 배열(dag pa rab 'byams)을 언급하지 않는다. 이 마지막 예시들에 대해 Gyurme Lodro Gyatso(Khenpo Yeshi)에게 감사를 표한다.

144. Barron, Treasure Trove, 39쪽; Longchen Rabjam, Commentary on the "Precious Dharmadhātu Treasury", 68!4를 참조했음.

145. 이 기반(gzhi)에 대한 족첸의 논의는 관련이 있지만 여기서 다루는 범위를 벗어났음.

146. 84,000: Translating the Words of the Buddha의 후원 하에 Dharmachakra Translation Committee의 The Teaching on the Indivisible Nature of the Realm of Phenomena 번역에 감사를 표했음. https://read.84000.co/translation/toh52.html(2022년 7월 5일 접속)을 참조했음.

147. Dharmachakra Translation Committee, The Teaching on the Indivisible Nature of the Realm of Phenomena, 1.5에서 약간 수정했음.

148. Mañjuśrī의 관찰은 부처의 상태나 일반적인 마음 이전의 근본적인 일반 기반에는 무지나 번뇌가 없고, 일반적인 마음에는 둘 다 있다는 족첸의 빈번한 관찰과 일치했음. 이는 경전에서 족첸의 견해와 잘 맞는 많은 순간 중 하나였음.

149. 이 중요한 진술은 롱첸파가 모든 마음 상태의 존재 방식이 지혜라고 언급한 것과 의미 있게 유사했음.

150. 아좀 페일로 린포체는 이 만트라를 다섯 가지 경전의 길을 가리키는 것으로 해석했음. 다섯 번째는 완전한 깨달음으로, 더 이상 갈 곳이 없는 상태였음(Heart Sūtra에 대한 구두 해설, Upaya Zen Center, Santa Fe, New Mexico, 1999/2000).

151. 산스크리트어에서는 모든 '가다'의 동사가 '알다'의 동사였음. 귀의하러 가는 것은 귀의를 아는 것이었음. 따라서 이 만트라를 "알려진, 알려진, 철저히 알려진, 철저하고 완전히 알려진, 깨어나라!"로 번역할 수 있었음. 그러나 내가 아는 한, 아무도 이렇게 번역하지 않았고, 티베트 학자들이 이렇게 해석하는 것을 들어본 적도

없긴 하다. (물론 아직 누군가에게 이런 해석을 받아들일 수 있는지 물어보지는 않았음).

152. Dharmachakra Translation Committee, 84000, Teaching on theIndivisible Nature of the Realm of Phenomena, Toh 52, https://read.84000.co/translation/UT22084-040-003.html, v.13.16(2022)를 참조했음.

153. Dharmachakra Translation Committee, 84000, Teaching on theIndivisible Nature of the Realm of Phenomena, Toh 52, https://read.84000.co/translation/UT22084-040-003.html, v.1.30을 참조했음. 이 구절 역시 고전적인 중관과 족첸이 마음의 숨겨진 "결함" 또는 마음의 "불안정한 오두막"이라고 부르는 것을 탐구하는 방식과 놀랍도록 일치했음. 필요한 것은 탐구를 계속할 수 있는 자신감이었다.

154. Rumi, "In Baghdad, Dreaming of Cairo", 139쪽을 참조했음.

155. Jigme Lingpa, Stairway to Liberation, 147.6-148.1(필자 번역)을 참조했음; 또한 Dahl, Steps to the Great Perfection, 31쪽도 참조했음.

156. Dahl, Steps to the Great Perfection, 57쪽; Jigme Lingpa, Stairway to Liberation, 180.5-6을 참조했음.

157. Dahl, Steps to the Great Perfection, 57쪽을 참조했음.

158. Dahl, Steps to the Great Perfection, 47쪽을 참조했음.

159. Dahl, Steps to the Great Perfection, 21쪽을 참조했음.

160. Dahl, Steps to the Great Perfection, 20쪽을 참조했음.

161. Dahl, Steps to the Great Perfection, 21쪽을 참조했음.

162. 위스콘신 대학교 매디슨 캠퍼스의 Center for Healthy Minds (centerhealthyminds.org) 창립자인 Richard Davidson 박사는 뇌 가소성이 지난 15년 동안 뇌에 대한 가장 중요한 발견 중 하나라고 말했음.

163. David Brooks, "Students Learn from People They Love", 2019년 1월 17일, https://www.nytimes.com/2019/01/17/opinion/learning-emotion-education.html을 참조했음. 이 단락은 그의 보고를 바탕으로 했음.

164. Dahl, Steps to the Great Perfection, 50쪽을 참조했음.

165. 심리적으로 건강한 애착과 불교 수행이 제거하려는 애착의 차이에 대한 중요한 논의는 Aronson의 Buddhist Practice on Western Ground, "Attachment East and West", 151-63쪽을 참조했음.

166. 불교 학자들과 공동체들은 불교 공동체에서 무엇이 어떻게

잘못되었는지 더 잘 이해하고, 그로 인한 피해를 어떻게 다루고 반복하지 않을 수 있는지에 대해 열심히 노력하고 있다. 현재 중요한 자료들 중에는 다음과 같은 것들이 있다. 반테 수자토(Bhante Sujato)의 "부처님은 당신을 믿었을 것이다(잡지 Lion's Roar)", 윌라 블라이스 베이커(Willa Blythe Baker)의 "성직자의 성적 비행 피해자를 어떻게 지원할 수 있는가"와 "불교 스승과 비밀 성관계를 맺은 여성들을 위한 조언(잡지 Lion's Roar)", 그리고 앤 글라이그(Ann Gleig)와 에이미 파리스 랑겐베르그(Amy Paris Langenberg)의 유튜브 시리즈 "학대, 성, 그리고 승가, 치유를 위한 대화". 특히 미국에서의 인종적 트라우마를 다루려는 시도들도 진행 중이다. 이는 이 책의 범위를 넘어서는 방대한 주제이다. 도움이 되는 자료들 중에는 글라이그(Gleig)의 "미국 다르마(American Dharma)", 오웬스(Owens)의 "사랑과 분노(Love and Rage)", 잰 윌리스(Jan Willis)의 "나를 꿈꾸다(Dreaming Me)"가 있다. 또한 2021년 라이스 대학교 (Rice University)의 록웰 강연 시리즈 "흑인의 생명도 소중하다 (Black Lives Matter)"에서 앤 글라이그(Ann Gleig), 론다 매기(Rhonda Magee), 잰 윌리스(Jan Willis)와 다른 연사들의 강연을 찾아볼 수 있다.

167. Dahl, Steps to the Great Perfection, 78쪽; Jigme Lingpa, Stairway to Liberation, 205.3을 참조했음.

168. Dahl, Steps to the Great Perfection, 79쪽; Jigme Lingpa, Stairway to Liberation, 205.304를 참조했음.

169. Dahl, Steps to the Great Perfection, 90쪽에서 약간 수정한 번역; Jigme Lingpa, Stairway to Liberation, 220.3을 참조했음.

170. Jigme Lingpa, Wisdom Chats (Shes rab gtam tshogs), nos. 66.774.6.–775.3을 참조했음.

171. 방편도(thabs lam)는 다음 줄에서 분명해지듯이 탄트라의 완성 단계 (rdzogs rim)를 가리켰음.

172. Jigme Lingpa, Stairway to Liberation, 153.2(필자 번역)을 참조했음; 또한 Dahl, Steps to the Great Perfection, 36쪽도 참조했음.

173. Lama Tenzin Samphel은 세 가지 무념 상태가 훈련에 필요하지만 그 자체로는 실재(chos nyid, dharmatā)의 무념적 깨달음의 원인으로 간주되지 않는다고 지적했음. 2021년 5월 31일과 2022년 6월 7일에 나의 질문에 대한 답변으로 언급했음.

174. 티베트에서는 모든 사람들이 이러한 수행에는 개인적인 지도가

필요하다는 것을 이해함. 롱첸파는 제한되지 않은 그의
Precious Treasury of Philosophical Systems의 마지막 장에서 중요한
관련 자료를 공개했음. 그래도 관심 있는 독자들은 개인 지도를 찾기를
바람. 의심이 들 때는 조심스럽게 접근해야 했음. 아좀 린포체가
친절하게 여기에 언급된 간단한 구두 지침을 주고 그것을 포함할
허가를 주기까지 10년 동안 가끔씩 질문을 해야 했음.

175. 아좀 드룩파(Adzom Drukpa)의 본거지이며 현재 아좀 페일로
린포체(Adzom Paylo Rinpoche)가 관리하는 아좀 가르(Adzom Gar)는
채널-바람(기맥) 수행에 관한 전문성으로 유명하다. 아들 규르메
도르제(Gyurme Dorje)가 쓴 아좀 드룩파의 전기는 그의 이러한 수행에
대한 완벽한 숙달을 묘사하는데, 이로 인해 "그는 마치 반죽처럼
바위를 손으로 뻗어 가지고 놀 수 있었고, 바위에 손자국을
남길 수 있었다"고 한다. [아좀 갸체 린포체(Adzom Gyalse Rinpoche), 아좀
드룩파의 전기에서 낭독, 에릭 드류(Erik Drew)의 구두 번역, 2022년
6월 5일.] 나는 아좀 린포체의 비구니들에게 이 수행법을 가르치는
주요 교사인 아니 텐진 돌마(Ani Tenzin Drolma)와 함께 채널-바람(기맥)
수행의 초기 부분을 잠시 공부할 수 있었다. 그녀는 임도(Amdo) 출신의
또 다른 유명한 채널-바람(기맥: rtsa-rlung) 수행 대가인 라마 곰포
체텐(Lama Gonpo Tseten)과 공부를 시작했다. 고인이 된 아니 텐진
돌마는 나에게 그가 비말라미트라(Vimalamitra)의 화신으로 여겨졌다고
말했다. 또한 17세 때 그녀는 거의 걸을 수 없었는데, 이 장애가 라마
곰포와의 채널-바람(기맥) 수행을 통해 완전히 사라졌다고 했다.
그의 사후, 그녀는 아좀 페일로 린포체의 사원 비구니들을 위한 주요
채널-바람(기맥) 수행 교사가 되었다. 나는 1981년부터 1983년
사이에 여러 차례 짧게 그녀와 공부할 수 있는 행운을 얻었다. 그녀의
나에 대한 친절은 엄청났다. 그녀의 완전한 겸손에도 불구하고,
그녀의 전문성과 수행의 깊이는 분명했다. 그녀는 2016년
청두(Chengdu)의 한 병원에서 암으로 사망했다. 그녀의 시신은
가파르고 구불구불한 도로를 최소 이틀은 가야 하는 린포체의 고향
사원인 레게(Rege)로 운송되었다. 그녀를 실은 차량이 레게에 도착했을
때, 그녀가 아직 육신을 떠나지 않았다는 것이 공식적으로 인정되었다.
그녀는 여전히 툭담(thugs dam) 상태에 있었다. 여러 사람들이 이후
이에 대해 나에게 설명해 주었다. 그 해 사원에서 사망한 적어도 한
명의 다른 비구니도 툭담 상태에 머물렀다고 보고되었는데, 이는

육신을 떠나기 전에 현실과 깊은 합일 상태로 머무는 것이다.
아좀 린포체는 그의 레게 학생들을 매우 깊이 있게 훈련시킨다.

176. Barron, Precious Treasury of Philosophical Systems, 350쪽
(Grub mtha', 1198.3): "금강심요의 접근에서, 미세한 에너지들은
자연스러운 고요한 상태로 가라앉기 때문에 중심 채널로 들어가게 할
필요가 없다." 다음 구절에서 롱첸파는 족첸이 기반, 경로, 과실과
관련하여 논의하는 다양한 유형의 혼란 또는 무지를 관찰했음.

177. 고요한 머묾의 고전적인 수련에서 절정의 순간은 주의산만의 완전한
이완과 초점의 통일된 편안함으로, 마음과 몸에 유연성과 행복을
가져오는 미세한 바람의 움직임을 경험한 후에 도착했음. 예를 들어,
Geshe Gedun Lodro의 Walking Through Walls, 110-11쪽에서 아홉
번째 상태의 성취와 실제 고요한 머묾 사이에 발생하는 네 가지
유연성에 대한 논의를 참조했음.

178. Barron, Precious Treasury of Philosophical Systems, 240쪽
(Grub mtha', 1014.3-5)를 참조했음.

179. 직메 링파는 여기서 약간 다른 지시를 주며, 감로가 내려오는 동안
(즉, 수행의 더 이른 시기에) 이 유지가 시작된다고 조언했음. 여기서
주로 직메 링파의 수행 방식을 따른 아좀 린포체는 다음과 같이
설명했음. "유지하는 동안에는 들이쉬거나 내쉬지 않지만, 다시 숨을
쉬어야 할 때는 놓아줍니다(2015년 3월과 2017년의 구두 해설)."

180. Dahl, Steps to the Great Perfection, 92쪽을 참조했음.

181. 아좀 페일로 린포체, 구두 설명, 중국, 아마도 2015년.

182. Shenphen Dawa Rinpoche, "Bumchung", 11쪽
(미출판, 날짜 미상, 비공개 배포)을 참조했음.

183. 아좀 페일로 린포체, 2015년 3월 7일 구두 설명. 이 정보를 구하기
어렵기 때문에 Rinpoche의 허가를 받아 여기에 공유했다. 그러나
절대로 경험 있는 교사의 필요한 시범과 지시 없이 이것을 연습해서는
안 된다. 올바르게 하고 있다고 생각할 때조차도 너무 강하게, 너무
오래, 또는 잘못된 위치에서 유지할 위험이 항상 있었고, 이는 해로울
수 있기 때문이다.

184. Jigme Lingpa, Wisdom Chats, no. 71, 799.5-6을 참조했음.

185. Jigme Lingpa, Wisdom Chats, no. 71, 799.6을 참조했음.

186. 이는 지혜의 표현 불가능성에 대한 직메 링파의 지혜 대화 71번, 799.
6의 의미에 대한 라마 텐진 삼펠(Lama Tenzin Samphel)의 논평을 요약한

것이다. 이러한 방식으로 직메 링파는 지혜와 일반적인 마음 사이의 간격 또는 경계를 설명한다. 즉, 일반적인 경험은 모든 대상이 자신의 열린 주관성 영역에 포함되어 있다는 것을 인식하지 못한다. 이를 쓴 후, 나는 달라이 라마와 러시아 신경과학자들 사이의 짧은 대화를 들었는데, 그들은 마음과 뇌의 관계에 대해 이야기하고 있었다. 달라이 라마는 "우리는 일반적인 마음에서 깨달음의 가능성을 본다. 하지만 뇌에 대해서는 같은 말을 할 수 없다"고 말했다. 러시아인 중 한 명이 "그렇다면 깨달은 뇌라는 것은 없다는 말씀인가요?"라고 대답했다. 좋은 질문이다. 족첸(Dzogchen)에서 수련되는 지혜는 뇌가 어떤 방식으로든 참여한다고 오늘날 인정될 수 있다 하더라도, 미세한 신체 전체의 회로를 통해 흐르는 것으로 이해된다.

187. Barron, Precious Treasury of Philosophical Systems, 341-42쪽 (Grub mtha', 1182.3)을 참조했음.

188. Dahl, Steps to the Great Perfection, 11쪽을 참조했음.

189. Barron, Precious Treasury of Philosophical Systems, 345쪽 (Grub mtha', 1188.4-1189.4)을 참조했음.

190. Barron, Precious Treasury of Philosophical Systems, 342쪽 (Grub mtha', 1188.3)을 참조했음.

191. Barron, Precious Treasury of Philosophical Systems, 345쪽 (Grub mtha', 1189.2-4)을 참조했음.

192. Ackerman, Nocera, Bargh의 "Incidental Haptic Sensations", 1712-15쪽은 여기서 가능한 것 이상으로 이러한 특수성을 탐구했음. 이를 내 주의를 끌어준 Larry Barsalou 교수에게 감사를 표했음. 그리고 나를 더 큰 과학-명상 대화에 접촉하게 해준 Mind and Life Summer Research Institute(SRI)와 다른 프로그램들에게도 감사를 표했음.

193. 아좀 페일로 린포체, 2017년 3월 대화를 참조했음.

194. 그러나 탄트라를 제시할 때, 겔룩파와 모든 티베트 체계는 현실의 "단순 부정적" 측면을 강조하는 것에서 벗어났음.

195. Dodrupchen Jigme Trinle, Commentary on Root Verses of Jigme Lingpa's "Treasury of Precious Qualities", 574!8ff를 참조했음.
196. 즉, 근본적 순수성이나 공성 자체는 족첸의 현실 이해의 전체 그림이 아니었음. 광명도 자발적으로 존재했음. Jigme Lingpa, Precious Treasury of Good Qualities, vol. 2, 44의 11.7장을 참조했음. Dodrupchen Jigme Trinle, Commentary on Root Verses of Jigme

Lingpa's "Treasury of Precious Qualities", 573.8-574.5를 참조했음. 이 섹션은 그 다음 교사와 훈련생의 특정 자질에 대해 논의했음.

197. Pelzang, Guide to "The Words of My Perfect Teacher", 276쪽을 참조했음.

198. 2018년 11월 7일 Lama Tenzin Samphel과의 논의를 바탕으로 했음.

199. Barron, Precious Treasury of Philosophical Systems, 306쪽 (Grub mtha', 1123-24)을 참조했음.

200. Tulku Thondup, Masters of Meditation, 124-25쪽; 티베트 텍스트, Jigme Lingpa의 rnam thar(영적 전기), Collected Works, vol. 9, 42a.4를 참조했음.

201. Shenphen Dawa Rinpoche, Bum Chung, 19쪽을 참조했음.

202. Bertelsen, Gateways of Empathy를 참조했음.

203. Bertelsen, Gateways of Empathy, 6-7쪽을 참조했음.

204. 마음의 방법은 명상 안팎에서 경험의 새로운 깊이를 발견하는 데 중요한 초점이었음. Claire Petitmengin은 종종 직관과 인간 경험의 미세 현상학에 관한 연구와 대면 훈련에서 무엇에서 어떻게 이동하는 것의 중요성을 강조했음. 방법은 그것에 대한 2차적 관찰보다는 살아있는 경험에 근거했음. 이 살아있는 상태에 접근하는 것은 우리의 내적 서술자로부터의 자유를 포함했음. 이는 우리에게 거의 끊임없는 개인적 부적절함에 관한 논평인 자기 판단으로부터의 자유를 포함했음. 방법은 또한 우리가 걱정하는 것에 대한 이야기, 관심사 항목들의 끝없는 검토에서 벗어나 특정 불안 사례가 어떤 느낌인지로 이동했음. 이는 그것을 지지하거나 완화하기 위해 우리가 만드는 내적 제스처에 대한 인식을 산출했음.

205. 더 자세한 논의는 Ackerman, Nocera, Bargh의 "Incidental Haptic Sensations"를 참조했음. 이전에 151쪽과 주석 209에서 요약한 그들의 발견을 다시 언급했음.

206. 그들은 차원 특정적이고 은유 특정적인 방식으로 그렇게 했음. 이러한 특수성을 탐구하는 것은 여기서의 범위를 벗어났음.

207. Theise, "Beyond Cell Doctrine", 263-69쪽을 참조했음. Neil Theise는 뉴욕시 Village Zendo에서 Roshi Enkyo O'Hara의 지도 아래 선불교의 수석 학생이었음. 그의 더 많은 작업은 https://www.closertotruth.com/contributor/neil-theise/profile에서 볼 수 있었음.

208. 다른 자료들 중에서 McEvilley의 Shape of Ancient Thought를 참조했음.

209. Theise, "Beyond Cell Doctrine", 267쪽을 참조했음.

210. Theise, "Beyond Cell Doctrine", 266쪽을 참조했음.

211. Theise, "Beyond Cell Doctrine", 267쪽(이탤릭체는 필자)을 참조했음.

212. 불교와 현대 심리학의 자아에 관한 이해의 주요 차이점에 대해서는 Aronson의 Buddhist Practice, 특히 41-52쪽을 참조했음.

213. Barsalou, Wilson, Hasenkamp, "On the Vices of Nominalization", 335쪽을 참조했음; 또한 343쪽도 참조했음.

214. Barsalou, Wilson, Hasenkamp, "On the Vices of Nominalization", 334-60쪽을 참조했음. 관련 문제에 대한 설득력 있는 공개 및 개인적 논의에 대해 Barsalou 교수에게 감사를 표했음.

215. Barsalou, Wilson, Hasenkamp, "On the Vices of Nominalization", 335-36쪽을 참조했음.

216. Barsalou, Wilson, Hasenkamp, "On the Vices of Nominalization", 주석 199, 200을 참조했음.

217. 내가 약 5세 때의 어느 크리스마스, 아버지가 클레멘트 글라크 무어(Clement Clarke Moore)의 "성 니콜라스의 방문(A Visit from St. Nicholas)"을 읽어주셨다. 나는 이 이야기를 좋아했는데, 이는 "크리스마스 전날 밤, 집 안 곳곳에서…"로 시작한다. 아버지가 "새로 내린 눈 위의 달빛이/ 아래의 사물들에 한낮의 광채를 주었네"라는 구절에 이르렀을 때, 나는 그를 멈추게 했다. 나는 "사물들(objects)"이 무엇인지 알고 싶었다. 그는 몇 분 동안 설명해 주셨다. 그가 무슨 말을 했는지는 기억나지 않지만, 그가 말하는 동안 내가 느낀 당혹감은 선명히 기억난다. 나는 그 의미를 이해할 수 없었다. "사물들"은 여전히 나에게 미스터리로 남아 있었다. 아마도 이것이 내가 평생 존재론과 인식론에 관심을 갖게 된 출발점이었을 것이다. 지금 다시 그 구절을 읽어보니, "광채(lustre)"는 나를 멈추게 하지 않지만, 이 일반적인 명사 "사물들"이 그랬다는 점이 흥미롭다. 따라서, 부분적으로는, 이것이 내가 여기서 바살루(Barsalou)가 말하는 것에 관심을 갖는 이유이다.

218. 다가치적, 홀로그래픽, 운동감각적으로 감지되는 동적 요소를 포함하는 복잡한 신체 감지 과정을 인식하고 그에 대해 말하는 것이 감각을 복잡한 공간과 현상으로 드러내는 것이라고 제안하는 것은

그리 멀지 않아 보였음. 이는 최근에 많이 연구되었음. 예를 들어 Farb et al.의 "Interoception"을 참조했음.

219. 감정이 열리거나 닫힐 때 목구멍, 어깨, 배, 심장, 또는 가슴에서 느껴지는 미묘한 감각의 변화는 생활에서나 과학에서나 더 명확하게 명사화할 수 있는 대상들보다 간과되기 쉽다. 바살루(Barsalou)의 주된 관심사는 과학자들이 어떻게 복잡한 맥락을 간과하게 되는지이다. 그는 이렇게 쓴다. "과학은 이론적, 경험적 연구에서 우아함, 간결성, 그리고 힘을 중요시하는 것으로 잘 알려져 있다. 가능하다면, 과학자들은 복잡하고 지저분한 것, 부정확성, 그리고 약한 효과를 피하고 싶어 한다." 그는 또한 "한 과정이 명사화되면, 그 과정은 분리되어 존재하고, 시간과 맥락에 걸쳐 비교적 일정하게 유지되며, 쉽게 조작할 수 있고, 단순한 인과관계에 들어가는 것으로 여겨진다. 플라톤적 맹목이 따라오는데, 이는 그 과정을 단순한 조작 가능한 대상과 유사한, 맥락이 없는 메커니즘으로 보는 것이다"라고 지적한다. 바살루, 윌슨, 하센캄프의 "명사화의 악덕에 대하여(On the Vices of Nominalization)", 341쪽. 또한 던햄과 바나지의 "플라톤적 맹목(Platonic Blindness)", 201–213쪽을 참조하라.

220. Suzuki Roshi, Zen Mind, 41, 49, 71쪽 그리고 전체적으로를 참조했음.

221. Suzuki Roshi, Zen Mind, 48쪽을 참조했음.

222. 신체 인식은 이제 광범위한 건강 주제에 걸쳐 과학적 연구의 대상이 되었고 "내부 신체 감각에 대한 인식"으로 묘사되었음. 이러한 감각은 미묘한 운동감각이며, 느껴지는 것은 움직임이었음. 불교 전통의 로고스에서 움직임은 프라나 또는 에너지의 활동이었음. 이러한 관점에서 심박수, 혈압, 심지어 뇌 활동의 모든 측정은 프라나의 움직임이었음. 따라서 고전적 서양 의학, 해부학 또는 생물학에서 이러한 담론이 전면적으로 부재함에도 불구하고, 두 내러티브는 모순되지 않았음.

223. 내 경험에서 이의 설득력 있는 예는 미세현상학의 핵심에 있는 대화적 과정이었음. 예를 들어 Claire Petitmengin과 A. H. Almaas의 나열된 작품들을 참조했음. Petitmengin의 연구는 신중한 현상학적 탐구를 기반으로 한 광범위한 과학적 작업을 시작했음. Almaas가 특히 Spacecruise에서 설명한 탐구 방법은 Diamond Approach의 내면 작업의 중심이었음. 이러한 1인칭 정서 기반 접근법은 인지적 요소와

신체적 요소를 결합하여 자신의 실제 경험으로 돌아가는 강력한
방법을 만들어냈음.

224. 이 단락은 Stern의 Interpersonal World of the Infant, 54-58쪽에서
요점을 요약한 것이지만, 그의 흥미로운 경험 설명의 일부만을 암시할
수 있었음. 타인과의 관계에서 자아 감각이 발달하는 방식에 대한 그의
내러티브는 불교 탄트라 수행에도 관련이 있음. 이에 대해서는 이
시리즈의 향후 볼륨에서 논의할 예정이었음. 그의 아이디어의 추가
발전은 Stern의 Forms of Vitality에서 찾을 수 있음.

225. 원소와 관련된 티베트 수행에 익숙한 사람들은 이것이 최소한
과도하게 땅에 묶인 상태에서 물의 더 큰 유동성과 연결성으로의
전환을 포함한다는 것을 인식할 것임. 내가 아좀 린포체의 영감을
받아 개발한 보는 것에서 존재로의 순환은 원소에 기반한 수행을
포함했음. 여기서도 신체, 마음, 그리고 에너지로 작업했고, 많은
사람들에게 이는 이러한 훈련 전반에 걸쳐 제안된 종류의 변화에
쉽게 접근할 수 있게 해주었으며 전통적으로 탄트라와 족첸 훈련의
중요한 부분이었음. Tenzin Wangyal Rinpoche는 Healing with Form,
Energy, and Light에서 본 자료를 사용하여 이에 대해 웅변적으로
썼으며, 전체적인 그림은 매우 유사했음.

226. Jigme Lingpa, Wisdom Chats, no. 66, 776을 참조했음. 직메 링파는
실제로 여기서 "이단적인 브라만들"이라는 용어를 사용했지만, 우리의
세계주의적 세계에서 그 명칭은 그의 실제 요점을 감소시킬 뿐임.
우리는 수행이 드러내고자 하는 현실을 의심스럽게 바라보는 의미에서
이단자가 되었음.

227. Jigme Lingpa, Stairway to Liberation, 162.6(필자 번역)을 참조했음;
또한 Dahl, Steps to the Great Perfection, 43쪽도 참조했음.

228. 업의 서사에서 보디치타 수행의 다른 유명한 예는 Candrakīrti의 7가지
인과관계 교훈(rgyu 'bras man ngag bdun)이었음. Tsongkhapa, Great
Treatise, 2: 35-50쪽을 참조했음. 또한 Hopkins, Compassion in
Tibetan Buddhism, 26ff도 참조했음.

229. 우리는 이를 Candrakīrti의 유명한 Entering the Middle Way 서두의
연민에 대한 경의와 Śāntideva의 Guide to the Bodhisattva Way of Life
초반 장에서 보살의 열린 마음에 대한 찬사에서 찾을 수 있음.
마찬가지로, Candrakīrti에서 광범위하게 인용한 Tsongkhapa의 Great
Treatise는 깨달음에 대한 사랑의 의도(bodhicitta)를 대승(Mahāyāna)의

특징으로 묘사하며 시작했음. 그는 이를 Asaṅga의 Sublime Mindstream의 구절로 뒷받침했음; Tsongkhapa, Great Treatise, 18쪽을 참조했음.

230. Aṅguttara Nikāya, 1.51-52, Thānissaro Bhikkhu 번역 (https:// suttacentral.net/an1.51-60/en/thanissaro?reference=none&highlight= false)을 참조했음.

231. Brunnhölz, In Praise of Dharmadhātu, 73쪽을 참조했음.

232. Barron, Precious Treasury of Philosophical Systems, 174쪽 (Grub mtha', 904.1)을 참조했음.

233. 따라서 그는 대승이 생명체를 대상으로 하는 연민(thugs rjes)과 법계를 충만하게 하는 숭고한 앎을 모두 포함한다고 강조했음. Barron, Precious Treasury of the Basic Space of Phenomena, 10-11쪽, 그리고 Treasure Trove, 53쪽; Longchen Rabjam, Commentary on the "Precious Dharmadhātu Treasury", 79!4를 참조했음.

234. Barron, Treasure Trove, 87쪽; Longchen Rabjam, Commentary on the "Precious Dharmadhātu Treasury", 104를 참조했음.

235. Barron, Precious Treasury of Philosophical Systems, 149쪽(Grub mtha', 860.1): sems kyi rang bzhin 'od gsal gang yin pa / de ni nam mkha' bzhin du 'gyur med de/를 참조했음.

236. Barron, Precious Treasury of Philosophical Systems, 84쪽 (Grub mtha', 744.5)도 참조했음. 여기서 롱첸파는 Complete Display of Primordial Awareness Tantra(Ye shes rnam par bgod pa'i rgyud)를 인용하고 있었음.

237. Barron, Precious Treasury of Philosophical Systems, 149쪽(Grub mtha', 860.1)을 참조했음.

238. Longchen Rabjam, Commentary on the "Precious Dharmadhātu Treasury"를 참조했음. 실제로 이 핵심 족첸 텍스트의 13장 중 8장의 제목에 "깨어난 마음."이 포함되어 있었음.

239. Longchen Rabjam, Precious Treasury of Philosophical Systems(Grub mtha', 860.4-5): 'di la bsal bya ci yang med, bzhag bar bya ba cung zad med를 참조했음. 또한 Barron, Precious Treasury of Philosophical Systems, 149쪽을 참조했음. 현재 펼쳐지고 있는 것에 대해 지우거나 놓는 (빼거나 더하는) 어떤 노력으로부터의 자유는 탄트라 수행 텍스트(sādhana)의 귀의 구절에서 중요하고 꽤 일반적인 비유였음.

아좀 린포체(Adzom Rinpoche) 자신의 21세기 보물 계시(Gter) Luminous Heart Essence 사이클에서, Yeshe Tsogyal 수행의 핵심 구절은 Asaṅga를 반영하며 귀의와 보편적 연민으로 가는 길을 간결하게 보여주었음.

지우거나 놓지 말고 쉬어라.
알려진 얼굴. 귀의. 마음이 깨어난다.
Rang babs gsal bzhag bral ba la /
Rang ngo shes pas skyabs sems bskyed.

Klein, Foundational Dakini Practice, 15쪽을 참조했음.

240. Dorje Choying Tobden, Complete Nyingma Tradition, 332쪽을 참조했음.

241. Longchen Rabjam, Precious Treasury of Philosophical Systems (Grub mtha', 872.2-3, 필자 번역)을 참조했음; 또한 Barron, Precious Treasury of Philosophical Systems, 155쪽을 참조했음.

242. Klein, tr., Foundational Dakini Practice, 9쪽, 귀의외 세 번째 줄을 참조했음.

243. Longchen Rabjam, Precious Treasury of Philosophical Systems (Grub mtha', 874.4-5; 필자 번역)을 참조했음; 또한 Barron, Precious Treasury of Philosophical Systems, 157쪽을 참조했음. 롱첸파는 보살도에 대한 논의 초반에 이를 인용했음. 그가 Atiyoga, 족첸을 설명할 때, 그는 앞서 소개된 용어들의 집합이 모두 서로를 가리킨다는 것을 보여주었음. 무구한 법계는 자연적으로 순수한 마음의 본성이었음. 그것은 또한 자연스럽게 일어나는 조작되지 않은 근본적 지혜였음.

244. Jigme Lingpa, Wisdom Chats, no. 66을 참조했음.

245. 이와 Rinpoche의 다른 족첸 영향을 받은 사이클들은 Dawn Mountain(www.dawnmountain.org)에서 가르쳐 졌음. 직접 참여하거나 비디오 녹화를 통해 참여하는 방법에 대한 정보는 Dzogchen Cycles Program, https://www.dawnmountain.org/teachings/dzogchen-cycles/를 참조했음.

246. Barron, Precious Treasury of Philosophical Systems, 151쪽(Grub mtha', 863.5)을 참조했음. 또한 Barron, Treasure Trove, 3장을 참조했음. 직메

링파도 Wisdom Chats, no. 798.4에서 이 은유를 사용했음.

247. Barron, Treasure Trove, 101쪽; Longchen Rabjam, Commentary on the "Precious Dharmadhātu Treasury", 115를 참조했음.

248. 그리고 이는 족첸의 중심적 관점과 공명했음. 예를 들어, 족첸 가르침 중 마음 계급의 핵심 원칙 가운데 하나는 모든 것과 모든 사람이 근본적 지혜와 분리할 수 없다는 것이었음. 이는 "현상의 참된 본성에서 그들이 실제로 아무것도 아니기" 때문이었음.
Barron, Precious Treasury of Philosophical Systems, 314-15쪽(Grub mtha', 1133.1)을 참조했음.

249. Barron, Treasure Trove, 104쪽; Longchen Rabjam, Commentary on the "Precious Dharmadhātu Treasury", 117: Rang la bzahg nas gzhan du 'tshol mi byey를 참조했음.

250. "태어나지 않고, 멸하지 않는"이라는 구절은 Rāhula의 Praise of Mother Perfection of Wisdom의 유명한 부분으로, 수많은 족첸 탄트라에서 발견되었음; 롱첸파도 그의 Commentary on the "Precious Dharmadhātu Treasury"에서 이를 광범위하게 다듬었음.
아좀 린포체의 점점 더 영향력 있는 Ḍākinī Ngöndro와 Becoming Yeshe Tsogyal에서, 그는 족첸에서의 그들의 의미를 깊은 경험으로 이끄는 방식으로 드러냈음.

251. 티베트 텍스트는 rtogs pa(깨달음)로 되어 있지만, 구두 상담과 맥락을 통해 rtog pa(생각)가 의도된 것임이 분명해졌음. 다섯 번째 핵심 수행의 막간 페이지에 티베트어를 제시할 때, 두 티베트 학자와의 논의를 바탕으로 rtogs pa를 rtog로 변경했음.

252. Longchen Rabjam, Commentary on the "Precious Dharmadhātu Treasury", 49.2: Sku gsum klong nas 'khor 'das rang shar kyang / dbyings las ma g.yos chos nyid bde ba'i zhing을 참조했음.
또한 Barron, Treasure Trove, 13쪽을 참조했음.

253. Dahl, Steps to the Great Perfection, 43쪽을 참조했음.

254. Barron, Treasure Trove, 345쪽을 참조했음.

255. Tulku Thondup, Masters of Meditation, 124-25쪽; 티베트 텍스트, 직메 링파의 rnam thar, Collected Works, vol. 9, 442.6을 참조했음.

256. Barron, Precious Treasury of the Basic Space of Phenomena, 32-33쪽을 참조했음.

257. Yampolsky, Platform Sutra, 125-83쪽을 참조했음.

258. Yampolsky, Platform Sutra, 130쪽을 참조했음.

259. Yampolsky, Platform Sutra, 132쪽을 참조했음.

260. Barron, Precious Treasury of Philosophical Systems, 226쪽
(Grub mtha', 993.1–2)을 참조했음. 이 전체 섹션은 지혜의 근본적 본성에
대한 솔직한 진술이었음. 이는 세 가지 부처의 차원 또는 kāya의
상호 연관된 본성을 자세히 설명하는 이전 섹션과 연결되었음.
아좀 페일로 린포체의 계시된 보물들은 이러한 주제들을 경험으로
가져오는 데 도움이 되는 수많은 족첸 영향을 받은 수행(sādhana)을
포함했음. 이는 이 시리즈의 향후 볼륨에서 논의될 예정이었음.

261. Gyurme Lodro Gyatso(Khenpo Yeshi)와의 대화, 2022년 가을을
참조했음.

262. Dorje Choying Tobden, Complete Nyingma Tradition, Books 1–10,
"Foundations of the Buddhist Path", 332쪽을 참조했음.

263. Germano, "Architecture"를 참조했음.

264. Van Schaik, "Early Dzogchen IV"를 참조했음.

265. Van Schaik, "Early Dzogchen IV"를 참조했음.

266. phyogs ris med라는 용어가 다른 맥락에서 "편견 없는", "비종파직"
또는 "전방위적"으로 번역되는 방식이 족첸의 원칙이자 티베트에서
더 많은 종교간 화합을 향한 역사적 운동인 방식에 대한 탁월한 성찰은
Deroche의 "On Being Impartial"을 참조했음. 현대적 맥락에서, 우리는
이러한 기울어지지 않음, 어떤 것에도 등을 돌리지 않음의 감각이
우리가 공정성이라고 생각하는 것의 기초라고 말할 수 있었음. 이는
정의의 특징이 되어야 하며, 맹목적이지 않고 모든 것을 보며 모든
사람에게 공정한 돌봄을 제공해야 했음.

267. Dahl, Steps to the Great Perfection, 16쪽에서 각색; Jigme Lingpa,
Stairway to Liberation, 130.1–3을 참조했음.

268. Barron, Treasure Trove, 335쪽; Longchen Rabjam, Commentary
on the "Precious Dharmadhātu Treasury", 158a를 참조했음.
이 세 가지는 주요 족첸 탄트라에서 자주 언급되었고 Nāgārjuna의 In
Praise of Dharmadhātu에서도 약간 다른 방식으로 언급되었음.

269. Klein, Heart Essence, 69쪽을 참조했음. 이 9음절 영어 줄은 여러
전통적인 티베트 멜로디로 노래할 수 있었음. 같은 내용의 긴 구절
번역은 Klein, Heart Essence, 102쪽에서 각색됨.

완전한 깨달음에 이르기까지, 나는 세 가지 진실한 보석, 행복에 이른 이들(sugata)에게 귀의합니다

세 가지 뿌리(구루, 데바, 다키니)에

나의 깨어난 마음인 채널, 바람, 밝은 구체의 본성에

그리고 본질, 본성, 흐르는 연민의 만다라에.

270. 여기서 첫 번째 줄은 경전 보살도의 귀의였음; 두 번째는 외부 탄트라의 귀의였음; 세 번째는 내부 탄트라의 귀의였음; 네 번째는 마음 자체의 실제 삼중 본성(공한 본질, 빛나는 본성, 세계 전체를 관통하는 연민의 흐름)에 귀의하는 족첸의 방식이었음.

271. Khetsun Sangpo Rinpoche, Strand of Jewels, 4–5쪽을 참조했음.

272. 이 세 가지는 17 족첸 탄트라의 조직 원리였음. 이는 Vima Nyingthig (Bi ma snying thig, Vimalamitra의 정수) 컬렉션의 일부이며 11세기에 Zhangdon Tashi Dorje에 의해 계시되었다고 전해졌음. Malcolm Smith의 17 탄트라에 대한 주석 번역이 진행 중이었고, 이 글을 쓰는 시점에 1–4권이 Wisdom Publications을 통해 이용 가능했음 (https://wisdomexperience.org/product/tantra-without-syllables-vol3-and-blazing-lamp-tantra-vol4/).

273. All-Creating Majesty(Kun byed rgyal po)는 족첸의 마음 계급(sems ste)의 주요 탄트라였음.

274. Barron, Treasure Trove, 21쪽; Longchen Rabjam, Commentary on the "Precious Dharmadhātu Treasury", 54(14; 49!7도 참조)에서 인용했음. 첫 두 가지, 본성과 본질의 순서가 직메 링파의 순서와 반대임을 주목했음. 이는 족첸 탄트라에 나타날 때 자주 볼 수 있는 현상이었음. 이는 현재 이용 가능한 컴퓨터 검색 기술을 통해 추적할 수 있는 흥미로운 발전이었음.

275. 특히 Ḍākinī Ngöndro와 Troma Severance는 Dawn Mountain과 Tārā Maṇḍala에서 수행용으로 비공개 인쇄한 다양한 판본을 참조했음.

276. 이 단락들은 필자의 논문 "Feelings Bound and Freed: Wandering and Wonder on Buddhist Pathways"에서 가져왔음. https://www.tandfonline.com/doi/full/10.1080/14639947.2018.1443567. 수정된 교정본은 페이월 없이 https://www.academia.edu/63821307/Feelings_Bound_and_Freed_Wandering_and_Wonder_on_Buddhist_Pathways에서 이용 가능했음.

277. Shukman, One Blade of Grass, 47쪽을 참조했음.

278. Barron, Precious Treasury of Philosophical Systems, 112쪽(Grub mtha', 799.2-3)을 참조했음.

279. 롱첸파는 그의 유명한 Trilogy of Rest(Ngal gso 'khor gsum)에서 편안함의 주제를 광범위하게 펼쳤음. 이는 Herbert Guenther에 의해 처음으로 Kindly Bent to Ease Us로 영어로 번역되었음. 근본 텍스트와 그 주석인 The Great Chariot(Shing rta chen po)도 최근 Padmakara Translation Group에 의해 Trilogy of Rest로 번역되었음.

280. 노래할 수 있는 영어(여기서와 같이)와 산문시 형태의 전체 영어 텍스트는 Klein, Heart Essence, 66쪽을 참조했음. 운문 번역은 95-96쪽에 있음. "다양한 [감각적] 현상들은 물에 달이 있는 것 같은 환상과 같다. 우리 방황하는 존재들은 계속해서 윤회의 사슬 고리를 배회한다. 그들이 자신의 맑은 반영 존재의 기본 공간에서 편안히 쉴 수 있도록, 나는 네 가지 무량심에 머물며 깨달음을 향한 마음을 일으킨다."

281. Śāntideva, Bodhisattvacaryāvatāra, 구절 X.55, 143쪽을 참조했음.

282. Barron, Precious Treasury of Philosophical Systems, 158쪽(Grub mtha', 875.4)을 침조했음.

283. Barron, Precious Treasury of Philosophical Systems, 157쪽(Grub mtha', 874.3)도 참조했음.

284. Barron, Precious Treasury of Philosophical Systems, 115쪽(Grub mtha', 803.2)을 참조했음.

285. Longchen Rabjam, Commentary on the "Precious Dharmadhātu Treasury", 73(필자 번역)을 참조했음; 또한 Barron, Treasure Trove, 71쪽을 참조했음. 롱첸파는 여기서 Discourse Unifying the Enlightened Intent of All Buddhas(Sang rgyas thams cad kyi dgongs pa 'dus pa'i mdo; sarva tathāgathacitta jnāna guhyārtha)에서 인용했음.

286. Jigme Lingpa, Stairway to Liberation, 165.5(필자 번역)을 참조했음; 또한 Dahl, Steps to the Great Perfection, 45쪽을 참조했음.

287. Rumi, "In Baghdad, Dreaming of Cairo", 106쪽을 참조했음.

288. Pearl Garland, Barron, Treasure Trove, 104쪽에서 인용; Longchen Rabjam, Commentary on the "Precious Dharmadhātu Treasury", 117을 참조했음.

289. 이는 우리의 이야기보다 앞서가지만 중요한 요소였음. 롱첸파는 그의 Precious Dharmadhātu Treasury 5장에서 Pearl Garland를 인용함.

"완전한 깨달음은 단지 친밀한 자기-반영 인식(rang rig)일
뿐이다."(117!9), Barron, Treasure Trove, 104쪽에서 번역됨.

290. Longchen Rabjam, Precious Treasury of Philosophical Systems,
875.4(필자 번역)을 참조했음; 또한 Barron, Precious Treasury of
Philosophical Systems, 158쪽을 참조했음. 여기서 "그들이 어떻게
구성되어 있는지"라는 구절은 티베트어 khams를 번역한 것으로,
903.2(Barron, 173)에서 다시 언급되었음.

291. 나는 종종 티베트 라마들이 수행 지도 중에 이들을 스승과 동료
수행자들과 좋은 관계를 유지하겠다는 서약으로 요약하는
것을 들었음.

292. Wolter, Losing the Clouds, 173쪽에서 인용됨.

293. Barron, Precious Treasury of Philosophical Systems, 113쪽
(Grub mtha', 800.2-3)을 참조했음.

294. Barron, Precious Treasury of Philosophical Systems, 115쪽
(Grub mtha' 803.2-3)을 참조했음.

295. Rāhulabhadra의 유명한 Praise of Mother Wisdom,
https://www.wisdomlib.org/buddhism/
book/bodhisattvacharyavatara/d/doc6290.html을 참조했음.
산스크리트어로 암송된 버전은 https://www.youtube.com/
watch?v=QmWqyh-8YI4에서 들을 수 있었음.

296. Sems nyid byang chub sems kyi ngo bo, Longchen Rabjam, Precious
Dharmadhātu Treasury, 107.4에서, Barron, Precious Treasury
of the Basic Space of Phenomena, 34-35쪽에서 번역됨. 또한 Barron,
Treasure Trove, 91쪽을 참조했음.

297. Rig pa byang chub klong, Longchen Rabjam, Commentary on the
"Precious Dharmadhātu Treasury", 17!6에서, Barron, Treasure Trove,
76쪽에서 번역됨.

298. Longchen Rabjam, Commentary on the "Precious Dharmadhātu
Treasury", 106을 참조했음; 또한 Barron, Precious Treasury of
the Basic Space of Phenomena, 34쪽; Barron, Precious Treasury of the
Basic Space of Phenomena, 34, 35쪽; 그리고 Barron, Treasure Trove,
89쪽을 참조했음.

299. Barron, Precious Treasury of the Basic Space of Phenomena, 123쪽.
Barron, Treasure Trove, 352쪽을 참조했음.

300. Sems nyid byang chub sems kyi ngo bo la/ lta ba bsgom med spyod pa spyod du med/, Longchen Rabjam, Commentary on the "Precious Dharmadhātu Treasury", 107.4에서; 또한 Barron, Treasure Trove, 91쪽을 참조했음.

301. Longchen Rabjam, Commentary on the "Precious Dharmadhātu Treasury", 72!3을 참조했음; 또한 Barron, Treasure Trove, 43쪽을 참조했음. 감각 의식이 어떻게 대상의 양상을 취하는지에 대한 자세한 경전 논의는 Klein, Knowledge and Liberation, 3장을 참조했음.

302. Rumi, "In Baghdad, Dreaming of Cairo", 206쪽을 참조했음.

303. 최근 연구에 따르면 경계 상태가 실제로 매우 유용함을 시사했음. 예를 들어, 직관은 그 자체로 일반적으로 경계 상태이며, 새로운 이해를 인식으로 가져왔음. James에 따르면, 의식의 경계는 현재 인식되지 않지만 잠재적으로 회수 가능한 자료를 보유하고 있었음.

304. Jigme Lingpa, Stairway to Liberation, 171.5(필자 번역)을 참조했음; 또한 Dahl, Steps to the Great Perfection, 49쪽을 참조했음.

Part 3

305. 아좀 린포체는 서양에서 일곱 가지 훈련을 단 두 번만 가르쳤음. 이 장은 Erik Drew와 Anne Klein의 티베트어에서 영어로의 구술 번역과 Martin Kalff의 티베트어와 영어에서 독일어로의 구술 번역을 바탕으로 편집되었음. 이 번역들은 Rinpoche와의 추가 논의를 통해 검토되고 보완되었음.

306. Gyurme Dorje, Biography of Adzom Drukpa, 186쪽을 참조했음.

307. Adzom Gar에서 자란 아좀 페일로 린포체와 그의 여동생 제쑨 카초 왕모(타라의 화신으로 여겨짐)는 요가 학자 Karmabenzra와 Adzom Drukpa의 직계 화신인 Adzom Drukpa Thupten Pema Trinle(1926~2001)에게서 배웠음. 후자는 1980년대와 1990년대 중국에서 가장 영향력 있는 족첸 대가 중 한 명이었으며, 다른 닝마파 대가들이 족첸 지도와 전수를 위해 학생들을 보냈음. 마찬가지로 Adzom Drukpa의 화신으로 인정받은 Chogyal Namkhai Norbu Rinpoche(1938~2018)는 국제적으로 알려진 족첸 공동체의 창립자이자 다작 저자이며 서양에 족첸을 소개한 위대한 선구자 중 한 명이었음.

308. 아좀 린포체는 또한 롱첸파와 함께 직메 링파가 그의 Stairway to
Liberation(Thar pa'i them sgas)에서 단계적 경로(lam rim)에 대한 논의를
통해 우리를 안내한다고 언급했음. 이는 롱첸파의 Instructions on the
Meaning of the Sevenfold Mind Training에 대한 그의 주석이었음.
일곱 가지 훈련에 대한 직메 링파의 주석의 전체 제목인 Stairway
to Liberation: Instructions on the Meaning of the Shared Mahāyāna
Foundational Mind Training은 마음 훈련의 모든 핵심 요점이 여기에
있으며, 마음 훈련이 이끄는 지혜가 모든 좋은 자질을 이끌어낸다는
것을 나타냈음.

309. 지금까지 우리는 이 구절의 출처를 찾지 못했음.

310. 린포체는 여기서 yangthig이라는 단어를 사용했는데, 이는 Khandro
Yangthig(롱첸파의 Guru Rinpoche's Heart Essence of the Dakinis에 대한 주석)과
Lama Yangthig(롱첸파의 Vimalamitra's Heart Essence에 대한 주석) 모두를
가리키는 것으로 보였음. 그러나 아마도 그는 주로 후자를 가리키려
했을 수 있음. Dahl의 Entrance to the Great Perfection,
부록 3을 참조했음.

311. Klein, Knowing, Naming, and Negation, 186-89쪽을 참조했음.

312. Rinpoche는 2007년 12월 Whidbey Island에서의 가르침 중
이 시점에서 이 노래를 즉흥적으로 처음 불렀음. [티베트어 원문 생략]

313. 롱첸파(Longchenpa)는 롱첸 랍잠(Longchen Rabjam)으로도 알려져
있고 Drime Ozer로도 알려져 있었음. 이 노래의 첫 부분은 이
이름들을 중심으로 짜여 있었음.
첫 번째와 다섯 번째 줄의 "Vase Expanse"는 Longchen(klong=확장;
chen=거대)이었음. 다음 줄의 "Great Array"는 Rabjam(rab 'byams)을
번역한 것으로, 롱첸파의 가장 잘 알려진 이름의 두 번째 부분이었음.
네 번째 줄의 "Stainless Light"는 Drime Ozal(Dri med 'od gsal)을
나타내며, 이는 롱첸 랍잠의 또 다른 중요한 이름이었음.

314. 날짜가 정확하지 않은 개인 대화에서 아좀 린포체는 "우리는 명상적
안정의 본질(ngo bo)을 식별해야 합니다. 왜냐하면 그 본질에는 다른
모든 방법들이 포함되어 있기 때문입니다"라고 덧붙였음.

315. 린포체는 "또한 두 개의 측면 채널을 보세요: 빨간 Roma와 하얀
Gyangma, 남성의 경우 오른쪽과 왼쪽이고 (때때로, 그러나 이 경우에는
아님) 여성의 경우 반대입니다"라고 덧붙였음(2017년 3월 15일, 청두).
직메 링파의 텍스트는 측면 채널을 언급하지 않았음.

316. 직메 링파의 Stairway to Liberation은 단순히 "빨간 ah"라고만 말했음. Dahl, Steps to the Great Perfection, 95쪽을 참조했음.

317. 이 전면에서 후면으로의 회전은 Adzom Gar의 한 수도자가 나에게 Adzom 계보의 채널-바람(기맥) 수행에 독특한 것이라고 설명했음.

318. 아좀 페일로 린포체, 2015년 3월과 2017년 3월을 참조했음.

319. 직메 링파의 지시는 당신의 채널이 감로로 가득 찼을 때(아마도 하강 중에도, 비록 아좀 린포체가 이를 완전히 지지하지는 않았지만) 당기고 올리는 것이었음. 반면, 롱첸파는 하얀 ah에 집중하는 동안에만 당기고 올리는 것을 제안했음. 우리의 대화에서 아좀 린포체는 여기서 전반적으로 직메 링파를 따랐음.

320. 이 단락은 번역자에 의해 추가되었음.

321. 채널-바람(기맥) 수행에 대한 구두 지침은 2015년 3월 아좀 린포체로부터 받은 것이었다. 그는 롱첸파와 직메 링파가 그들의 텍스트에서 말한 것을 상당히 확대하기 위해 내 질문에 관대하게 응답했다. 다른 계보들은 이러한 수행에 대해 다른 뉘앙스를 제공할 수도 있다. 자신의 맥락에서 지침을 명확히 하기 위해 자신의 스승에게 확인해야 하므로, 다시 한번 말하지만, 경험 있는 수행자의 지도 하에 있지 않다면 이러한 수행을 하지 말아야 한다.

322. 아좀 린포체, 2015년 3월의 구두 해설을 계속했음.

티베트어 1차 자료

- Adzom Drukpa, Drodrul Pawo Dorje (A'dzom 'gro 'dul dpa'o rdo rje). Autobiography: Liberation and Treasure Revelations. Grub dbang rje btsun bla ma'i rnam thar zhal gsung ma byin rlabs gter 'byin. In The Collected Songs of Jetsun Drupwang Rikzin Drodul Pawo Dorje. Rje btsun grub pa'i dbang phyug rig 'dzin 'gro 'dul dpa' bo rdo rje'i mgur 'bum. Rekhe, Tibet Autonomous Region: Re khe Dgon chen nang bstan shes rig spe tshogs (Publishing House of the Great Monastic Center), n.d. BDRC MW1AC333.
  한국어: 아좀 드룩파, 드로둘 파워 도제의 자서전: 해탈과 보물 계시. 제춘 드룹왕 릭진 드로둘 파워 도제의 수집된 노래들 중에서. 레케, 티베트 자치구: 레케 큰 수도원 내부 불교 지식 출판사, 발행연도 미상. BDRC MW1AC333.

- Adzom Paylo Rinpoche (A'dzom pad blo rin po che). Becoming Guru Rinpoche. 'Od gsal snying thig las gu ru sgrubs thabs gsang ba'i thig le. English translation, Klein, Practice for Becoming the Guru.
  한국어: 아좀 페일로 린포체의 구루 린포체 되기. 영어 번역, 클라인의 구루가 되기 위한 수행.

- ———. Becoming Yeshe Tsogyal, from the "Luminous Heart Essence." 'Od gsal snying thig las mtsho rgyal dkar mo'i sgrub thab msbde chen dpal ster. English translation, Klein, Becoming Yeshe Tsogyal. German translation, Claudia Webinger, privately printed for Ganden Chokhor, Chur, Switzerland, 2018.
  한국어: "광명 심요"에서의 예셰 초갈 되기. 영어 번역, 클라인의 예셰 초갈 되기. 독일어 번역, 클라우디아 웨빙거, 스위스 추르의 간덴 초코르를 위해 비공개 출판, 2018년.

- ———. Ḍākinī Ngöndro, from the "Luminous Heart Essence." 'Od gsal snying thig las ḍāk'i sngon 'gro bde chen lam bzang. English translation, Klein, Foundational Dakini Practice.
  한국어: "광명 심요"에서의 다키니 응드로. 영어 번역, 클라인의 기초 다키니 수행.

- ———. From the Lotus Heart Essence: Great Compassionate One. Padma snying thig las thugs rje chen po yang snying 'gro ba kun sgrol. English translation, Klein, Great Compassionate One.
  한국어: 연꽃 심요에서: 대자비주. 영어 번역, 클라인의 대자비주.

- ———. Troma Severance. 'Od gsal snying thig las khro ma'i sgrub thabs gzang ba'i ye shes. English translation, Klein, Troma Severance.
  한국어: 트로마 단절. 영어 번역, 클라인의 트로마 단절.

- Dodrupchen Jigme Trinle. Commentary on Root Verses of Jigme Lingpa's "Treasury of Precious Qualities": A Rain of Joy. Yon tan mdod rtsa 'grel / Yon tan rin po che'i mdzod dga' ba'i char. Chengdu: Si khron mi rig skrun khang, 1998.
  한국어: 도드룹첸 직메 트린레의 직메 링파의 "귀중한 자질의 보물"의 근본 게송에 대한 주석: 기쁨의 비. 청두: 쓰촨 민족 출판사, 1998.

- Gyurme Dorje. Biography of Adzom Drukpa. A'dzoms rgyal sras 'gyur med rdo rje'i gsung 'bum, vol. 1 of 5.

Khrom: 'Jam dbyangs shes rig dar spel khang nas bsgrigs, 2011. https://www.tbrc.org/#!rid=W1PD159426. 한국어: 규르메 도제의 아좀 드룩파 전기. 아좀 걀세 규르메 도제의 전집, 5권 중 1권. 크롬: 잠양 셰릭 다펠캉에서 편집, 2011. https://www.tbrc.org/#!rid=W1PD159426.

• Jigme Lingpa ('Jigs med gling pa). The Application of Mindfulness: Instructions of the Unique Great Perfection Preliminaries of the Heart Essence of the Vast Expanse. Thun mong ma yin pa'i sngon 'gro 'i khrid yig dran pa nyer gzhag. In the Collected Works, vol. 8, 905 – 43. Reprinted in the Nyingthig rtsa pod, Dilgo Khyentse edition, vol. hum, 271 – 304. English translation, Dahl, Entrance to the Great Perfection, 61 – 80.
한국어: 직메 링파의 마음챙김의 적용: 광대한 마음 정수의 독특한 대원만 예비 수행에 대한 지침. 전집 8권, 905-43쪽. 딜고 켄체 판 닝틱 짜포에 재수록, 훔 권, 271-304쪽. 영어 번역, 달의 대원만 입문, 61-80쪽.

• ———. The Collected Works of 'Jigs-med-gliṅ-pa Raṅ-byuṅ-rdo-rje Mkhyenbrtse'i-'od-zer. Compiled by the First Dodrupchen. 9 vols. Gangtok: Derge Parkhang, 1985. BDRC W27300.
한국어: 직메 링파 랑중 도제 켄체 외셀의 전집. 제1대 도드룹첸이 편집. 9권. 강톡: 데르게 파르캉, 1985. BDRC W27300.

• ———. Fruits of Excellent Deeds: A Biography of Rangjung Dorje Khyentse Ozer [Jigme Lingpa] from the South. Yul lho rgyud du byung ba'i rdzogs chen pa rang byung rdo rje mkhyen brtse'i 'od zer gyi rnam thar pa legs byas yongs 'du'i snye ma). In the Collected Works, vol. 9, 3 – 502.
한국어: 훌륭한 행위의 결실: 남방 출신 랑중 도제 켄체 외셀[직메 링파]의 전기. 전집 9권, 3-502쪽.

• ———. Heart Essence of the Vast Expanse. Klong chen snying thig rts pod. Bodnath, Kathmandu, and Bodhgaya, Bhihar: Shechen Publications, 1994. BDRC MW1KG13585.
한국어: 광대한 마음 정수. 보드나트, 카트만두, 보드가야, 비하르: 셰첸 출판사, 1994. BDRC MW1KG13585.

• ———. Stairway to Liberation: Instructions on the Meaning of the Shared Mahāyāna Foundational Mind Training. Thar ba'i them skas /Thun mong gi sngon 'gro sems sbyong bdun gyi don khrid thar pa'i them skas. Bhutan: Lama Ngodrub and Sherab Demy, 1985. English translation, Dahl, Steps to the Great Perfection.
한국어: 해탈로 가는 계단: 공통 대승 기초 마음 훈련의 의미에 대한 지침. 부탄: 라마 고드룹과 셰랍 데미, 1985. 영어 번역, 달의 대원만으로 가는 단계들.

• ———. Treasury of Precious Qualities, Book One. Yon tan rin po che'i mdzod. English translation, Padmakara Translation Group, Treasury of Precious Qualities, Book One.
한국어: 귀중한 자질의 보물, 제1권. 영어 번역, 파드마카라 번역 그룹, 귀중한 자질의 보물, 제1권.

• ———. Treasury of Precious Qualities,

Book Two. Yon tan rin po che'i mdzod. English translation, Padmakara Translation Group, Treasury of Precious Qualities, Book Two.
한국어: 귀중한 자질의 보물, 제2권. 영어 번역, 파드마카라 번역 그룹, 귀중한 자질의 보고, 제2권.

- ———. Wisdom Chats. Shes rab gtam tshogs. In Chats and Counsel, An Ocean of Spiritual Paths. Gtams gyi tshogs theg pa'i rgyal mtsho. n.d., n.p.
한국어: 지혜 대화. 대화와 조언, 영적 길의 바다 중에서. 발행연도 및 발행지 미상.

- Longchen Rabjam (Klong chen rab 'byams pa dri med 'od zer). Commentary on the "Precious Dharmadhātu Treasury." Chos dbyings mdzod 'grel ba. In The Seven Treasuries, vol. 3. Garze, Tibet: Adzom Chogar. English translation, Barron, Treasure Trove.
한국어: 롱첸 랍잠의 "귀중한 법계 보물"에 대한 주석. 칠보 중 제3권. 가르체, 티베트: 아좀 초가르. 영어 번역, 배런의 보물 창고.

- ———. Precious Treasury of Philosophical Systems. Grub mtha' mdzod / Theg pa mtha' dag gi don gsal bar byed pa grub pa'i mtha' rin po che'i mdzod. BDRC WA3CN4960.
한국어: 귀중한 철학 체계의 보물. BDRC WA3CN4960.

- ———. Practical Instructions: A Sevenfold Mind Training on the Foundational Practices. Sngon 'gro sems sbyong bdun gyi don khrid. In Snying thig ya bzhi, vol. 1, 323–32. Darjeeling: Talung Tsetrul Pema Wangyal, 1976. Reprint of the A'dzom 'brug pa chos sgar edition. Bod ljongs bod

yig dpe rnying dpe skrun khang lha sa, 2011. BDRC WAS1KG18486,
한국어: 실용적 지침: 기초 수행에 대한 칠중 마음 훈련. 닝틱 야시 제1권, 323–32쪽. 다질링: 탈룽 체트룰 페마 왕걀, 1976. 아좀 드룩파 초가르 판 재간행. 티베트 고문서 출판사 라사, 2011. BDRC WAS1KG18486.

- ———. The Trilogy of Rest. Ngal gso skor gsum. English translation, Padmakara Translation Group, Trilogy of Rest, 3 vols.
한국어: 휴식의 삼부작. 영어 번역, 파드마카라 번역 그룹, 휴식의 삼부작, 3권.

번역 및 2차 자료

- Ackerman, J. M., Christopher C. Nocera, and John A. Bargh. 2010. "Incidental Haptic Sensations Influence Social Judgments and Decisions." Science 328, no. 5986: 1712–15. doi 10.1126/science.1189993.
한국어: 우연한 촉각 감각이 사회적 판단과 결정에 미치는 영향

- Almaas, A. H. [A-Hameed Ali]. Spacecruiser Inquiry: True Guidance for the Inner Journey. Diamond Body Series 1. Boston: Shambala Publications, 2002.
한국어: 우주선 탐구: 내면 여행을 위한 참된 안내

- Apte, Varnan S. The Practical Sanskrit-English Dictionary. Poona: Shiralkar & Co., 1890.
한국어: 실용 산스크리트-영어 사전

- Aronson, Harvey B. Buddhist Practice on

Western Ground: Reconciling Eastern
Ideals and Western Psychology. Boston:
Shambhala Publications, 2012.
한국어: 서양 땅에서의 불교 수행: 동양의
이상과 서양 심리학의 조화

- Barks, Coleman. The Essential Rumi.
San Francisco: HarperSanFrancisco, 1996.
한국어: 루미의 정수

- Barron, Richard (Lama Chokyi Nyima), trans.
The Precious Treasury of the Basic Space of
Phenomena, by Longchen Rabjam. Junction
City, CA: Padma Publishing, 2007.
한국어: 롱첸 랍잠의 현상의 기본 공간의
귀중한 보물

- ———. The Precious Treasury of
Philosophical Systems: A Treatise
Elucidating the Meaning of the Entire
Range of Spiritual Approaches, by
Longchen Rabjam. Junction City, CA:
Padma Publishing, 2007.
한국어: 롱첸 랍잠의 철학 체계의 귀중한
보물: 모든 영적 접근법의 의미를 밝히는
논문

- ———. A Treasure Trove of Scriptural
Transmission: Commentary on the "Precious
Treasury of the Basic Space of Phenomena,"
by Longchen Rabjam. Junction City, CA:
Padma Publishing, 2001.
한국어: 롱첸 랍잠의 경전 전승의 보물
창고: "현상의 기본 공간의 귀중한 보물"에
대한 주석

- Barsalou, Lawrence W., Christine
D. Wilson, and Wendy Hasenkamp.
"Conclusion: On the Vices of
Nominalization and the Virtues of

Contextualizing." In Mesquita, Barrett, and
Smith, Mind in Context, 234 – 360.
한국어: 결론: 명사화의 악덕과 맥락화의
미덕에 대하여

- Basham, Arthur Llewellyn. The Wonder
That Was India. New York: Grove Press,
1954.
한국어: 경이로웠던 인도

- Bateson, Gregory. Steps to an Ecology of
Mind. Chicago: University of Chicago
Press, 1972.
한국어: 마음의 생태학을 향한 단계들

- Becker, Ernest. The Denial of Death.
New York: Free Press, 1997.
한국어: 죽음의 부정

- Bertelsen, Jes. Gateways of Empathy:
The Pentagon Model. Copenhagen:
Danish Society for the Promotion of
Life Wisdom in Children, 2010. https://
www.academia.edu/38648218/Gateways_o
f_Empathy_The_Pentagon_Model_by.
한국어: 공감의 관문: 오각형 모델

- Bitbol, Michel. "Is Consciousness
Primary?: Moving beyond the 'Hard
Problem.'" NeuroQuarterly 6, no. 1 (2008):
53 – 72.
한국어: 의식은 일차적인가?: '어려운
문제'를 넘어서

- Bitbol, Michel, and C. Petitmengin.
"The Science of Mind as It Could Have
Been: About the Contingency of the
(Quasi-) Disappearance of Introspection in
Psychology." Science as It Could Have Been:
Discussing the Contingency/Inevitability

Problem, edited by L. Soler, E. Trizio, and A. Pickering, 285 – 316. Pittsburgh, PA: University of Pittsburgh Press, 2015.
한국어: 마음의 과학이 될 수 있었던 것: 심리학에서 내성의 (준)사라짐의 우연성에 대하여

Borges, Jorge Luis. "The God's Script." In Labyrinths: Selected Stories & Other Writings. Edited by Donald A. Yates and James E. Irby. New York: New Directions, 1964.
한국어: 신의 문자

Borges, Jorge Luis, and L. A. Murillo. "The God's Script." Chicago Review 17, no. 1 (1964): 5 – 9. https://doi.org/10.2307/25293818. [Borges, La escritura del dios, in El Aleph, Buenos Aires, 1949.]
한국어: 신의 문자

Brunnhölzl, Karl, trans. In Praise of Dharmadhātu, by Nāgārjuna. Commentary by the Third Karmapa, Rangjung Dorje. Ithaca, NY: Snow Lion Publications, 2008.
한국어: 나가르주나의 법계 찬탄, 제3대 카르마파 랑중 도제의 주석

———. Straight from the Heart: Buddhist Pith Instructions. Ithaca, NY: Snow Lion Publications, 2007.
한국어: 마음에서 바로: 불교 핵심 지침

Choying Tobden Dorje. The Complete Nyingma Tradition: From Sutra to Tantra. Translated by Ngawang Zangpo. Boulder, CO: Shambhala Publications, 2017.
한국어: 완전한 닝마 전통: 경전에서 탄트라까지

Crosby, Kate. Theravada Buddhism: Continuity, Diversity, and Identity. West Sussex: Wiley-Blackwell, 2014.
한국어: 테라바다 불교: 연속성, 다양성, 그리고 정체성

Dachille, Erin. "The Body Mandala Debate: Knowing the Body through a Network of Fifteenth-Century Tibetan Buddhist Texts." PhD diss., University of California, Berkeley, 2015.
한국어: 신체 만다라 논쟁: 15세기 티베트 불교 텍스트 네트워크를 통한 신체 이해

Dahl, Cortland. Entrance to the Great Perfection: A Guide to the Dzogchen Preliminary Practices. Ithaca, NY: Snow Lion Publications, 2009.
한국어: 대원만으로의 입문: 족첸 예비 수행 안내서

———. Steps to the Great Perfection: The Mind-Training Tradition of the Dzogchen Masters. Boulder, CO: Snow Lion Publications, 2016.
한국어: 대원만을 향한 단계들: 족첸 대가들의 마음 훈련 전통

Damasio, Antonio. "The Somatic Marker Hypothesis and the Possible Functions of the Prefrontal Cortex." Philosophical Transactions of the Royal Society B 351, no. 1346 (October 1996): 1413 – 20. https://doi.org/10.1098/rstb.1996.0125.
한국어: 신체 표지 가설과 전두엽 피질의 가능한 기능들

Deroche, Marc-Henri. "On Being Impartial: The ris-med in Tibet: From Non-Sectarianism to the Great Perfection."

Revue d'Etudes Tibétaines 44 (March 2018):
129 - 58.
한국어: 공평함에 대하여: 티베트의 리메:
비종파주의에서 대원만까지

- Dharmachakra Translation Committee,
under the Patronage and Supervision
of 84,000: Translating the Words of the
Buddha. The Teaching on the Indivisible
Nature of the Realm of Phenomena. Dh
armadhātuprakṛtyasambhedanirdeśa.
Toh 52, dkon brtsegs, kha, 140.b - 164.a.
2018. https://read.84000.co/translation/
UT22084-040-003.html.
한국어: 현상계의 불가분의 본성에 대한
가르침

- Dondon, Yeshe. Health through Balance:
An Introduction to Tibetan Medicine.
Translated and edited by Jeffrey Hopkins.
Boulder, CO: Snow Lion Publications,
1986.
한국어: 균형을 통한 건강: 티베트 의학
입문

- Duckworth, Douglas. Mipham on
Buddha-Nature: The Ground of the
Nying-ma Tradition. Albany: State
University of New York Press, 2008.
한국어: 미팜의 불성론: 닝마 전통의 기반
- Dunham, Yarrow, and Mahzarin R.
Banaji. "Platonic Blindness and the
Challenge of Understanding Context."
In Mesquita, Barrett, and Smith, Mind in
Context, 201 - 13.
한국어: 플라톤적 맹목과 맥락 이해의 도전

- Edgerton, Franklin. The Buddhist Hybrid
Sanskrit Grammar and Dictionary. New
Haven, CT: Yale University Press, 1953.

한국어: 불교 혼성 산스크리트 문법과 사전

- Farb, Norman, et al. "Interoception,
Contemplative Practice, and Health."
Frontiers in Psychology, June 9, 2015.
https://doi.org/10.3389/fpsyg.2015.00763.
한국어: 내수용, 명상 수행, 그리고 건강

- Fenner, Peter. Ontology of the Middle
Way. Studies of Classical India 11.
Dordrecht: Kluwer Academic Publishers,
1990.
한국어: 중도의 존재론

- Garfield, Jay. Madhyamaka and Yogacara:
Allies or Rivals? New York: Oxford
University Press, 2015.
한국어: 중관과 유식: 동맹인가 경쟁자인가?

- Gendlin, Eugene. Focusing. New York:
Bantam Books, 1982.
한국어: 포커싱

- Germano, David. "Architecture and
Absence in the Secret Tantric History of the
Great Completeness (rdzogs chen)." Journal of
the International Association of Buddhist
Studies 17, no. 2 (1994): 203 - 335.
한국어: 대원만(족첸)의 비밀 탄트라
역사에서의 구조와 부재

- Geshe Gedun Lodro. Walking through
Walls: A Presentation of Tibetan
Meditation. Translated and edited by Jeffrey
Hopkins. Coedited by Anne C. Klein
and Leah Zahler. Ithaca, NY: Snow Lion
Publications, 1990.
한국어: 벽을 통과하며: 티베트 명상의 소개

- Ghent, Emmanuel. "Masochism,

Submission, Surrender: Masochism as a Perversion of Surrender." Contemporary Psychoanalysis 26(1990): 108 – 36.
한국어: 마조히즘, 복종, 항복: 항복의 왜곡으로서의 마조히즘

- Gill, Sam. Dancing Culture Religion. Studies in Body and Religion 1. Lanham, MD: Lexington Books, 2012.
한국어: 춤추는 문화 종교

- ———. Native American Religions: An Introduction. Belmont, CA: Wadsworth Press, 1982.
한국어: 미국 원주민 종교: 입문

- Gleig, Ann. American Dharma: Buddhism beyond Modernity. New Haven, CT: Yale University Press, 2019.
한국어: 미국의 다르마: 현대를 넘어선 불교

- Goodman, Steven, and Ronald Davidson, eds. Tibetan Buddhism: Reason and Revelation. Albany: State University of New York Press, 1992.
한국어: 티베트 불교: 이성과 계시

- Guenther, Herbert. Kindly Bent to Ease Us. Varanasi: Dharma Publishing, 1972.
[The first English translation of Longchenpa's Trilogy of Rest(Ngal gso 'khor gsum).]
한국어: 우리를 편안하게 하려는 친절한 마음 [롱첸파의 휴식 삼부작의 첫 영어 번역]

- ———, trans. Now That I Come to Die: Longchenpa's Parting Injunctions. Berkeley, CA: Dharma Publishing, 2007.
한국어: 이제 내가 죽으러 왔으니: 롱첸파의 마지막 가르침

- Gyaltsen, Khenpo Konchog Rinpoche. The Jewel Ornament of Liberation. Translated by Gampopa. Ithaca, NY: Snow Lion Publications, 1998.
한국어: 해탈의 보석 장식

- Gyatso, Janet. Apparitions of the Self: The Secret Autobiographies of a Tibetan Visionary. Princeton, NJ: Princeton University Press, 1998.
한국어: 자아의 환영: 티베트 선견자의 비밀 자서전

- Hopkins, Jeffrey, trans. and ed. Compassion in Tibetan Buddhism: Meditations of a Tantric Abbot, by Khensur Lekden, and Way of Compassion, by Tsongkhapa. Ithaca, NY: Snow Lion Publications, 1980.
한국어: 티베트 불교의 자비: 탄트라 수도원장 켄수르 렉덴의 명상과 총카파의 자비의 길

- ———. Fundamental Mind: The Nyingma View of the Great Completeness, by Mi-pam-gya-tso, with Practical Commentary by Khetsun Sangpo Rinbochay. Boulder, CO: Snow Lion Publications, 2006.
한국어: 근본 마음: 미팜 갸초의 대원만에 대한 닝마 견해, 케춘 상포 린포체의 실용적 주석 포함

- Jinpa, Thupten. Essential Mind Training. Boston: Wisdom Publications, 2011.
한국어: 필수적인 마음 훈련

- ———, trans. Mind Training: The Great Collection. Boston: Wisdom Publications, 2005.
한국어: 마음 훈련: 대집성

- Jousse, Marcel. "Le jeu manuel de l'enfant." Cours à l'École d'Anthropologie du 24 janvier 1938. CDRom, edited by l'Association Marcel Jousse.
한국어: 아이의 수동적 놀이. 1938년 1월 24일 인류학 학교 강의

- Kapstein, Matthew. The Presence of Light: Divine Radiance and Religious Experience. Chicago: University of Chicago Press, 2004.
한국어: 빛의 현존: 신성한 광채와 종교적 경험

- ———. The Tibetan Assimilation of Buddhism: Conversion, Contestation, and Memory. Oxford: Oxford University Press, 2000.
한국어: 티베트의 불교 동화: 개종, 논쟁, 그리고 기억

- King, Charles. Gods of the Upper Air: How a Circle of Renegade Anthropologists Reinvented Race, Sex, and Gender in the Twentieth Century. New York: Doubleday, 2019.
한국어: 상공의 신들: 20세기에 인종, 성, 젠더를 재창조한 반항적 인류학자들의 모임

- Khetsun Sangpo Rinpoche. Strand of Jewels: My Teachers' Essential Guidance on Dzogchen. Translated, introduced, and compiled by Anne Carolyn Klein. Boulder, CO: Shambhala Publications, 2015.
한국어: 보석의 줄: 나의 스승들의 족첸에 대한 필수 지침

- Khetsun Sangpo Rinbochay. Tantric Practice in Nying-ma. Translated and edited by Jeffrey Hopkins. Co-edited by Anne C. Klein. Ithaca, NY: Snow Lion Publications, 1982.
한국어: 닝마의 탄트라 수행

- Klein, Anne (Rigzin Drolma), trans. Becoming Yeshe Tsogyal. Houston: Dawn Mountain Research Institute, 2020
한국어: 예셰 초걀 되기

- ———. "Feelings Bound and Freed: Wandering and Wonder on Buddhist Pathways." Contemporary Buddhism 19, no. 1 (2018): 83 – 101.
한국어: 속박되고 해방된 감정들: 불교 경로에서의 방랑과 경이

- ———, trans. The Foundational Dakini Practice: Excellent Path of Great Bliss, from the "Luminous Heart Essence." Houston: Dawn Mountain Research Institute, 2019.
한국어: 기초 다키니 수행: "광명 심요"에서의 대락의 탁월한 길

- ———, trans. Great Compassionate One: Essential Texts Liberating All Beings. Houston: Dawn Mountain Research Institute, 2021.
한국어: 대자비주: 모든 존재를 해방시키는 핵심 텍스트

- ———, trans. Heart Essence of the Vast Expanse: A Story of Transmission. Ithaca, NY: Snow Lion Publications, 2009. Reprinted as Heart Essence of the Vast Expanse: Foundational Practices and Transmission of the Longchen Nyingthig. Boulder, CO: Shambhala Publications, 2020.
한국어: 광대한 마음 정수: 전승의 이야기. 재간행: 광대한 마음 정수: 롱첸 닝틱의 기초 수행과 전승

———. "Imagining the Real: Buddhist Paths to Wholeness in Tibet." In Cambridge Handbook of the Imagination, edited by Anna Abraham, 500–513. Cambridge: Cambridge University Press, 2020.
한국어: 실재를 상상하기: 티베트에서 온전함을 향한 불교의 길.

———. Knowing, Naming, and Negation: A Sourcebook on Tibetan Sautrantika. Ithaca, NY: Snow Lion Publications, 1997.
한국어: 앎, 이름 짓기, 그리고 부정: 티베트 경량부에 관한 자료집.

———. Knowledge and Liberation: Tibetan Buddhist Epistemology in Support of Transformative Religious Experience. Ithaca, NY: Snow Lion Publications, 1998.
한국어: 지식과 해탈: 변형적 종교 경험을 지지하는 티베트 불교 인식론.

———. Meeting the Great Bliss Queen: Buddhists, Feminists, and the Art of the Self. Boston: Beacon Press, 1994. Boulder, CO: Snow Lion Publications, 2008.
한국어: 대락의 여왕을 만나다: 불교도, 페미니스트, 그리고 자아의 예술.

———. Path to the Middle The Spoken Scholarship of Kensur Yeshey Tupden. Albany: State University of New York Press, 1994.
한국어: 중도로 가는 길: 켄수르 예셰 튑덴의 구술 학문

———, trans. Practice for Becoming the Guru: The Secret Essence. Houston: Dawn Mountain Research Institute, 2021.
한국어: 구루가 되기 위한 수행: 비밀의 정수

———, trans. Troma Severance. Houston: Dawn Mountain Research Institute, 2021.
한국어: 트로마 단절

Klein, Anne Carolyn, and Elizabeth S. Napper, trans. Lamp Lighting the Path. Somerville, MA: Wisdom Publications, forthcoming 2024.
한국어: 길을 밝히는 등불

Klein, Anne Carolyn, and Geshe Tenzin Wangyal Rinpoche. Unbounded Wholeness. Oxford: Oxford University Press, 2006.
한국어: 무한한 전체성

Kozhevnikov, M., O. Louchakova, Z. Josipovic, and M. Motes. "The Enhancement of Visuospatial Processing Efficiency through Buddhist Deity Meditation." Psychological Science 20 (2009): 645–53.
한국어: 불교 본존 명상을 통한 시공간 처리 효율성의 향상

Levinson, Jules. "The Metaphors of Liberation: A Study of Grounds and Paths according to the Middle Way." PhD diss., University of Virginia, 1994.
한국어: 해방의 은유: 중도에 따른 기반과 경로에 대한 연구

Lopez, Donald S., Jr. In the Forest of Faded Wisdom: 104 Poems by Gendun Chopel. Chicago: University of Chicago Press, 2005.
한국어: 퇴색한 지혜의 숲에서: 겐둔 초펠의 104편의 시

McEvilley, Thomas C. The Shape of Ancient Thought: Comparative Studies in Greek and Indian Philosophy. New York:

Allworth Press, 2002.
한국어: 고대 사상의 형태: 그리스와 인도 철학의 비교 연구

- McLeod, Ken. Wake Up to Your Life: Discovering the Buddhist Path of Attention. New York: HarperCollins, 2001.
한국어: 당신의 삶에 깨어나라: 불교적 주의의 길 발견하기

- McGee, Rhonda. The Inner Work of Racial Justice: Healing Ourselves and Transforming Our Communities through Mindfulness. New York: TarcherPerigee, 2019.
한국어: 인종 정의의 내적 작업: 마음챙김을 통한 자아 치유와 공동체 변화

- Mesquita, Batja, Lisa Feldman Barrett, and Eliot R. Smith, eds. The Mind in Context. New York: Guilford Press, 2010.
한국어: 맥락 속의 마음

- Morrison, Toni. "The Reader as Artist." Oprah.com. https://www.oprah.com/omagazine/toni-morrison-on-reading/all (accessed June 28, 2021).
한국어: 예술가로서의 독자

- Napper, Elizabeth S., trans. and ed. Mind in Tibetan Buddhism, by Lati Rinbochay. Ithaca, NY: Snow Lion Publications, 1980.
한국어: 티베트 불교의 마음, 라티 린포체 저

- Neumaier-Dargyay, Eva K. The Sovereign All-Creating Mind: A Translation of the Kun Byed Rgyal Po'i Mdo'. Albany: State University of New York Press, 1992.
한국어: 모든 것을 창조하는 주권적 마음: 쿤 제 갸포이 도의 번역

- Nyoshul Khenpo Jamyang Dorje. A Marvelous Garland of Rare Gems. Junction City, CA: Padma Publishing, 2005.
한국어: 희귀한 보석들의 경이로운 화환

- Owens, Lama Rod. Love and Rage: The Path of Liberation through Anger. Berkeley, CA: North Atlantic Books, 2021.
한국어: 사랑과 분노: 분노를 통한 해방의 길

- Padmakara Translation Group. Treasury of Precious Qualities: Book One, The Rain of Joy, by Jigme Lingpa, with The Quintessence of the Three Paths, a Commentary by Longchen Yeshe Dorje, Kangyur Rinpoche. Boston: Shambhala Publications, 2010.
한국어: 귀중한 자질의 보물: 제1권, 기쁨의 비, 직메 링파 저, 세 가지 길의 정수, 롱첸 예셰 도제, 캉규르 린포체의 주석 포함

- ———. Treasury of Precious Qualities: Book Two, Vajrayana and the Great Perfection, by Jigme Lingpa, Commentary by Longchen Yeshe Dorje, Kangyur Rinpoche. Boston: Shambhala Publications, 2013.
한국어: 귀중한 자질의 보물: 제2권, 금강승과 대원만, 직메 링파 저, 롱첸 예셰 도제, 캉규르 린포체의 주석

- ———. The Trilogy of Rest, by Longchen Rabjam. Vol. 1, Finding Rest in the Nature of the Mind, vol. 2, Finding Rest in Meditation, vol. 3, Finding Rest in Illusion. Boulder, CO: Shambala, 2018-2020.
한국어: 휴식의 삼부작, 롱첸 랍잠 저. 제1권 마음의 본성에서 휴식 찾기, 제2권 명상에서 휴식 찾기, 제3권 환상에서 휴식 찾기

- Pagels, Elaine. Beyond Belief: The Secret Gospel of Thomas. New York: Random House, 2005.
  한국어: 믿음을 넘어서: 토마스의 비밀 복음서

- Patrul Rinpoche. The Words of My Perfect Teacher. Boston: Shambhala Publications, 1998.
  한국어: 나의 완벽한 스승의 말씀

- Pelzang, Khenpo Ngawang. A Guide to "The Words of My Perfect Teacher." Translated by Dipamkara with the Padmakara Translation Group. Boston: Shambhala Publications, 2004.
  한국어: "나의 완벽한 스승의 말씀"에 관한 안내서

- Petitmengin, Claire. "Anchoring in Lived Experience as an Act of Resistance." Constructivist Foundations 16, no. 2 (2021): 172–81.
  한국어: 저항 행위로서의 살아 있는 경험에 정박하기

- ———. "The Intuitive Experience." Journal of Consciousness Studies 6, nos. 2–3 (February 1999): 43–77.
  한국어: 직관적 경험

- ———. "Towards the Source of Thoughts: The Gestural and Transmodal Dimensions of Lived Experience." Journal of Consciousness Studies 6 (2007): 43–77.
  한국어: 생각의 근원을 향하여: 살아 있는 경험의 몸짓과 초감각적 차원

- Rumi, Jalal al-Din. "In Baghdad, Dreaming of Cairo." In The Essential Rumi. Translated by Coleman Barks. San Francisco: HarperSanFrancisco, 1995.
  한국어: 바그다드에서 카이로를 꿈꾸며

- Samphel, Lama Tenzin. "Oral Commentary on Longchenpa's Chos dbyings mdzod." Houston: Dawn Mountain Center for Tibetan Buddhism, 2016.
  한국어: 롱첸파의 "법계 보고"에 대한 구두 주석

- Śāntideva. The Bodhicaryāvatāra. Translated by Kate Crosby and Andrew Skilton. Oxford: Oxford University Press, 2008.
  한국어: 보살행론

- Shenphen Dawa Rinpoche. Bum Chung: The Yoga of the Small Vase. n.p.: Yeshe Melong, n.d.
  한국어: 범충: 작은 항아리의 요가

- Shukman, Henry. One Blade of Grass: Finding the Old Road of the Heart. Berkeley, CA: Counterpoint, 2019.
  한국어: 한 잎의 풀: 마음의 오래된 길 찾기

- Smith, Malcolm. The Great Commentary by Vimalamitra. Boston: Wisdom Publications, 2016.
  한국어: 비말라미트라의 대주석

- Stern, Daniel N. Forms of Vitality: Exploring Dynamic Experience in Psychology, the Arts, Psychotherapy and Development. Oxford: Oxford University Press, 2010.
  한국어: 활력의 형태: 심리학, 예술, 심리치료, 발달에서의 역동적 경험 탐구

. The Interpersonal World of the Infant: A View from Psychoanalysis and Developmental Psychology. New York: Basic Books, 2000.
한국어: 유아의 대인관계 세계: 정신분석과 발달심리학의 관점

. The Present Moment in Psychotherapy and Everyday Life. New York: W. W. Norton, 2004.
한국어: 심리치료와 일상생활에서의 현재 순간

• Suzuki Roshi. Zen Mind, Beginner's Mind: Informal Talks on Zen Tradition and Practice. New York: Weatherhill, 1970.
한국어: 선(禪) 마음, 초심자의 마음: 선 전통과 수행에 대한 비공식 담화

• Thānissaro Bhikkhu. "Bāhiya Sutta." https://www.dhammatalks.org/suttas/KN/ Ud/ud1_10.html (accessed July 5, 2022).
한국어: 바히야 경

• Theise, Neil D. "Beyond Cell Doctrine: Complexity Theory Informs Alternate Models of the Body for Cross-Cultural Dialogue." Longevity, Regeneration, and Optimal Health: Integrating Eastern and Western Perspectives 1172, no. 1 (August 2009): 1–361.
한국어: 세포 이론을 넘어서: 복잡성 이론이 문화간 대화를 위한 신체의 대안 모델에 정보를 제공하다

• Tsongkhapa. The Great Treatise on the Stages of the Path to Enlightenment, vols. 1–3. Translated by the Lamrim Chenmo Translation Committee. Edited by Joshua Cutler and Guy Newland. Ithaca, NY: Snow Lion Publications, 2000–2002.
한국어: 깨달음의 길의 단계에 대한 대논서

• Tulku Thondup. Masters of Meditation and Miracles: The Longchen Nyingthig Lineage of Tibetan Buddhism. Edited by Harold Talbott. Boston: Shambhala, 1996.
한국어: 명상과 기적의 대가들: 티베트 불교의 롱첸 닝틱 계보

• Wangyal, Geshe Tenzin Rinpoche. Healing with Form, Energy, and Light: The Five Elements in Tibetan Shamanism, Tantra, and Dzogchen. Edited by Mark Dahlby. Ithaca, NY: Snow Lion Publications, 2002.
한국어: 형태, 에너지, 빛으로 치유하기: 티베트 샤머니즘, 탄트라, 족첸의 오행

• Willis, Jan. Dreaming Me: Black, Baptist, and Buddhist, One Woman's Spiritual Journey. Sommerville, MA: Wisdom Publications, 2008.
한국어: 나를 꿈꾸다: 흑인, 침례교인, 그리고 불교도, 한 여성의 영적 여정

• Van Schaik, Sam. "Early Dzogchen IV: The Role of Atiyoga." Early Tibet blog, August 3, 2011. https:// earlytibet.com/2011/08/03/eawrly- dzogchen-iv/.
한국어: 초기 족첸 IV: 아티요가의 역할

• Wallace, Vesna. The Kālacakra Tantra: The Chapter on Sādhana, Together with the Vimalaprabhā Commentary: A Study and Annotated Translation. New York: Columbia University Press, 2010.
한국어: 칼라차크라 탄트라: 사다나 장과 비말라프라바 주석: 연구와 주석 번역

- Wolter, Doris. ed. Losing the Clouds, Gaining the Sky: Buddhism and the Natural Mind. Boston: Wisdom Publications, 2007.
  한국어: 구름을 잃고 하늘을 얻다: 불교와 자연스러운 마음

- Yalom, Irvin D. Existential Psychotherapy. New York: Basic Books, 1980.
  한국어: 실존주의 심리치료

- Yampolsky, Philip B., trans. The Platform Sutra of the Sixth Patriarch: The Text of the Tun-Huang Manuscript. New York: Columbia University Press, 2012.
  한국어: 육조단경: 돈황 사본의 텍스트

- Ying, Chinghui Jianying. "Being and Knowing in Wholeness Chinese Chan, Tibetan Dzogchen, and the Logic of Immediacy in Contemplation." PhD diss., Rice University, 2010.
  한국어: 전체성 속의 존재와 앎: 중국 선, 티베트 족첸, 그리고 명상에서의 즉시성의 논리

나 는
어떻게   완전한
            행복으로 이끄는
붓다가   티베트 불교
            족첸 수행의 정수
되는가
©앤 캐롤린 클라인, 2024

2024년 10월 10일 초판 1쇄 발행

지은이 앤 캐롤린 클라인 • 옮긴이 유정은
발행인 박상근(至弘) • 편집인 류지호 • 편집이사 양동민
책임편집 최호승 • 편집 김재호, 양민호, 김소영, 하다해, 정유리 • 디자인 쿠담디자인
제작 김명환 • 마케팅 김대현, 이선호 • 관리 윤정안 • 콘텐츠국 유권준, 김대우, 김희준
펴낸 곳 불광출판사 (03169) 서울시 종로구 사직로10길 17 인왕빌딩 301호
       대표전화 02) 420-3200 편집부 02) 420-3300 팩시밀리 02) 420-3400
       출판등록 제300-2009-130호(1979. 10. 10.)

ISBN 979-11-7261-084-5 (03220)

값 23,000원